ROMEON
VERLAG

IM RÜCKSPIEGEL
Erinnerungen eines Berliner Blockadekindes

1. Auflage, erschienen 07-2023

Umschlaggestaltung: Romeon Verlag
Text: Thomas Raddatz
Layout: Romeon Verlag

www.romeon-verlag.de

Bibliografische Information der Deutschen Nationalbibliothek:
Die Deutsche Nationalbibliothek verzeichnet diese Publikation in der Deutschen Nationalbibliografie; detaillierte bibliografische Daten sind im Internet über *https://portal.dnb.de* abrufbar.

THOMAS RADDATZ

IM RÜCKSPIEGEL

ERINNERUNGEN EINES BERLINER BLOCKADEKINDES

INHALT

VORWORT

Jetzt, wo der größte Teil meines Lebens gelebt ist, wo im Grunde nur noch ein kleiner Rest bevorsteht, der das Ganze dann abrundet, haben sich zwei Enkelkinder eingefunden. Diesen ist diese Reflexion gewidmet, meinen eigenen Kindern allerdings auch, denn auch deren Kinder werden einen Erzähler benötigen.

Was bleibt von einem Leben übrig? Ein blauer Müllsack, den niemand haben will wie in zahllosen Altersheimen? Ein Müllsack mit wertlosem Inhalt, für den sich niemand interessiert? Oder ist es mehr? Kommt es vielleicht auf den konkreten Inhalt gar nicht an, sondern ist es die Aura des Müllsacks, der Zauber, der einem gelebten, aber in Vollendung befindlichem Dasein innewohnt. Es dürfte dem Auge des Betrachters vorbehalten bleiben, ob und welcher Wert ihm beigemessen wird …

Wird die Nachwelt Fragen stellen? Wird sie mit den Antworten zufrieden sein? Zeit also für ein Resümee. Wie fällt das wohl aus? Ich habe im Augenblick keine Ahnung. Die eigene Erinnerung verläuft manchmal in kuriosen Bahnen und hinterlässt merkwürdige Spuren. Einzig die Zeit als unbestechlicher Zeuge von Vergangenem stellt einen sicheren Abstand zum Erlebten her. Dennoch, je größer der Abstand, umso unschärfer die Kontur. Und so verschwimmen die Bilder des eigenen Lebens zwischen Dichtung und Wahrheit, zwischen Wünschen und Hoffen, zwischen Auf und Ab zu einem Konglomerat, das von vielen Unzulänglichkeiten geprägt ist.

Wohlan also, lasst mich mit dem Aufräumen beginnen.

◆ ◆ ◆

Das Martinshorn leiert seine bekannte Melodie herunter, während der Fahrer des Rettungswagens seinen Auftrag, sicher und schnell zugleich zu sein, bestmöglich zu erfüllen trachtet. Ich finde mich als lebende Ladung wieder, die solange einen Zweck erfüllt, wie noch ein bisschen Hoffnung auf Fortsetzung des angebrochenen Tags besteht. Eigentlich weiß ich gar nicht so genau, was da eben noch geschehen war. Ich erinnere mich an die Terrasse unseres Hauses am Waldrand in Seibelsdorf, dem sprichwörtlichen Waldhaus, auf dem ich an diesem Nachmittag eines warmen Maitages wie gewohnt einen Kaffee einzunehmen gedachte, als das Klingeln des Telefons diese zarte Idylle jäh unterbrach. Ein alter Freund aus besseren Tagen wollte mir seine fernmündliche Aufwartung machen. Wir sind seit vielen Jahren gut befreundet, haben schon einige Dinge ins Leben gerufen, meist mit überschaubarem kommerziellem Erfolg, aber Spaß hat es schon gemacht. Jetzt hingegen kommt sein Anruf zur absoluten Unzeit. Ich verspüre eine plötzliche innere Unruhe, ja mehr noch, es scheint so, als wäre mein eigener zentraler Sicherungskasten durcheinandergeraten. Ich erinnere mich an ein ähnliches Ereignis vor mehr als zehn Jahren. Damals war von einem Schlaganfall die Rede. Sollte sich jetzt etwas ähnliches anbahnen, oder mag es sich bereits wiederholt haben? Kerstin ruft den Krankenwagen. Die Rettungssanitäter haben routiniert und unaufgeregt ihren Job erledigt. Sie wollten lediglich wissen, in welche Klinik ich gebracht werden möchte. Wir schreiben heute Freitag, den 17. Mai 2017.

Im Nachhinein ist man bekanntlich immer schlauer, so auch in diesem Fall. Letztlich – obwohl ich selbst Arzt bin und demzufolge in medizinischen Fragen nicht gänzlich unbeleckt – entscheidet die örtliche Nähe, also Alsfeld. Damit sind für Besucher kurze Wege möglich, was allerdings zu Lasten der Behandlungsqualität geht, wie sich noch herausstellen sollte. Nun kann man davon ausgehen, dass ein Schlaganfall - und selbst der Verdacht auf einen solchen - einen medizinischen Notfall darstellt. Das Zeitfenster, in dem man einen bleibenden Schaden abwenden kann, liegt bei einigen wenigen Stunden. Dann muss die Diagnose bestätigt und geeignete Gegenmaßnahmen eingeleitet werden. Jedenfalls ist es nicht sinnvoll, erst einmal die begonnene Kaffeepause fortzusetzen. Eine solche Störung tritt wie erwähnt an dem Nervensystem in Erscheinung und da auch noch an dem zentralen, also im Kopf befindlichen auf. Das macht die Sache nicht unbedingt einfacher. Um in der Elektrotechnik zu bleiben, ist ursächlich eine Unterbrechung der fürs Gehirn nicht ganz unwichtigen Blutversorgung, also der „Stromzufuhr“, anzuschuldigen. Diese ist durch ein Blutgerinnsel zumindest teilweise ins Stocken geraten, kann sich aber – wenn ein bestimmtes Medikament rechtzeitig verabreicht wird – wieder erholen. Na ja, soweit die Theorie. Üblicherweise wird bei Notfällen nach einem bestimmten Schema vorgegangen: Ein EKG wird abgeleitet, Blutwerte bestimmt, eine Infusion angelegt, also alles unternommen, dass man der Klinik nicht den Vorwurf einer Unterlassung machen könnte für den Fall, dass irgendetwas Unerfreuliches geschieht wie beispielsweise ein schlichtes Ableben. Merkwürdigerweise habe ich mir nie Gedanken gemacht, dass dies die vielleicht letzten Augenblicke eines ansonsten recht zufriedenstellenden Lebens sein könnten. Selbst als sich noch zur Krönung der Notlage eine Schlucklähmung eingestellt hat, bin ich nicht unruhig geworden im Gegensatz zu meiner familiären Umgebung. Natürlich ist es nicht besonders erfreulich, auf eine reguläre Nahrungsaufnahme notgedrungen verzichten zu müssen. Wenn aber einige Nerven ihre Funktion verloren haben, dann kann man nur auf spontane Besserung hoffen. Ob sich eine solche überhaupt einstellen wird, ist ebenso ungewiss wie der Zeitrahmen, in dem sich eine mögliche Heilung einstellt. Wer aber vermag den Begriff der Heilung überhaupt beschreiben? Ist das ein vorheriger Zustand, an den wir uns gewöhnt haben, der uns so selbstverständlich erscheint wie der tägliche Wechsel von Tag und Nacht?

Vielleicht aber durchlaufen wir zwischen Leben und Tod mehrere Stadien, deren Unterschiede wir häufig nicht gewahr werden, die sich erst zu erkennen geben, wenn das Unwiderrufliche, das Endgültige sich nicht mehr verleugnen lässt. In einem solchen Zustand scheine ich mich nunmehr zu befinden, wohl erkennend, dass die Blüte meines Lebens der Vergangenheit angehört, dass sich andererseits aber das definitive Ende auch nicht genau vorhersagen lässt, wann eine Autobatterie endgültig leer ist, obwohl die begrenzte Haltbarkeit von allem und jedem den allgemeinen Naturgesetzen unterliegen. Ausnahmen werden nicht geduldet und sind in der Physik auch nicht vorgesehen!

Wer nun glaubt, dass der Ablauf eines medizinischen Notfalls nach festen Regeln vonstattengeht, der irrt nur zum Teil. Tatsächlich findet ein Großteil des ganzen Klinikzirkus zwar in immer wiederkehrender Weise statt, gleichwohl sind kleine Unterschiede in Abläufen festzustellen, die im Einzelfall durchaus schwerwiegende Folgen auslösen können. Allein der Umgang mit einem behandlungsbedürftigen Arzt und so genannten Kollegen stellt viele vor eine Aufgabe, der sie nicht gewachsen sind. Es kommt ja auch nicht so oft vor, kann man jetzt entschuldigend sagen.

Nun hat sich nach einigen Stunden herausgestellt, dass die eingeleiteten medikamentösen Maßnahmen zur Wiederherstellung einer funktionierenden Hirndurchblutung ganz offensichtlich zu optimistisch waren. Bestimmte Abschnitte des Stammhirns waren jedenfalls im Kernspintomogramm geschädigt mit bestenfalls theoretischer Aussicht auf Erholung. Offensichtlich haben sich bereits vorher Schädigungen im Nervensystem manifestiert. Jetzt war das Maß voll, so höre ich meine Neurone klagen.

Nun zeigt sich, dass es nicht unbedingt vorteilhaft war, auf eine neurologische Abteilung zu Gunsten der örtlichen Nähe zu verzichten. Diesen ist im Regelfall eine gewisse Professionalität in apparativer, ganz besonders aber in persönlicher Hinsicht zu attestieren. Von beiden war die innere Abteilung in diesem Krankenhaus sehr weit entfernt. Mein Onkel Hans, seines Zeichens angelernter Prokurist in einem Chemiewerk in der damaligen DDR hat diesen Umstand folgendermaßen in Worte gekleidet: Der Unterschied zwischen Internisten, Chirurgen und Neurologen lautet: Der Internist weiß viel und kann nichts. Der Chirurg kann viel und weiß nichts, und schließlich der Neurologe, der weiß nichts und kann nichts.

In diesem Fall machten die Ärzte nicht das, was mir, dem Patienten, weitergeholfen hätte, sondern das, was sie konnten. Im günstigsten Fall ist das das gleiche. Ich hatte es hier mit dem ungünstigsten zu tun.

Der Assistenzarzt verfehlte regelmäßig die Handrückenvene beim Legen einer Infusion, die bei einer Schlucklähmung unverzichtbar ist. Der Oberarzt vertraute eher seiner Fähigkeit, eine Ernährungssonde in den Magen zu legen, obwohl diese nach wenigen Tagen wieder entfernt werden konnte, da sich das Schlucken wieder spontan eingestellt hatte. Indes war der Chefarzt bei seinen spärlichen Visiten immer damit beschäftigt, therapeutisches Grimassenschneiden anzumahnen, die seiner Meinung nach einzig erfolgversprechende Behandlungsmaßnahme bei Schlaganfall. Dafür wurde großzügig auf weiterführende Diagnoseschritte verzichtet wie beispielsweise der radiologischen Darstellung der Hals- und Kopfarterien. Und prompt stellte sich bei dieser auf meine Veranlassung durchgeführten einer so genannten Carotis-Angiografie, also der Darstellung der Halsschlagader, eine dort bestehende Gefäßenge, eine so genannte Stenose, heraus, die nicht nur höchst wahrscheinlich das letzte Hirninfarktgeschehen ausgelöst hatte, sondern auch für weitere künftige Infarkte verantwortlich gewesen wäre, so sie stattgefunden und ich sie überlebt hätte. Somit wurde mit dem ortsansässigen Gefäßchirurgen eine Operation vereinbart mit dem Ziel, die Halsschlagader so zu erweitern, dass weitere Komplikationen in dieser sensiblen Region äußerst unwahrscheinlich sein würden.

Bis zu diesem Zeitpunkt ging es mir noch vergleichsweise gut. Ich konnte alles essen und trinken, mich im Garten aufhalten, kleinere Arbeiten an Pflanzen und Kübeln vornehmen.

Dann kam die Operation, und bereits unmittelbar danach stellten sich Störungen im Gleichgewicht und im Gangbild links ein. Üblicherweise wurde dem mit Physiotherapie begegnet. Eine Prognose wollte niemand wagen. Die erhoffte Besserung blieb nicht nur aus, sondern mein Gesamtzustand verschlechterte sich auch allmählich derart, dass ich ähnlich dem Consigliere in Puzos „Paten“ einen Ratgeber auf neurologischem Fachgebiet aufgesucht habe. Dieser hat wie so häufig in der Branche hohe Erwartungen geweckt, aber nicht erfüllt. Das mag daran liegen, dass das, was man findet, nicht dem entspricht, wonach gesucht wird. Allein die Kausalität nachzuweisen, macht einige Mühe, die nicht immer vorhanden ist. Je größer die Kompetenz, umso größer die Fallhöhe. Oder, um mit dem amerikanischen Psychologen Abraham Maslow zu sprechen, dem „law of the instruments". Wer also als einziges Instrument einen Hammer hat, sieht in jedem Problem einen Nagel. Und in der Tat ist diese Methode gerade in der Medizin sehr beliebt, orientiert man sich doch an dem, was man findet, nicht an dem, was gefragt ist. Und so geschah das Unvermeidliche: Nach umfangreicher Diagnostik wurde eine Durchblutungsstörung namens „Subclavian Steel Syndrom" gefunden und mittels Ballon-Katheterisierung beseitigt. Leider trat nach kurzer Zeit der Effekt der Gefäßverengung wieder ein, allerdings wie zuvor ohne Symptomatik. Und so ist es auch heute noch…

Wahrscheinlich ist meine über fünfzigjährige Raucherkarriere auch nicht ganz unschuldig an der Entwicklung und deren kumulierendem Charakter. Der Ponsinfarkt verstärkt die Gesamtsituation. Arteriosklerose und Leukenzephalopathie tun ihr Übriges, so dass ich mich von dem Gedanken einer kompletten Wiederherstellung verabschieden muss. Gelegentlich nervt mich der ständige Tränen- und Speichelfluss, das undeutliche Sprechen, zumal ich früher gern meiner Dozententätigkeit nachgegangen bin. Das dürfte sich nun erledigt haben. Natürlich hat das wenig Hoffnungsfrohes an sich, allerdings muss ich auch einräumen, dass das Leben für mich durchaus angenehme Seiten bereitgestellt hat. So kann ich auf eine wundervolle Zeit an der Seite meiner lieben Frau Kerstin zurückblicken, die für alles entschädigt, was an unangenehmem Kram aufgelaufen ist und die mich bei diesem Opus sehr unterstützt hat.

Meinen Kinder Maja, Tristan und Parsival sei gedankt für ihren unermüdlichen Einsatz in der Phase der Wiederherstellung. Meine Enkel Leo und Tinke mögen sich ihren eigenen Reim machen und liegen im Mittelpunkt meiner Segenswünsche.

Thomas Raddatz

KAPITEL 1

DER HOCKER

Da-damm, da-daa, da-daa, da-damm, klingt es seltsam eintönig in der spärlich besetzten S-Bahn Richtung Bahnhof Heerstraße aus den Tiefen der Gleise. Oma guckt gedankenverloren aus dem verschmierten Fenster. Ich versuche anhand der vorbeiziehenden Umgebung abzuschätzen, wie weit es noch sein mag. Immerhin sind wir schon eine gute Stunde unterwegs, einschließlich Fußmarsch zum S-Bahnhof Wilmersdorf. Oma will – wie jedes Jahr im April – meinem Opa einen Besuch auf seiner letzten Ruhestätte abstatten. Dazu werden einige frische Blumen, gärtnerisches Handwerkszeug wie Schippe und kleine Harke sowie eine handliche Gießkanne mitgeführt. Der Transport eines Teils der Ausrüstung wird mir übertragen, soweit es die physiologische Entwicklungsstufe achtjähriger Kinderhände zulässt. Nach Verlassen des Bahnhofsgebäudes stellt sich das erste ernstzunehmende Hindernis in den Weg, nämlich das Überqueren der siebenspurigen Heerstraße, die ursprünglich Komfort und Masse von Truppenbewegungen erhöhen sollte. Mittlerweile war davon keine Rede mehr, vereinzelt traten noch Einheiten der Alliierten in Erscheinung und brachten dadurch ihre Bedeutung ins Spiel. Die parallel verlaufende Straßenbahnlinie 75 sorgt für weitere Aufmerksamkeit beim Überqueren. Erst dann erreichen wir die ruhige Umgebung der Sensburger und Insterburg

Allee, in der sich viele feudale Einfamilienhäuser aus der Blütezeit des Nationalsozialismus befinden. Die Besitzer, sofern in Erscheinung tretend, nehmen von uns, den vorbeiziehenden Friedhofsbesuchern, kaum Notiz. Der Hintereingang des Friedhofsgeländes liegt jetzt vor uns. Bis zur Grabstätte Bruno Wendlandt, wie ein kleines ovales Emailschild verkündet, ist es nicht mehr weit. Meist wird die kleine Gruppe noch durch meinem Onkel Kurt ergänzt, der aus dem Hause Steier in Weinmeisterhöhe kommend, eine entgegengesetzte Anfahrt bewältigen muss. Kurt erscheint wie immer im Wintermantel und mit Baskenmütze. Nach einem kurzen verbalen Begrüßungsritual setzen emsige Beschäftigungen ein mit dem Ziel, ein sichtbares Zeichen der Anwesenheit zu hinterlassen. Ich werde mit Harken und Wasserholen beschäftigt und nehme diese Aufgaben gewissenhaft wahr.

Wie aber ist mein Großvater, der geliebte Mann meiner geliebten Oma, der Vater meiner Mutter und meines Onkels überhaupt im unangemessenen Alter von rund vierundfünfzig Jahren in die Erde des Waldfriedhofs gekommen, wenn es ihm doch geglückt ist, zwei große Kriege mit deutscher Beteiligung zu überstehen und ihm auch sonst nichts fehlte außer Geld? Ein biographischer Treppenwitz kündigt sich an, bedenkt man die zahllosen Gelegenheiten, bei denen Menschen in diesen letzten Kriegsjahren unfreiwillig zu Tode gekommen sind: Das Auswechseln einer kaputten Glühlampe im Korridor erweist sich als unüberwindliche Ursache. Ein dreibeiniger Hocker mit runder Sitzfläche sollte dem eher kleinen Bruno als Leiterersatz dienen und kippelte just im ungünstigsten Augenblick. Mein Großvater jedenfalls konnte die Balance nicht halten und schlug mit dem Kopf auf eine Gasuhr auf, die den Sturz nicht abzufangen vermochte. Die einsetzende Bewusstlosigkeit mit Einblutung in den Schädelinnenraum setzte dem Leben des Violinisten Bruno Wendlandt ein vorzeitiges Ende. Der Hocker überstand die ganze Tragödie unbeschadet und wurde auch Jahre später noch als Behelfssitzmöbel benutzt, allerdings ständig von bösen Erinnerungen und Vorahnungen begleitet. So sah auch die vermeintliche Ursache für den Unfalltod meines Opas seiner schicksalhaften Bestimmung entgegen. Irgendwann erliegt auch ein Hocker dem Zahn der Zeit und vermag der stetigen Materialermüdung keine neuen Kräfte mehr entgegenzusetzen. Das sollte aber noch runde zwanzig Jahre Zeit haben.

Während die ganze Familie mit Brunos Tod und den unübersehbaren Folgen beschäftigt war, hatte ich mich gerade im Bauch meiner Mutter häuslich eingerichtet, um die Zeit bis zur Niederkunft sicher zu überstehen. Dieses bevorstehende Großereignis war für Oma eine willkommene Ablenkung, die ihrer Trauer über den Gattenverlust keine allzu große Entfaltungsmöglichkeit gewährte. Der eine ging, der andere kam.

Die Wohnverhältnisse, die ich auf mich zukommen sah, waren sehr speziell, zumindest aus heutiger Sicht: Die Zwei-Zimmerwohnung mit Küche und Bad im vierten Stock vom Hinterhaus der Tile-Wardenberg-Straße 13 im südlichen Rand von Moabit erlaubte einen prächtigen Ausblick auf den Spreebogen und den angrenzenden Tiergarten. Ermöglicht wurde diese Aussicht allerdings erst, als einige alliierte Bombenangriffe das Vorderhaus in eine desaströse Ruinenlandschaft verwandelten. In der Küche herrschte eine gemütliche Dunkelheit und Frische, wie man sie ansonsten eher vermeidet als herbeiführt. Geschuldet war das der fehlenden Fensterverglasung, die durch Pappe und Reißzwecken ersetzt wurde. Auch der Fußboden war nicht mehr ganz vollständig, sondern musste als Brennholzquelle herhalten.

Diese äußeren Bedingungen haben mich wenig interessiert, hatte ich es doch in der Gebärmutter meiner Mutter bei freier Kost und Logis vergleichsweise gut. Der Wohnraum war sauber, nett tapeziert und angenehm warm. Die Zeiten sollten sich jedoch bald ändern. Zum einen kann ein Zustand, so verlockend er sich auch anfühlt, keinen Bestand für die Ewigkeit haben; dem sind gewissermaßen physiologische Grenzen gesetzt beispielsweise in Form eines befristeten Mietvertrags. Es würde demnach für eine gewisse Weitsicht sprechen, sich beizeiten um ein den Umständen angemessenes Folgedomizil zu kümmern. Soweit der Plan. Dem stand allerdings eine Person entgegen, die gänzlich andere Vorstellungen von der Zukunft hatte und den größten Teil ihrer Existenz der eigenen komfortablen Versorgung gewidmet hat, Magdalena Raddatz, die man im Familienkreis - zärtlich und widersprüchlich zugleich – mit dem Diminutiv „Lenchen" titulierte, angesichts ihres massigen Körperbaus und ihrer harten Erscheinung eine groteske Entgleisung sprachlicher Ausdrucksformen, die Mutter meines Vaters. Diese hatte sich nach Ableben ihres Mannes Emil, meines Großvaters, an das Witwendasein in den letzten Jahren gewöhnt, wollte aber nicht darauf verzichten, von meinem Vater in gegenseitiger Abhängigkeit versorgt zu werden. Dieser hat seinerseits keine Anstalten unternommen, sich dem mütterlichen Diktat zu entziehen, sondern brav gemäß der einstudierten Konditionierung bis zu deren Tod seine Rolle des treusorgenden Sohnemanns gespielt. Daran vermochte auch eine schwangere Frau nichts zu ändern, mit der er immerhin auch verheiratet war.

Unter diesen Bedingungen kam der Tod meines Opa Bruno wie gerufen, ergab sich doch jetzt der für Oma, Mutter und Kind geeignete Wohnraum, jedenfalls für die kommenden Jahre.

Obwohl es schon einige Anzeichen dafür gab, dass die Allianz der Siegermächte zu bröckeln begann, musste erst ein gravierendes Ereignis wie die Währungsreform den Menschen die Besonderheit ihrer Lage vor Augen führen. Ich war zu dieser Zeit mit der Feinjustierung meiner Sinnesorgane beschäftigt und habe nur gelegentlich bedrohlich klingende, akustische Signale wie das Hupen von Autos oder das Knallen von Schüssen wahrgenommen. Ansonsten haben meine Aufmerksamkeit lediglich harmonische Schwingungen ausgelöst, die man mir später als „Musik" erklärte und die mich stets in einen Beruhigungsmodus versetzten. Das änderte sich mit der Geburt, also mit dem Verlust der Nabelschnur, und der damit abrupt einsetzenden, zumindest partiellen Übernahme vitaler Eigeninteressen, in ganz entscheidendem Maße. Essen, Schlafen oder Schreien waren von nun an die Eckpunkte des Daseins. Die Funktion des Hörens hatte eine neue Qualität erreicht. Der dämpfende Charakter der mütterlichen Organe ist dem unmittelbaren Klangerlebnis gewichen, wie es beispielsweise durch das Geläut der krankenhauseigenen Kapellenglocken ausgelöst wurde. Überhaupt schien sich in relativ kurzer Zeit eine differenzierte Neigung zu entwickeln, die dann auch später als „musische Begabung" in Erscheinung trat und in der Nachahmung des Leiters des RIAS-Tanzorchesters Werner Müller gipfelte, wenn dieser lauthals zum Ende einer Darbietung vom Dirigentenpodium wie von einer fahrenden Eisenbahn abgesprungen ist. Ich konnte zwar keine Noten lesen, von Musizieren ganz zu schweigen, diese Nummer hat mir aber grandios imponiert und in mir den Wunsch des Dirigierens geweckt.

Die Intoleranz des Frischlings Thomas gegenüber Versorgungsschwankungen hat dazu geführt, dass sich die Amerikaner zur „Luftbrücke" entschlossen, nachdem die Sowjets alle anderen Wege blockiert hatten. Wie im Mittelalter bestand also die Absicht, mittels Belagerung und Aushungern den Gegner zur Aufgabe zu zwingen. Das war mit mir natürlich überhaupt nicht zu machen. Seit frühesten Kindheit habe ich mich also angedrohten oder realisierten Zwangsmaßnahmen widersetzt, dabei des Öfteren auch Schaden genommen, aber nie die Linie verlassen. Diese Grundeinstellung ist mir übrigens noch heute zu eigen. Vermutlich sind die Ursachen genetischer Natur, denn bereits meinem geigenden Großvater eilte der Ruf voraus, sich den Nazi-Ritualen des „Deutschen Grußes" und anderer symbolträchtigen Handlungen zu entziehen. Dabei kam ihm – so die Legende – ein ums andere Mal sein Instrument zu Hilfe, das ja auch nach dem öffentlichen Musikvortrag in den Händen gehalten werden wollte und somit die nichtmusikalische Beweglichkeit deutlich einschränkte.

Gleichwohl haben sich die alliierten Wohltaten durchaus in einem erfolgreichen Gedeihen niedergeschlagen, ist doch Milchpulver besser als gar keine Milch und jede Art von dehydrierten Nahrungsmitteln dem Hunger vorzuziehen. Der bevorstehende Winter, also früher als Jahreszeit mit viel Eis und noch mehr Schnee bekannt, gelegentlich wegen Brennstoffverknappung auch „Jahrhundertwinter" genannt, machte die Bevorratung mit Kohle erforderlich, sofern Kohle vorhanden. Das war ein bisschen mühselig, denn die Wohnung lag wie erwähnt im vierten Stock. Der heute übliche Fahrstuhl war in den damaligen Wohnhäusern in sogenannten Arbeitervierteln unbekannt. Trotzdem habe ich die ersten Lebensmonate wie auch die, die sich anschließen sollten, unbeschadet überstanden.

Die Verhältnisse schienen sich zu normalisieren. Meine Mutter, obwohl ich mit einer knappen väterlichen Alimentierung ausgestattet war, ging ihrer Erwerbstätigkeit nach, indem sie in der Musikabteilung des RIAS A4-Blätter maschinell beschriftete. Man nannte das die normale Büroarbeit einer Stenotypistin, deren Aufgabe darin bestand, verwertbare Unterlagen für Programmzeitungen mit umfangreichem Hörfunkanteil anzufertigen. Daran sollte sich auch bis zu ihrer Berentung nichts wesentliches mehr ändern.

Mein Alltag hingegen verlief weitgehend störungsfrei, Oma und Tante sorgten im Wechsel für ausreichende Frischluftzufuhr in einem für solche Zwecke geeigneten Sportwagen, womit kein Porsche oder Ferrari gemeint ist, sondern ein mit Menschenkraft angetriebenes Schiebegefährt zum Befördern eines Kleinkindes, dessen körperliche Entwicklung für längere Fußmärsche noch nicht geeignet war. Dabei erschloss sich mir die nähere Umgebung, die vornehmlich von Unordnung geprägt war. Gegenüber auf dem verwilderten Eckgrundstück zeugten wahllos gezogene Wäscheleinen von einer unstrukturierten Nutzung. Dazwischen verlieh üppig wachsendes Unkraut dem Ganzen einen urwaldähnlichen Charakter. Darauf als Behelfsunterkünfte angelegt, mehrere halbzylindrische Wellblechhütten, die sogenannten Nissenhütten, die wie gestrandete U-Boote aussahen. Die viel zu kleinen Fenster verliehen diesen Notunterkünften eine geheimnisvolle Aura, die zu lüften unter strengem Verbot stand. Vermutlich hatten die Bewohner eine verdächtige Vergangenheit hinter sich, mit denen wollte sich wie bei Zigeunern niemand freiwillig nähern. Wahrscheinlich wollte man aber auch nur der Gefahr einer Verbreitung von Ungeziefern wie Läusen, Flöhen und Wanzen entgegenwirken und hat sich daher auf solch unsichere Isolierungsmaßnahmen versteift.

Die noch bewohnbaren Häuser waren verbunden mit den Resten von eilig aufgeschütteten Ziegelsteinen aus Ruinen, die ihrer erneuten Verbauung entgegensahen; denn obwohl im Zentrum Berlins nur noch wenige Steine aufeinander lagen, die Steine waren noch da und warteten auf den Einsatz der Trümmerfrauen. Die Spuren derer Tätigkeit, nämlich mannshoch geschichtete, allerdings lose zusammengefügte Ziegelmauern konnte ich noch bei meinen ersten aushäusigen Spaziergängen besichtigen. Mit zunehmender Aufräumarbeit verschwanden diese Provisorien allmählich aus dem Straßenbild. Gut zehn Jahre später sollte sich eine ähnlich umfangreiche Bautätigkeit wiederholen. Der Bauherr allerdings hatte kurze Zeit zuvor in akzentfreiem Sächsisch noch völlig andere Absichten verkündet: „Niemand hat die Absicht, eine Mauer zu bauen.“ Doch davon später mehr.

Direkt an der Spree türmten sich die Reste der Uferbefestigung in schwindelerregender Höhe. Diese Granitblöcke erscheinen mir als Kleinkind weit gigantischer als sie vermutlich waren und werden mir wenig später als Kulisse für diverse Abenteuerspiele dienen. Die einzige Verbindung zum anderen Ufer, eine Fußgängerbrücke, hat die kriegsbedingten Gewaltakte nicht überlebt, ist - den Gesetzen der Statik folgend - in der Mitte eingeknickt und somit nicht mehr passierbar. Das ist für mich insofern dumm, weil der anvisierte Kindergarten auf der anderen Spreeseite liegt und insofern nicht leicht erreichbar ist. Gottlob gibt es noch den Fährmann Winkler, der sich anbietet, Klein-Thomas samt Oma mit seinem einzig verbliebenen Ruderboot täglich überzusetzen. Damit ist der Kindergarten gerettet, es sollte aber nur ein kurzes Gastspiel geben.

Der Kindergarten Siegmundshof ist außen wie innen ein altes Gemäuer und liegt zwischen Spree und dem S-Bahnhof Tiergarten. Was daran ein Garten sein soll, habe ich nie verstanden, die Regeln versehe ich allerdings auch nicht. Vermutlich dient diese städtische Einrichtung lediglich als sicherer Aufbewahrungsort für Kinder berufstätiger Eltern im Vorschulalter. Allein im Eingangsbereich sind drei riesige Quadersteine zusammengefügt mit einer für Kinderfüße viel zu großen Stufenhöhe. Die beiden Kindergärtnerinnen kümmern sich um mich und meine fünfundzwanzig Leidensgenossen, allerdings nach wenig durchschaubaren Regeln. Der hauseigene Kakao wird zu einer bestimmten Uhrzeit zusammen mit gummiartigen Milchbrötchen verteilt, nicht etwa nach Bedarf. Die Zeit dazwischen wird mit blöden Spielen vertändelt, so werden Holzenten an Bindfäden geknüpft, über den Fußboden gerollt und ähnliches. Insgesamt bringt mir der Aufenthalt keine neuen Erkenntnisse. Bauklötzer sehen überall gleich aus. Der Ablauf ist vorhersehbar und damit weitgehend uninteressant. Nach drei Tagen habe ich genug und beschließe meine Kindergartenzeit zu beenden. Oma ist wenig begeistert, hat sie doch offensichtlich andere Vorstellungen von ihrem Tagesablauf. Soll mein Vorhaben erfolgreich sein, darf die Initiative nicht von mir ausgehen. Und so gelingt es schließlich, die Kindergärtnerin zu folgendem Telefonat mit Oma zu bewegen: „Frau Wendlandt, holen Sie bitte den Thomas wieder ab, der bringt hier alles durcheinander!" Fortan habe ich mich mit Onkel und Tante amüsiert, wenn Oma anderen Verpflichtungen gefolgt ist. Der nahende Frühling ist dafür bestens geeignet.

KAPITEL 2

GLÜCK MIT LÜCK

Der Bezeichnung „Tante“ folgt normalerweise ein weiterer Name, meist Vorname, um die Abgrenzung gegenüber aller in Frage kommenden Personen zu ermöglichen.

Manchmal scheint es auch sinnvoll, Eigenschaften wie Wohnorte oder ähnliches hinzuzufügen, die ansonsten nicht offensichtlich sind. Nennt man eine bestimmte Person nur Tante ohne weitere Zusätze, so bedingt diese Exklusivität einen gewissen Sonderstatus. Damit wird zum Ausdruck gebracht, dass es eine Person gibt, die das Privileg genießt, sich aus der Vielzahl von Tanten abzuheben, gewissermaßen die Urtante oder die Mutter aller Tanten. Vermutlich sind Qualitäten vorhanden, die nicht offensichtlich sind, schon gar keine genetischen Verwurzelungen. Während der so definierten Tante ein Onkel nicht abträglich ist, sind eigene Kinder eher hinderlich, waren bei Lücks auch nicht vorhanden, wovon ich vermutlich beachtlichen Nutzen zog, nämlich das Privileg des Einzelneffen, ungeteilte Aufmerksamkeit und Zuneigung.

Und so habe ich bereits im zarten Kindesalter Martha und Bernhard Lück kennen- und schätzen gelernt. Diese waren mit meinen Großeltern schon seit den zwanziger Jahren gut befreundet. Onkel spielte Cello und war auch sonst sehr geschickt im Umgang mit Holz. Noch heute zieren seine handgefertigten Schachfiguren das Buffet in unserem Esszimmer. Tante stammte aus dem thüringischen Ilmenau, hat Zeit ihres Lebens ihren regionalen Dialekt nicht abgelegt und dadurch in nicht unbeträchtlichem Maße meine Ausbildung und mein Verständnis für sprachliche Phonetik beeinflusst. Onkel hingegen pflegte einen satten Berliner Dialekt, nannte mich stets „Männeken" und trug bevorzugt auf den gemeinsamen Spaziergängen durch den Moabiter Otto-Park eine kleidsame Baskenmütze. Die eingeschränkte Gehfähigkeit sollte ein mitgeführter Gehstock ausgleichen, was meist auch gelang, sofern eine bestimmte Höchstgeschwindigkeit nicht überschritten wurde.

Onkel und Tante lebten bescheiden über Jahrzehnte in einer kleinen, im dritten Stock gelegenen Ein-Zimmer-Wohnung: Stube und Küche mit Klo auf dem Treppenabsatz, wobei die Küche die Größe eines eigenen Raumes hatte, heute würde man das als Wohnküche bezeichnen. Früher hat sich dort das gesamte Familienleben abgespielt, meist mit mehreren Kindern. Die gute Stube war nur zu besonderen Anlässen zu benutzen. Als diese typischen Mietskasernen in Moabit, Wedding und Neukölln Ende des 19. Jahrhunderts gebaut wurden, war die Nähe zur Fabrik und die bezahlbare Miete wichtiger als Komfort und Hygiene. Im Winter machte sich eine dauerhafte Frischluftzufuhr durch die schadhaft schließenden Einfachfenster bemerkbar und sorgte für manchen Schnupfen, in weniger günstigen Fällen für chronische Bronchitis oder gar Lungenentzündung. Vis-a-vis des zugigen Fensters stand ein schmuckloser Kachelofen, der nicht nur für eine annehmbare Raumtemperatur sorgen sollte, sondern auch mittels integrierter Backröhre dazu geeignet war, Speisen und Getränke aufzuwärmen. Nachteilig bemerkbar machte sich der fehlende Bevorratungsraum für einschlägige Brennstoffe wie Holz und Kohle, die ich per Hand – wann immer sich die Gelegenheit bot - mittels zweier Eimer aus dem Keller holte. Ein schwerer Filzvorhang, wie man ihn vielleicht aus Berliner Eckkneipen kennt, sollte die Zugluft an der Wohnungstür abbremsen, der Fensterschrank unterhalb des Küchenfensters wirkte dem allerdings entgegen. Es gab kein Telefon, keinen Fernseher, kein fließendes warmes Wasser. Obwohl also die Lebensumstände auf bescheidenem Niveau angesiedelt waren, habe ich in zwanzig Jahren weder vom Onkel noch von Tante jemals Klagen über ihre Lebens- oder ihre Wohnsituation vernommen, für heutige Verhältnisse geradezu unvorstellbar. Sonntags wurde mit Oma Skat gespielt. Zwei Personen saßen auf Stühlen am Tisch, der dritte auf dem Sofa und hatte daher eine andere Perspektive. Da ich dieses Kartenspiel mit vier Jahren noch nicht beherrschte, musste ich mir auf andere Art und Weise die Zeit vertreiben. Dazu eignete sich das Sofa hervorragend: So habe ich stundenlang die Sprungfedern getestet, die sich als sehr widerstandsfähig erwiesen haben. Einzig das Kartenspiel litt ein wenig; denn die auf dem Sofa sitzende Oma hüpfte in dem von mir vorgegebenen Takt immer mit und hatte Mühe, ihre Karten zu halten und dem Spiel zu folgen.

Mit dem Beginn der Schulzeit verlief mein Leben in zeitlich strukturierten Bahnen: Dazu war es allerdings erforderlich, Onkel und Tante in ihrer Ein-Zimmer-Wohnung der Moabiter Lübecker Straße 26 aufzusuchen.

Einige Jahre zuvor lebten unter dieser Adresse Berlins bekannteste Ganoven der Zwanziger Jahre, die Gebrüder Saß. Diese hatten auf beeindruckende Art einen Tunnel in die Diskonto-Bank am Wittenbergplatz gebuddelt, mächtig Beute gemacht und Geldscheine in die Briefkästen von bedürftigen Moabitern verteilt. Diese „Robin-Hood-Manier" kam bei der Bevölkerung gut an und hat deren Popularität begründet. Die Polizei hatte das Nachsehen. Raffiniert waren sie schon, die Sassens. Einen Tatnachweis konnten sie erfolgreich vermeiden, bis Nazi-Schergen ihrem Leben ein jähes Ende bereiteten.

Anfang der vierziger Jahre war ein Prozess, der die Schuldfrage hätte klären können, nicht üblich. „Volksschädlinge" mussten auf jeden Fall beseitigt werden. So lautete der Führerbefehl und so wurde das Verfahren „Gebrüder Saß" endgültig während der Verlegung in ein anderes Gefängnis abgewickelt. Daraus hat man dann sehr schnell die Redewendung „auf der Flucht erschossen" abgeleitet.

Zurück zum wöchentlichen Tantenbesuch. Jeden Dienstag brachte mich ein Bus der Linie 16 zu meiner Ersatzoma und ihren Mann. Zuvor hatte ich mich pro forma mit zeitgemäßer Reiselektüre am nahegelegenen Zeitungskiosk versorgt. Für 20 Pfennig waren die Abenteuer des Ritters Sigurd und seines treuen Knappen Bodo erhältlich. Abwechselung brachte der Tarzan-Verschnitt Akim und der Weltraumfahrer Nick in den literarischen Alltag eines Grundschulkindes. Alle Hefte mit comicartiger Bebilderung versehen, im handlichen Format eines Drittel-DIN-A4-Bogens, das sich bequem in der Hosentasche verstauen ließ. Bei der Vielzahl der Bilder passte wenig Text auf die Seiten, so dass ich zumeist schon am Rathaus Schöneberg mit der Lektüre fertig war. Aber es gab ja auch sonst noch einiges zu sehen.

In den typischen „Doppeldeckern" besetzte ich nach Möglichkeit einen Platz in der vordersten Reihe vom Obergeschoss. Damit war ein Ausblick sichergestellt, der ansonsten nur bei einer High-Tech-Stadtrundfahrt zu erwarten ist. Die Wegstrecke führte in regelmäßiger Beständigkeit vorbei an den längst vergangenen Größen von Preußens Gloria, sei es als Bronzestatue, Marmordenkmal oder als einfacher Straßenname. Ich wusste zwar nicht, wer Roon war, hatte aber eine Vorstellung von seiner Bedeutung, gemessen an der imposanten Erscheinung am Großen Stern. Außerdem wusste ich recht schnell, dass er sich mit zwei O und nicht mit H schreibt. So gab es eine Vielzahl an Entdeckungen von Schriftzügen und Namen, die sich während der knapp einstündigen Busfahrt gar nicht vermeiden ließen.

Nachdem der Südwestkorso überwunden war und auch der Bundesplatz hinter uns lag, kam das Gebäude von RIAS Berlin immer mehr ins Blickfeld und löste in meinem Kopf das akustische Signal aus „Eine freie Stimme der freien Welt“. Dieser Slogan war kein Zufall und sollte die propagandistische Absicht der amerikanischen Besatzungsmacht unterstreichen. Jahre später sollte ich als freier RIAS-Mitarbeiter zu einer differenzierteren Betrachtungsweise kommen.

Der Sechzehner setzte indes unbeirrt seine Fahrt durch Schöneberg fort und streifte das Rathaus, vor dem – ebenfalls Jahre später – ein amerikanischer Präsident eine vielbeachtete Rede über Freiheit und ähnlich bewegende Sachen halten sollte, die in der Behauptung über die eigene Abstammung gipfelte, womit kein mit Marmelade gefülltes Silvestergebäck gemeint war. Dem Rathaus gegenüber befand sich ein Speiserestaurant mit dem einladend klingenden Namen „Hecht zum Rathaus“. Ich habe nie herausgefunden, ob der Name vom Besitzer herrührte oder ob es sich um eine Spezialität des Hauses handelte. In jedem Fall ließ der Slogan „Hier wird mit Liebe gekocht und mit guter Butter gebraten“ einiges erahnen. Weiter geht die Fahrt über die Martin-Luther-Straße, die merkwürdigerweise jenseits der Motzstraße ihren Vornamen verliert und nur noch Lutherstraße heißt.

Nach Unterqueren der Hochbahn am Nollendorfplatz lässt der Sechzehner das provisorische Amerikahaus links liegen und steuert schnurstracks den Lützowplatz an. Dort haben die alliierten Bombenangriffe eine große Freifläche geschaffen, die Catchern und Missionaren eine provisorische Unterkunft bieten, diversen Tieren aus dem benachbarten Zoo Notausgänge verschafften. Die meisten waren jetzt nach über zehn Jahren wieder dicht. Jenseits des Lützowplatzes grüßt das neu errichtete Hotel Berlin als gigantischer Betonklotz und ragt unnatürlich aus der grünen Umgebung heraus. Wir haben jetzt das ehemalige Diplomatenviertel im Tiergarten erreicht und nähern uns der Siegessäule, die die gesamte Berliner Ost-West-Achse an dieser exponierten Stelle teilt. Für die halbzirkuläre Fahrt im fünfspurigen Kreisverkehr des Großen Sterns ist ein sicherer Stand vonnöten, um der Fliehkraft zu widerstehen. Wenn der Bus in die Altonaer Straße einbiegt, sind hier nun die Ergebnisse des internationalen Architektenwettbewerbs von 1957, der Interbau, noch heute - zumindest teilweise - zu besichtigen. Hier wurde gut zehn Jahre nach Kriegsende das Ziel verfolgt, die desaströsen Kriegsschäden zu beseitigen und dem Tiergartenviertel ein neues, dem Zeitgeist entsprechendes Gesicht zu verleihen. Inwieweit das gelungen ist, wird auch heute noch durchaus kontrovers diskutiert.

Nach Passieren des namengebenden Hansaplatzes gelangt der Bus in die S-Bahn-Unterführung, die die Stationen Zoologischer Garten mit Bellevue, dem gleichnamigen Schloss von diversen Präsidenten, verbindet. Noch konnte ich nicht ahnen, dass ich viele Jahre später einen Großteil meines Medizinstudiums in einer geräumigen Ladenwohnung in der nächsten Querstraße, der Flensburger Straße, absolvieren würde, bevor es mich als Arzt gen Westen zog. Nach Überqueren der Spree an der Lessingbrücke ist der Stadtteil Moabit erreicht. Das Ziel, die Haltestelle Birkenstraße, ist nur noch zwei Haltestellen fern.

Für Onkel und Tante gab es zwei unverzichtbare Passionen: Skatspielen und Tabakkonsum. Während man problemlos allein rauchen kann, also nicht zwingend auf Gesellschaft angewiesen ist, wird das mit Skatspielen schon schwierig. Wer also den berühmten dritten Mann zum Skat braucht, muss ihm, selbst wenn er erst sieben Jahre alt ist, die Skatregeln beibringen. Und so habe ich bei Onkel und Tante die Kunst des Skatspiels erlernt und beherrschte dieses Spiel bald besser als die Regeln von Rechnen und Schreiben, wobei mir auch das nicht sonderlich schwerfiel. So vergingen die Dienstage von Monaten, bis eines Tages im Jahr 1958 der große Skatgott ein Einsehen mit Onkels Schicksal hatte und ihn mittels eines Schlaganfalls in die ewigen Skatgründe zum Dauerskatturnier abberief. Dort höre ich ihn zeitweise immer noch die regelhafte Formel ausrufen: „Achtzehn, zwanzig, zwei, drei, passe!“

Für die Tante war der Verlust ihres Mannes ein schwerer Schlag, musste sie sich fortan allein durchs Leben quälen. Ausgezehrt von

chronischen Atemwegserkrankungen und bis zum Skelett abgemagert, hat sie aber noch erstaunlich lange dem ständig drohenden Ableben widerstanden. Dieses ereilte sie dann Anfang der siebziger Jahre auf Raten. Zuvor haben wir aber noch über Jahre die einmal begonnene Regelmäßigkeiten wie den wöchentlichen Dienstagsbesuch beibehalten, ihn dadurch ergänzt, dass die Tante als festes Familienmitglied behandelt wurde, selbstverständlich an allen Festivitäten teilnahm, ja sogar mit der Präzision eines Schweizer Uhrwerks jeden Sonntagnachmittag zum gemeinsamen Skatspielen auftauchte, um ihrem Leben eine gewisse Ordnung zu verleihen. Für Oma und mich gehörten diese sonntäglichen Skatspiele mit Tante zum festen Ablauf eines vorstrukturierten Wochenplanes, der mit dem Tantenbesuch am Dienstag, dem Aufenthalt bei meinem Vater am Donnerstagnachmittag und dem erwähnten Sonntagnachmittag-Skat unverrückbare Bestandteile aufwies. Bis zum Ende meiner Schulzeit war an diesem Ablauf auch wenig zu rütteln; Ausnahmen waren zwar möglich, wurden aber nur ungern geduldet. Da die Ergebnisse der Skatspiele in einem komplizierten Punktesystem notiert wurden, musste jemand diese Buchführung übernehmen. Diese Aufgabe wurde mir übertragen – obwohl soeben mit den Grundrechenarten vertraut. Das übt aber ungemein Gedächtnis und Kopfrechnen, was mir später noch erhebliche Vorteile einbringen sollte.

Charlotte hieß Tantes Nichte, die ich an einem der kommenden Dienstage kennenlernen sollte und längst nicht so alt wie die Frauen aus meiner üblichen Umgebung, allerdings deutlich älter als meine Cousins und Cousinen. Mit einer solchen „Zwischengröße“ hatte ich keinerlei Erfahrung, sollte diese aber auch zügig nachholen. Die Zeit mit Charlotte verging wie im Fluge. Kartenspielen, albern sein, lachen und scherzen lösten in mir erstmals eine Anziehung zum anderen Geschlecht aus, anders, als ich es bisher von Oma und Mutter kannte. Da war also noch etwas anderes, etwas bislang Unbekanntes mit eigenem Reiz. Irgendwie war mir die bislang bekannte Steuerung meines eigenen Gefühlslebens nicht bewusst, eigentlich unglaublich, was da passiert ist. Es sollte aber nur der Beginn eines neuen Gefühls sein, das künftig mein Leben in noch nicht dagewesenem Maße beeinflussen sollte.

Nach Onkels Ableben erinnerte sich die Tante an ihre Schwester in Gelsenkirchen. Deren Sohn betrieb die Gastronomie der lokalen Trabrennbahn und hatte im aufstrebenden Wirtschaftswunderland eine Immobilie im grenznahen Holland für sich und seine Familie zu Urlaubszwecken erworben. Den mit mir etwa gleichaltrigen Sprössling plagte chronische Langeweile am Urlaubsort in Heijen. Und so wurde die Idee geboren, die Tante samt ihrem „Funktionsneffen" Thomas nach Holland einzuladen. Die Anreise hatte allerdings bis Gelsenkirchen auf eigene Kosten zu erfolgen, anschließend waren Kost und Logis frei. Das hatte zur Folge, sich nach dem billigsten, verfügbaren Verkehrsmittel umzusehen, damals wie heute eine private Mitfahrgelegenheit im Personenkraftwagen, einem VW-Käfer, angesichts des problembehafteten Grenzübergangs zwischen Berlin, der noch offenen DDR und der BRD ein schwer kalkulierbares Unterfangen. Die Autofahrt durch „Feindesland", wie die Transitstrecke durch die sogenannte DDR damals häufig empfunden wurde, war für mich nicht ganz so toll. Als fünfte Person saß ich in einem VW-Käfer in der Rückbankmitte über der Kardanwelle. Bei dem Fahrstil des Chauffeurs und der sanierungsbedürftigen Fahrbahndecke ein fragwürdiges Unternehmen. Viel Gelegenheit zum Bestaunen der unberührten, sozialistischen Natur blieb also nicht. Dennoch sind mir die schlichten Werbeschriften an den Autobahnbrücken noch gut in Erinnerung: Die Aufforderung „Aufmerksam, rücksichtsvoll, diszipliniert – Ich bin dabei" war dort ebenso in schlichten Lettern zu lesen wie „Plaste und Elaste aus Schkopau", einer sozialistischen Werbemaßnahme der Buna-Werke. Ich hatte von „Plaste und Elaste" nur eine ungefähre Vorstellung, merkte aber schnell, dass das irgendwie mit Chemie zu tun haben müsste. An dem typischen Gestank in der Region Sachsen-Anhalt führte auch kein Weg vorbei.

Letztendlich glückte aber sowohl die Hin- wie auch die Rückfahrt und hat mir zu meinem ersten Auslandsaufenthalt verholfen. Dieser war nicht nur von der holländischen Heidelandschaft geprägt, sondern auch von einem zweitägigen Ausflug nach Zandvoort mit Übernachtung in einem Wohnwagen. Bis zu diesem Zeitpunkt hatte ich keine Berührung mit den Wellen der Nordsee und einer mir gänzlich unbekannten Form von holländischen Bratkartoffeln, den sogenannten Pommes frites. Beides hat mir gut gefallen und auf Wiederholung gedrängt. Zuvor mussten aber noch einige Präliminarien durchlaufen werden: Obwohl also bekanntlich jedem Menschen lediglich ein Elternpaar zu eigen ist, haben die leiblichen Eltern meines Urlaubsspielkameraden Curt, genannte Cutti, von mir verlangt, sie mit „Mutti" beziehungsweis „Vati" anzureden, eine Formalie, die nicht nur Verwunderung, sondern stellenweise auch Abneigung ausgelöst hat, ist doch eine Mutter nicht beliebig austauschbar. Fast genauso sonderbar fand ich, dass der Sohn den gleichen Vornamen führte wie der Vater. Ob dies einem Mangel an Phantasie zuzuschreiben war oder ob damit eine gewisse regelhafte Stammbaumprognose zum Ausdruck gebracht werden sollte, weiß ich nicht, verdächtig war es mir aber allemal. Der Mann, der „Vati" genannt werden wollte, hatte die Angewohnheit, abends vor dem Einschlafen die Kinder nach dem Ereignis zu fragen, das ihnen am zurückliegenden Tag am besten gefallen hatte. Mir fielen einzig die Wellen der Nordseebrandung ein. Das regelmäßige Auf und Ab, das Gleiten in den Naturgewalten hat in mir eine besondere Faszination ausgelöst. Cutti hingegen war vom Aufenthalt in der strandnahen Spielhölle am meisten beeindruckt, Automaten, in die man Münzen stecken konnte und die dann irgendwelche elektromechanischen Spielchen ausführten.

Zurückgekehrt in den schmutzig-grauen Alltag des Ruhrgebiets habe ich mich mit den üblichen Besonderheiten der Trabrennbahn und deren Hauptakteuren, nämlich den Pferden beschäftigt. Cutti war mit von der Partie, größeres Interesse strahlte er allerdings nicht aus. Und so habe ich mir die neuen Dinge selbst angeeignet. Dazu zähle ich in erster Linie Pferde und den Umgang mit diesen Huftieren. Bislang waren mir diese Vierbeiner nur als Fortbewegungsmittel aus einschlägigen Wild-West-Filmen bekannt. Jetzt kommen noch weitere Eigenschaften hinzu, die bislang nur mit Mühe zu erklären waren. Dass nämlich eine bestimmte Sorte von Pferden darauf abgerichtet waren, nur eine bestimmte Gangart auszuüben, den Trab, entspricht nicht der Natur des Pferdes und muss demzufolge künstlich - also mittels Dressurakten - herbeigeführt werden. Ich kannte diese Form von Zwangsmaßnahmen nur aus dem Zirkus, bei dem die Tiere solange drangsaliert werden, bis sie das „Kunststück freiwillig" ausüben. Seiner Natur folgend, ist das Pferd ein Fluchttier, das heißt, einem Raubtier durch ausdauernde Flucht zu entkommen, wie es in den Weiten von Steppen und Prärien unausweichlich ist. Dazu ist es genauso unpraktisch, eine Gangart wie den Trab zu wählen, als auch Hindernisse von der Güte eines Oxers oder Wassergrabens zu überwinden, also sich in Hoch-Weitsprüngen zu üben, statt dem Wolfsrudel durch schlichtes Weglaufen zu entweichen. Erstaunlich, dass Menschen tierische Überlegenheit mit olympischen Eigenschaften wie schneller, weiter, höher kombinieren und dem dann auch noch menschliche Attribute in sportlichem Wettbewerb zuschreiben.

Dem Pferd werden wohl nicht zu Unrecht bestimmte Eigenschaften zugeschrieben, die im Tierreich zwar keine Exklusivität besitzen, dennoch aber mit menschlichen Einflüssen einhergehen. So kann ich mich an einige Fernsehsendungen der frühen Sechziger erinnern, in denen das Verhältnis von Mensch und Tier auf typisch amerikanische Art verherrlicht wurde. Der Hengst Fury, der Delfin Flipper und die Colliehündin Lassie haben über viele Jahre deutsche Wohnzimmer mit gewünschten oder tatsächlichen Haustieren bereichert und zumindest die Illusion eines einträchtigen Zusammenlebens zwischen Mensch und Tier erweckt.

Davon kann auf der Trabrennbahn Gelsenkirchen wie auf allen anderen Rennbahnen weltweit keine Rede sein. Das Individuallebewesen Pferd ist hier wie woanders lediglich des Menschen Erfüllungsgehilfe auf unterstem Niveau und kann nach Belieben zu dessen Zielen benutzt, ja nicht selten auch missbraucht werden. Während auf einigen Rennbahnen derjenige gewinnt, der am schnellsten das Ziel erreicht, kommt es bei anderen Disziplinen auf vermeintliche Vollkommenheit im Sinne von Pferdegehorsam an. Andere sehen wiederum die hohe Schule in Übungen von Ross und Reiter, die ein Pferd von allein nie tun würde und wozu ein Mensch allein nie fähig wäre. Der „sportliche“ Gedanke erschließt sich mir auch nach längerem Nachdenken nicht. Allein die Vorstellung, ein Pferd dazu zu veranlassen, ein rikschaähnliches Gefährt über das Oval einer Rennbahn zu ziehen und dabei nicht aus dem Trab zu kommen, hat etwas Absurdes an sich. Will der Gaul aber mal nicht so, wie es das Herrchen gerne hätte, werden andere Saiten aufgespannt, entweder mit physischer Gewalt oder mit chemischen Hilfsmitten. Besser mit allen verfügbaren Mitteln, auch die illegalen Methoden können gefahrlos eingesetzt werden, solange sich Tiere nicht sprachlich über ihre Peiniger verständigen können. In jedem Falle ist das Pferd seinem Besitzer auf Gedeih und Verderben ausgeliefert und erfüllt somit nicht im Entferntesten den Anspruch eines sportlichen Wettkampfes. Da nützen dann auch nicht die sonst so beliebten Beschwörungsformeln vom „besseren, der gewinnen möge“.

Sowohl Tante wie auch ich empfanden den Urlaub in Holland bei Curt Grau und Familie als so unangenehm auch wieder nicht, sonst hätten wir vermutlich keine Wiederholung angestrebt und wohl auch der Gastgeber keine neue Einladung ausgesprochen. Die näheren Umstände sollten aber im nächsten Jahr ein bisschen anders verlaufen. Familie Grau hatte inzwischen das Urlaubsdomizil gewechselt und ein größeres Haus in Besitz genommen, wohl der Absicht folgend, dem bundesdeutschen Wirtschaftswunder eine standesgemäße Immobilie zu verpassen. Dem Aufenthalt bei Graus ging eine Woche an der niederländischen Nordseeküste voraus, ein einmaliges Erlebnis, weil ich weder bis dahin, noch künftig auch nur ein einziges Mal gemeinsam mit meinen Eltern im Urlaub weilte.

Obwohl der Strand überall gleich aussieht, wie man glauben kann, gibt es da doch feine Unterschiede, nicht so sehr in der Körnung, sondern auch in der Umgebung. Den kilometerlangen Strand des Badeorts Scheveningen habe ich längst nicht als so etwas mondänes erlebt, wie er ausgewiesen wurde. Das mag zum einen an dem Wetter gelegen haben, das für den Sommer unangenehm kühl, windig und regnerisch ausfiel. Zum anderen war die erklärte Absicht, einen Badeurlaub zu bestreiten, allein mit dem vorhandenen Personal nicht richtig zu machen. Mein Vater wollte sich natürlich in Anwesenheit meiner Mutter keine Blöße geben und kehrte den versierten Strandurlauber heraus, wollte allerdings auf seine Anzugshose nicht verzichten und gab daher ein Quixote ähnliches Bild ab, fernab jeglicher Form der Selbstironie. Über sich selbst zu lachen, war meinem Vater zeitlebens nicht vergönnt. Meine Mutter hingegen hat ihren einteiligen Badeanzug mitsamt kleidsamer Badekappe am Scheveninger Strand trotz unschönen Windverhältnissen spazieren getragen und sich mit mir einige Alibiballspiele erlaubt. Vermutlich eher der guten Ordnung und der allgemeinen Erwartungshaltung wegen. So wurde jedenfalls von meiner Mutter und mir eine kleine Sandburg gebaut, mein Vater stand in respektvollem Abstand daneben und empfahl – wie es so seine Art war – eine Beschriftung in Landesprache. Er glaubte, dem Holländischen in so weit mächtig zu sein. Leider hat er den Namen für die ursprüngliche Bezeichnung „Berliner Spatzen“ mit dem Begriff für „50-Kilo-Säcke“ verwechselt. Die Gesichter der vorbeilaufenden Einheimischen reichten von entgeistert bis amüsiert.

KAPITEL 3

ELSA

In den späten dreißiger Jahren ist meine Mutter nach Absolvieren der sogenannten Handelsschule über Umwege zum Berliner Rundfunk gekommen. Dort fühlte sie sich alsbald mehr vom musikalisch-künstlerischen Treiben angezogen als ihrer Ausbildung als Sekretärin entsprach. So ist sie dem renommierten Pianisten Michael Raucheisen erst in die Hände gefallen, dann zur Hand gegangen, wann immer sich die Gelegenheit bot. Dies wurde als „Assistieren" bezeichnet und bezog sich auf die Mitwirkung bei zahlreichen Schallplattenaufnahmen. Aus dieser intensiven Zusammenarbeit mag auch der Wunsch nach eigener Profilierung erwachsen sein; denn meine Mutter stammte nicht nur aus einer musikalischen Familie, sondern besaß auch den Vorzug einer schönen Stimme. Diese Gabe sollte genutzt werden, und so begann sie eine professionelle Gesangsausbildung bei der bekannten Wagner-Interpretin Elsa Varena. Diese beherrschte nicht nur ihr Metier, sondern auch ihre Schutzbefohlenen. Ihr äußeres Erscheinungsbild – durch und durch von preußischer Haltung durchsetzt mit streng geknotetem und gescheiteltem Haar, gewissermaßen in Ehren ergraut - hat mich bei den wenigen Besuchen, die ich miterlebt habe, schwer beeindruckt, ja auch immer ein bisschen verunsichert. Von dieser Respektsperson ging eine Aura aus, die keinen Widerspruch kannte, schon gar nicht zuließ. Die düstere, im Parterre gelegene Altbauwohnung in der Genthiner Straße, die dunklen Möbel wie auch die ruinöse Umgebung des zerbombten Schöneberg taten das übrige, mich als Knirps unwohl zu fühlen.

Ernsthafte Gesangsübungen habe ich nie beobachtet. Für solche oder ähnliche Begegnungen muss es andere Gründe gegeben haben. Diese lassen sich zwar nicht immer konkret beschreiben, sind aber besonders unter Frauen keine Seltenheit. Wann immer sich Frauen zufällig begegneten, entwickeln sich rasch persönliche Gespräche, die zuweilen in eine unkontrollierte Eigendynamik münden. Berühmte Vorbilder waren Agnes Windeck und Tatjana Sais. Diese beiden Frauen haben über viele Jahre dem Berliner Kabarett „Die Insulaner" deren ureigene Stimme und Stil verliehen, wie sie sich – natürlich rein zufällig – auf dem Kurfürstendamm getroffen und die neuesten Klatsch- und Tratschgeschichten ausgetauscht haben. Beendet wurde das geniale Duett mit Windecks Ausruf „Huch, da kommt ja mein Bus!"

Gründe für Elsa Varenas offene Abneigung gegen meinen Vater sind zwar nicht offiziell überliefert, fügen sich aber reibungslos in ein von Wahrscheinlichkeiten geprägtes Gesamtbild ein. Meine Mutter galt als leicht zu beeinflussen. Das war im Verhältnis zwischen Operndiva und ihrer Gesangsschülerin nicht anders. Ob nun mit oder ohne Vorsatz: Elsa Varenas Vorstellung einer selbstbewussten Künstlerin hat im Hinterkopf meiner Mutter tiefe Spuren hinterlassen. Trotz intensiver Kupplungsversuche der Familie Wendlandt, die sich am Anblick der singenden Käthe, begleitet vom klavierspielenden Gerhard, berauschten, waren gravierende Unterschiede in der gegenseitigen Erwartungshaltung unübersehbar. Man sieht, dass die Liebe zur Musik als dauerhafter Beziehungskitt nicht immer funktioniert. Oma in ihrer bevorzugt angelegten Denkweise, nach der es für ein Missgeschick nur eine Ursache gibt ist, von der Behauptung, Elsa Varena hätte die Ehe meiner Eltern auseinandergebracht, nie abgewichen.

Meine Mutter – ebenfalls monokausal orientiert – bevorzugte die Erklärung der „bösen" Schwiegermutter wie bei Schneewittchen, wobei Lenchen auch wirklich mit einer feuerspeienden Märchenfigur viel gemeinsam hatte. Die Aussicht, sich mit einer solchen Spezies zusammen mit meinem Vater einen gemeinsamen Wohnraum teilen zu müssen, kommt einer Höchststrafe nahe. Dem kann ich nur mit der aufrichtigen Ehrlichkeit eines Vierjährigen beipflichten.

Paradoxerweise hatte meine Mutter ein völlig anderes Idealbild von einem Mann als in der Realität: Die mit gut anderthalb Metern Körpergröße nicht gerade riesige Frau – was ihr übrigens auch den intrafamiliären Spitznamen „Kleine“ einbrachte – zeigte wie in dem Zarah-Leander-Lied vom „Waldemar“ eine besondere Vorliebe für große, gutaussehende, braungebrannte, graumelierte Mannsbilder vom Schlage eines Paul Hubschmid, der in den Fünfzigern so manches Jungmädchenzimmer schmückte. Typische Vertreter dieser Spezies waren der schon erwähnte Michael Raucheisen, aber auch der häufig im Rundfunk präsente Filmkomponist Werner Eisbrenner. Selbst der freiwillig gewählte Internist wie auch ihr Zahnarzt sahen aus wie einem Werbeplakat entsprungen. Anspruch und Wirklichkeit sind nicht immer miteinander zu vereinbaren…

Ich wüsste allzu gern, wie mein Opa Bruno darüber gedacht hat. Ihm eilte der Ruf des ruhigen Zeitgenossen voraus, also keine Plaudertasche. Ein Grund mehr, seine tieferen Gedanken zu kennen und zu deuten, was aber allenthalben nur theoretischer Natur ist. Wer ahnt, was ein Mensch denkt und fühlt, hat seine Berufung als Zauberkünstler im Zirkus verpasst. Insoweit mag man das Ganze als nutzloses Gedankenspiel abtun. Reizvoll ist es aber wohl schon.

KAPITEL 4

RAMPENLICHT

Wenn sich Kinder ungestört auf neutralem Gelände begegnen, so dauert es meist nicht lange, bis sich gemeinsame Aktivitäten entwickeln. Tatendrang mit Neugier gepaart, ergibt dann ein vielfältiges Spektrum, das andere gern als Spielen bezeichnen. Eigentlich handelt es sich dabei aber um bestimmte Aufgaben, die je nach Phantasie, Talent und Fähigkeiten zu bewältigen sind. Die einzigen, die das Vergnügen empfindlich stören können, sind die Erwachsenen, die ihre teilweise veralteten Regeln überwachen und eine merkwürdige Aufsichtsfunktion praktizieren. Ich glaube, dass ich ganz gut auf mich selbst aufpassen kann. Diese Grundüberzeugung hatte ich mir schon früh zu eigen gemacht und sah auch wenig Veranlassung, von dieser Gewohnheit abzuweichen. Oma glaubte, mein Treiben auf der Straße vom Wohnzimmerfenster aus beobachten zu können, ich erlaubte ihr aber nur, mit einem begrenzten Ausschnitt an dem Geschehen teilzunehmen. Ich erwähnte wohl schon, dass die gegen Kriegsende häufigeren Bombenangriffe aus dem Hinterhaus mit stark eingeschränkter Aussicht ein Vorderhaus mit komfortablem Panoramablick machten. Die meterhoch aufgeschütteten Ruinen in der näheren und weiteren Umgebung ließ eine Abenteuerlandschaft entstehen, die sich je nach Witterungseinflüssen gewissermaßen von selbst täglich neuformierte, was mit der Stabilität eines Kinderspielplatzes natürlich nicht im Einklang steht. Ganz besonders nach Schneefall im Winter dienten die Ruinenberge als alpines Rodelparadies und wurde entsprechend genutzt.

Wenn es anfänglich ausreichend erschien, mit dem Schlitten überhaupt unfallfrei unten anzukommen, mussten schon alsbald technische Schwierigkeiten eingebaut werden wie künstlicher Parcours aus Ziegelsteinen, Eisenstangen und verrosteten Eimern. Diese erhöhten technischen Ansprüche veränderten die Eigenwahrnehmung von Mut, Überwindung und Freude über erreichte Ziele. Während sich mein Freund Uwe beim Abfahrtsrodeln stark zurückhielt und lieber Schneebälle an bewegliche Ziele in der Umgebung verteilte, versuchte ich mich an allen möglichen Hindernissen. Nur mit einer Konstruktion hatte ich Mühe: Eine kleine Schikane, als Tordurchfahrt konzipiert, von zwei Eimern und einer quer darauf befindlichen, scharfkantigen Blechplatte begrenzt, erschien von weitem eher knapp bemessen und hätte zu abgetrennten Nasenspitzen führen können, wenn der Rodelknirps den Kopf angehoben hätte.

Uwe gehörte zu einem kleinen Milchladen, aus dem die täglich erforderlichen Grundnahrungsmittel bezogen wurden. Somit war regelmäßiger Kontakt gewährleistet. Wie in den meisten Fällen, wenn sich Freundschaften entwickeln, vergrößerte sich allmählich auch der Rahmen der Begegnungen: Ich nahm eines Tages Uwe mit nach Hause und machte ihn mit meiner häuslichen Umgebung vertraut: „Hier schläft meine Oma, hier meine Mutter, und ich, ich schlafe hier!“ Mit gezielter Armbewegung verwies ich auf die drei Betten im Gemeinschaftsschlafzimmer. Uwe sorgte sich offenbar um die Vollständigkeit und stellte die historisch verbriefte Frage: „Und dein Vater? Wo schläft dein Vater?“ und bekam die ebenfalls historisch verbriefte Antwort; „Mein Vater schläft nicht!“, womit ich selbstverständlich nicht andeuten wollte, dass meinem Vater das Bedürfnis nach Schlaf abhandengekommen war, sondern lediglich nach meiner Vermutung - die sich übrigens später bestätigen sollte - der Ort dieser Handlung außerhalb meiner Wahrnehmung lag.

Andere Ereignisse von größerer Tragweite brachten ungewollte Abwechselung in den Kinderalltag. In erster Linie glaubten die Siegermächte USA und UdSSR ihre politischen Überzeugungen, welcher Gott nun der richtige war, nicht im direkten Aufeinandertreffen, sondern indirekt über andere Brennpunkte in dieser Welt austragen zu müssen. Und so ergaben sich zahlreiche kleinere und größere Konfliktzonen, von denen aber jede einzelne geeignet war, eine weltweite militärische Auseinandersetzung auszulösen. In Berlin war das Fehlen eines Friedensvertrags daher Grund zu der Annahme, dass jederzeit erneute kriegsähnliche Zustände wieder ausbrechen könnten. Das hat schließlich zu einer erheblichen Betroffenheit und Sorge geführt, dass der am anderen Ende der Welt einsetzende Koreakrieg sich auch bei uns entzünden könnte. Obwohl ich meine ganze Überzeugungskraft habe einsetzen müssen, um mein familiäres Umfeld zu beruhigen und auf die Wirksamkeit meiner neu erworbenen Cowboy-Ausrüstung verweisen konnte, war doch in den Augen meiner Oma eine gewisse Sorge zu erkennen. In jedem Falle wurde die Berliner Natur gegen alle möglichen Feindseligkeiten abgehärtet, so dass auch in späteren Jahren die vom Osten angezettelten Störmanöver ihre beabsichtigte Wirkung grandios verfehlten. Vielmehr waren diese auch oft der medialen Lächerlichkeit in Funk und Fernsehen preisgegeben, was zu Gelächter hüben und drüben führte.

Kaum war die Brisanz der aktuellen politischen Krise überwunden, kündigte sich des Dramas nächster Akt an: In meinem Rachen spielte sich ein Vorgang ab, den eilig zu Rate gezogene Ärzte als Polypen ausmachten und zu einer operativen Entfernung rieten. Diese – als kleiner Eingriff apostrophiert – sollte ein Spezialist in Moabit vornehmen, Dr. Fahl, HNO-Arzt in der Turmstraße. Das machte der auch, kurze Zeit später war Thomas polypenfrei wieder zu Hause. Das dicke Ende sollte aber noch kommen. Stunden später - die allabendliche Dunkelheit hatte sich schon über Moabit ausgebreitet – spürte ich den unabwendbaren Drang, mich zu übergeben. Zur eigenen Überraschung hatten sich in meinen Magen größere Mengen von frischem Blut angesammelt, die sich schwallartig in den rasch bereitgestellten Eimer ergossen, der damit locker zur Hälfte gefüllt war. Oma und Mutter reagierten in einem Wechsel von Panik und Gelassenheit, riefen ein privates Beförderungsunternehmen in Form eines Taxis, um den offensichtlich an einer lebensbedrohlichen Nachblutung leidenden Thomas in ein dafür geeignetes Krankenhaus zu bringen. Der inzwischen entleerte Eimer wurde vorsichtshalber mitgeführt, nicht umsonst, wie sich während der Fahrt noch herausstellen sollte.

Das nach dem Erfinder der Pathologie benannte Rudolf-Virchow-Krankenhaus lag und liegt nördlich der Spree in unmittelbarer Nähe zum Westhafen zwischen den Bezirken Moabit und Wedding. Ich habe, so gut ich konnte, meine Kooperationsbereitschaft signalisiert und dafür gesorgt, dass ich am Leben blieb, soweit es meinem Willen zuzuschreiben war. Bei dem nun folgenden Notfalleingriff habe ich auch keine weiteren Komplikationen zugelassen. Insofern hätte ich das Krankenhaus eigentlich zügig wieder verlassen können. Das blieb aber aus. Als Grund wurde eine Ansteckung mit verschiedenen Bakterien und Viren genannt, die ihrerseits zur ungezügelten Verbreitung von Infektionskrankheiten geeignet waren. Diese bezeichnete man damals gern als Kinderkrankheiten, wohl nach der am häufigsten betroffenen Bevölkerungsgruppe. Und so fand ich mich, der ich anlässlich einer Nachblutung behandelt wurde, für die nächsten Wochen unter strengsten Sicherheitsmaßnahmen auf der Isolierstation wieder, abgeschirmt vom Rest der Welt, in einem kleinen Einzelzimmer, das eher den Charakter einer Gefängniszelle als einer Krankenstube aufwies. Die Höhe des Raumes sollte wohl dessen fehlende Breite ausgleichen. So müssen sich Fische im Aquarium fühlen. Es konnte nie ganz geklärt werden, ob das benachbarte Robert-Koch-Institut vielleicht einen Anteil an der ungewollten Ausdehnung von diversen Krankheitserregern hatte, die in meinem geschwächten Kinderkörper gewütet haben. In jedem Fall habe ich erstmals die gnadenlose Wirkung von Einsamkeit gespürt, das Gefühl, von Gott und der Welt verlassen zu sein. Nichts passiert, man wartet und weiß nicht einmal, worauf. Die einzige Abwechselung dieser Tage lieferte ein aus alten Wehrmachtsbeständen verbliebener, für mich viel zu großer Kopfhörer, der mittels dem vom

Krankenhaus voreingestellten Rundfunksender eine brauchbare Verbindung zur Außenwelt ermöglichte. Dieser Kopfhörer wurde mein bester Freund, der Sender und sein Programm ein fester Bestandteil meines Tagesablaufs. So ist es keine allzu große Überraschung, dass sich die häufig gesendeten Musikstücke geradezu auf ewig in mein Gehirn gebrannt haben. Einer davon ist die schmalzige Musik aus dem Charly-Chaplin-Film „Limelight" (Rampenlicht). Womöglich hat sich dadurch auch meine Sensibilität entwickelt, Musik nicht nur mit den Ohren zu hören, sondern auch mit anderen Sinnen wahrzunehmen, quasi zu erfühlen. Wer von Musik, also der harmonischen, rhythmischen und melodischen Klangfolge von Tönen, in seiner Seele berührt ist, muss über irgendwelche besonderen Wahrnehmungsqualitäten verfügen. Wie anders ist es zu erklären, dass manche Menschen beim Klang bestimmter Musikstücke feuchte Augen kriegen, manche zu schluchzen beginnen, während andere scheinbar unbeeindruckt das Ende der Darbietung herbeisehnen. Jedenfalls lege ich den Beginn meiner musikalischen Empfindlichkeit mit dem beschriebenen Krankenhausaufenthalt zusammen. Vielleicht waren es auch nur die Spätfolgen einer Mittelohrentzündung. Wer weiß?

Die Besuche meiner Mutter beschränkten sich auf kurze Stippvisiten in den zumeist schon dunklen Abendstunden, waren aber von heftigen emotionalen Begleiterscheinungen durchsetzt. Heulen und Zähneklappern bestimmten die kurzen Begegnungen durch die Fensterscheibe. Da stand dann nun meine Mutter auf dem durchgehenden Balkon als lebender Beweis der begrenzten menschlichen Fähigkeit, sich der winterlichen Zugluft auszusetzen. Rollende Tränen waren dem Häufchen Elend leicht abzuringen, ob es nun der eisigen Kälte oder der mütterlichen Ohnmacht über mein momentanes Schicksal zuzuschreiben war. Das wiederum hat mir wenig gefallen, obwohl ich mich im Warmen aufhielt. Und so stimmte ich heulend in die unerquickliche Gesamtsituation ein. Da auch der längste Krankenhausaufenthalt irgendwann zu Ende geht, weil entweder keine medizinische Behandlung mehr vonnöten ist, oder weil das Personal völlig entnervt ist, oder weil das Geld ausgegangen ist oder, oder, oder. Jedenfalls hatte Rudolf Virchow, nach dem das Krankenhaus benannt ist und seine Nachfolger irgendwann ein Einsehen und haben Klein Thomas, den Klugscheißer und Besserwisser, den Dickkopf, den ungläubigen Thomas, der keinen Regeln gehorcht, es sei denn, es sind die eigenen, entlassen. Es sollten unvergleichlich schwerere Aufgaben bevorstehen. Ein neues Kapitel kündigte sich unaufhaltsam an, die Schulzeit.

Zuvor stand allerdings noch ein Umzug auf dem Programm. Unsere damalige Wohnung besaß neben ein paar Vorzügen auch einige Nachteile: Einer davon war die Lage im vierten Stock mit Ofenheizung, also Kohlen schleppen und kein Fahrstuhl.

Kinder mögen Weihnachten. Weihnachten ist für Kinder da, so jedenfalls habe ich mein erstes bewusst erlebtes Weihnachtsfest noch in Erinnerung. Es war gleichzeitig das letzte in Moabit.

Unsere Wohnung lag im vierten Stock des zum Teil ausgebombten Hauses Tile-Wardenberg-Straße 13 und lieferte einen imposanten Ausblick auf den Spreebogen samt einer schmalen Fußgängerbrücke, die den letzten Krieg wie so vieles nicht unversehrt überstanden hatte. Was später als moderne Kunst hätte in Erscheinung treten können, sah in diesen Nachkriegsjahren wie der späte, aber vergebliche Versuch der Briten aus, Nazideutschland mittels massiven Bombenterrors gegen die Zivilbevölkerung zur Aufgabe zu bewegen. Die Brücke jedenfalls war auf der einen Seite noch am Ufer verankert, während die andere, die Moabiter Seite, in die Fluten der Spree getaucht, auf baldige Instandsetzung hoffte. Das sollte aber noch einige Zeit auf sich warten lassen. Bis dahin bedienten sich die Menschen mit dem unbeirrbaren Drang auf kurzfristigen Uferwechsel der Fähigkeiten „Onkel" Winklers, der einen kleinen Fährbetrieb aufbaute. Im Laufe von einigen Jahren ist aus dem kleinen Ruderboot die größte Reederei an der Spree geworden. Seit Mitte der Sechziger Jahre hatte ich dabei den Song „Ferry Cross the Mercy" von Gary and the Pacemakers in meinem inneren Gehörgang.

Zunächst aber war Onkel Winkler und sein Boot die einzige Möglichkeit, trockenen Fußes zum Kindergarten auf der anderen Spreeseite zu kommen. Heute nun, da ich selbst zum Großvater degeneriert bin, vermag ich mir lebhaft die Erleichterung meiner Oma vorstellen, als feststand, dass ich meine ersten Kontakte mit Gleichaltrigen in einem für diese Zwecke geeigneten Ort namens Kindergarten ausüben sollte. Damit war ein kinderfreier, wenn auch nur kurzer Tagesabschnitt für Oma sichergestellt, zumindest war das der Plan meiner Mutter, die sich selbst stets als Hauptgeldverdiener der Familie betrachtet hat, dabei allerdings meinen Vater und dessen Alimente sowie die bescheidene Rente von Oma außer Acht ließ. Wie das mit Plänen aber so ist, sie müssen auch klappen.

In meinem Falle bestand ein unüberbrückbarer Widerspruch zwischen der Institution Kindergarten, dessen selbsternannten Ansprüchen und meiner Vorstellung von Kinderbetreuung. Zugegeben, ich hatte keine konkrete Ahnung, was sich dort überhaupt abspielen würde. Ich bemerkte allerdings recht schnell, dass mir niemand die Rolle des Kronprinzen übertragen wollte, womit ich aber gerechnet hatte, wie zu Hause. Meine Sonderstellung wollte partout nicht akzeptiert werden. Deshalb wollte ich wieder nach Hause, Oma musste einschreiten und mich nach drei Tagen wieder abholen. „Der Thomas bringt hier alles durcheinander", war die offizielle Begründung. Somit war meine Karriere im Kindergarten Siegmundshof die kürzeste in der Geschichte von Tiergarten.

Auch ohne Kindergarten habe ich die ersten Lebensjahre eines Berliner Blockadekindes einigermaßen würdevoll überstanden. Es käme einer maßlosen Übertreibung gleich, wenn ich behaupten würde, dass ich das schlichte zweistöckige Gebäude mit der mächtigen doppelflügeligen Holzpforte in Siegmundshof ebenso vermisst hätte wie den tägliche Kakaotrunk mit Milchbrötchenbeilage. Meine kulinarischen Ansprüche hielten sich wie auch in der Zukunft in überschaubaren Grenzen und wurden von Oma und Tante, gelegentlich auch von meiner Mutter zufriedenstellend erfüllt.

Die Spree zieht sich in großzügigen Mäandern durch das gesamte Stadtgebiet und ist wie in Großstädten wie London oder Paris von mächtigen Quadern eingefasst. Auf Straßenhöhe sorgt eine stabile, gusseiserne Begrenzung dafür, dass übermotivierte Kinder und alkoholisierte Erwachsene nicht unabsichtliche Bekanntschaft mit den Spreefluten machen konnten. Ein Großteil dieser Quader lagerte allerdings – vermutlich zu Reparatur- und anderen Zwecken – direkt am Spreeufer, wobei das Wasser gut fünf Meter tiefer lag als die Straße, von gelegentlichen Treppen unterbrochen, die den direkten Wasserzugang ermöglichten, also auch den Einstieg in das schon erwähnte Ruderboot von Onkel Winkler. Das Spielen an diesen Kaimauern war äußerst beliebt, wenn auch nicht ganz ungefährlich. Zum einen kippelten die Quader schon ein bisschen und lieferten Spielräume, wo sie nicht erwartet wurden. Zum anderen war die unmittelbare Nähe zum Wasser geeignet, plötzliches Ertrinken oder ähnliche Unfälle auszulösen, sehr zur großmütterlichen Beunruhigung.

Während ich mich also mit der Verwendbarkeit von Kaiquadern zu geeigneten Spielsachen beschäftigte und diese zunächst vermessen habe, wurden ein paar Kilometer weiter östlich tausenden von Menschen die Nachteile einer sozialistisch geprägten Einheitsgesellschaft vor Augen geführt. Die hatten nämlich keine Lust mehr, den staatlichen Forderungen nach immer mehr Leistungssteigerung innerhalb der Planwirtschaft nachzukommen und haben schlichtweg das getan, was heutzutage selbstverständlich erscheint, nämlich die Arbeit niedergelegt und gestreikt. Nur wurde diese Maßnahme der Werktätigen nicht als deren legitimes Recht betrachtet, sondern als Verrat an der Sache des Arbeiter- und Bauernstaates verfolgt und mit Waffengewalt niedergeschlagen. Da war die damalige DDR-Führung überhaupt nicht pingelig und hat die sowjetischen Waffenbrüder zu Hilfe geholt, die mit ihren Panzern keine große Mühe hatten, den dann namensgebenden Volksaufstand vom 17. Juni 1953 innerhalb von zwei Wochen niederzuschlagen. Schnell wurden natürlich die Sieger dieses ungleichen Kampfes zu Rettern der „einzig wahren Staatsform“, nämlich des Sozialismus, erklärt und nahmen den verklärenden Status von Gralsrittern ein. Die unterlegenen hingegen bekamen die ganze Härte eines totalitären Systems zu spüren und wurden äußerst drakonischen Strafen zugeführt. Hohe Gefängnisstrafen waren keine Seltenheit und konnten im Gegensatz zu Monopoly nicht per Ereigniskarte getilgt werden. Um dem fragwürdigen Gesellschaftssystem des praktizierenden Sozialismus mehr Nachdruck zu verleihen, mussten auch einige Todesurteile vollstreckt werden, eine disziplinierende Wirkung war damit jedoch nicht verbunden, wohl nahm aber der Ausreisewille eklatant zu. Für etliche Jahre sollte dennoch erst einmal „Ruhe im Land" herrschen. Im Übrigen haben sich auch andere Nationen „auf die Socken" gemacht, sich von der Tyrannei bolschewistischer Gesellschaftssysteme zu befreien. Das hat selten auf Anhieb geklappt, meist waren mehrere Anläufe erforderlich:

Als sich 1956 die Ungarn ähnlichen Bestrebungen hingegeben haben wie wenige Jahre zuvor ihre deutschen Genossen, sind diese ebenfalls an militärischer Strenge und sowjetischen Panzern gescheitert, und auch dieser Volksaufstand wurde im Keim erstickt. Wir als Westberliner Blockadegeschädigte haben diese Freiheitsbestrebungen, die sich an anderen Orten entwickelt und des Öfteren mehr oder weniger dramatisch vollzogen haben, stets besonders zur Weihnachtszeit mit brennenden Kerzen in den Fenstern gewürdigt. Überhaupt ist dem Westberliner Charakter eine typische Besonderheit zu eigen, die sich in einer tief empathischen Solidarität allen Unterdrückten und Schwachen auf dieser Welt äußert und die mich auch heute noch in reifem Alter ohne Einschränkung zu dem macht, was ich bin.

An Weihnachten erinnere ich mich erstmals als ein Zusammentreffen von engen Familienangehörigen, die ansonsten keine Veranlassung zu Gemeinsamkeiten haben und denen eine aufrichtige Ehrlichkeit untereinander völlig fremd ist. Kinder werden – damit sie diesen Hintergrund nicht wahrnehmen – seit Generationen erfolgreich mit Weihnachtsgeschenken bestochen, eine unauffällige Vorstufe der lautlosen Korruption. Je spektakulärer die Zuwendungen ausfallen, umso größer die Bereitschaft, Toleranz walten zu lassen. Hinzu kommt noch ein Wettbewerb unter den Geschenken: Wer liefert das nützlichste, teuerste, schönste Geschenk etc.? Einige Weihnachten später haben sich meine Eltern gegenseitig überboten in dem Bestreben, das Kinderzimmer von Klein-Thomas – also mir – mit einer angemessenen Lichtquelle auszustatten. Der eine glaubte, mir mit einer Deckenlampe dienen zu können, da diese von der Tür an- und ausgeschaltet werden konnte. Der andere hielt eine Stehlampe für angemessen, da diese an mehreren Standorten einzusetzen war. Nur abgesprochen haben sie sich untereinander nicht, und so kam ich in den Besitz von zwei Lampen, die dann auch gleichzeitig brannten. Die eine war als Orientierungshilfe beim Betreten des Kinderzimmers hilfreich, die andere war wegen ihres warmen Lichts eher zum Dauerbetrieb geeignet.

Weihnachten 1954 war – wie schon erwähnt – das letzte Fest vor dem Umzug nach Wilmersdorf und dem Beginn meiner Schulzeit. Mein Vater und dessen gehbehinderte Mutter – also meine Omi - fanden sich am Nachmittag des Heiligabends ein und lieferten mir brav ihre mitgebrachten Geschenke ab. Der schwarze, breitkrempige Cowboyhut verlieh mir etwas Abenteuerliches, eine Mischung aus dem Marlboro Mann und Wyatt Earp. Ein schottenkariertes Flanellhemd und ein Gürtel mit chrombeschlagenem Schießeisen vervollständigten die kindgerechte Cowboyausrüstung. Hier offenbarten sich grundsätzliche Praktiken der Geschenkkultur: Während die Linie meines Vaters Nützlichkeitsaspekte bevorzugte, also Kleidungsstücke, die dem Umstand des zügigen Wachstums und somit der raschen Endlichkeit unterlagen, war die Auswahl meiner Oma wie auch meiner Mutter eher auf kindliche Primärbedürfnisse wie Spaß und Spiel ausgelegt. Demzufolge erinnere ich mich an zwei großartige Spiele: dem Zug der Zeit folgend – zum einen ein Angelspiel, aus dem mithilfe einer kleinen Rute diverse magnetisierte Pappfische aus einem viereckigen Reservoir herausgefischt werden sollten. Zum anderen ein batteriegetriebenes Frage- und Antwortspiel, bei dem über korrekte Metallbrücken die richtige von falschen Antworten unterschieden wurde. Auf diese Art und Weise habe ich das australische Schnabeltier kennengelernt, das bekanntlich als einziges Säugetier Eier legt. Des Weiteren war zu erfahren, dass das Schiff von Christoph Columbus, das ihn nach Amerika führte, „Santa Maria" hieß. Wurden die richtigen Kontakte hergestellt, leuchtete ein Lämpchen auf, bei falschen Antworten geschah – wen wundert's – nichts.

Anschließend habe ich mich mit großer Verzückung den Petzi-Büchern zugewandt. Petzi war ein kleines Bärchen, ein Held, ein Held für Kinder. Diesen Bildergeschichten wohnt bis zum heutigen Tag ein eigener Zauber inne, anrührend und realistisch zugleich, zumindest nach meinen Vorstellungen. Petzi hat es fertiggebracht, der tristen Erwachsenenwelt skurrile, ja stellenweise absurde und komische Seiten abzugewinnen. Er war aber kein einsamer Held wie aus der Antike, sondern ihm waren Tugenden wie Freundschaft und Zuneigung zu anderen Lebewesen, Treue und Aufrichtigkeit zu eigen. Aus diesen Geschichten hat sich geradezu zwangsläufig eine besondere Moralkultur entwickelt, bestenfalls vergleichbar mit der Kant'schen Lehre vom kategorischen Imperativ.

Ich habe mir oft die Frage gestellt, wodurch ich wohl zu dem geworden bin, der ich bin. Bei aller Unschärfe, die dieser Betrachtung zu eigen ist, bleibt aber wohl unbestritten der Einfluss in die menschliche Psyche während der ersten drei Lebensjahre und dort ausgelöst durch die Menschen, die dem Kind am nächsten stehen. Eine weitverbreitete, wenngleich auch falsche Annahme besteht darin, dass Dinge, die einen formen, nicht exakt erinnert werden können. So richtig das ist, so unrichtig ist der Zusammenhang, denn da existiert keiner. So übt alles, was sich in der Gegenwart eines Individuums ereignet, eine Wirkung auf ihn aus. Je nach dem kann sich der Umfang unterscheiden, die Spuren wie auch die Folgen. Wer also auf einem Bauernhof aufwächst, dürfte ein anderes Verhältnis zur Natur haben als in einem großstädtischen Wohnsilo. Dann ist es nicht sehr verwunderlich, wenn der väterliche Beruf kopiert wird, nicht immer mit dem gleichen Erfolg, aber auch nicht zwangsläufig schlechter. Warum wird wohl der

Sohn des Försters ebenfalls Förster? Es mag damit zusammenhängen, dass er seit Kindesbeinen die Aufgaben eines Försters kennengelernt und geschätzt hat und sich ein ähnliches Leben für sich selbst vorstellen kann. Solche Analogieschlüsse entstammten für gewöhnlich nicht so sehr der preußischen Gesellschaftsordnung, wird von dieser allerdings auch nicht vermieden. Vielmehr hat sich im Laufe der Zeit ein gewisser Nützlichkeitsaspekt durchgesetzt. Für jedes Lebewesen stellt sich in seiner Existenz die Frage nach dem Ergebnis in Bezug auf den damit verbundenen Aufwand. Wer also eigene Experimente vermeiden will, tut gut daran, bestehende Systeme zu übernehmen, vielleicht hier und da nach eigenem Gutdünken, ein wenig zu modifizieren, aber das eigene Leben nicht ohne Not aufs Spiel zu setzen oder einem vermeidbaren Risiko auszusetzen. Insofern lässt sich das organische Leben in zwei wesentliche Aspekte aufgliedern: Das eine stellt das eigene Leben dar, nämlich die Sicherung der Existenz, also die Ernährung bis zum Eintreten der Geschlechtsreife als Voraussetzung für die Erhaltung der Art. Das zweite ist die Reproduktionsfähigkeit, also die biologische und soziokulturelle Spezifität, nicht nur Nachkommen „herzustellen", sondern auch für deren artgerechte Entwicklung bis zum Beginn ihrer eigenen Reproduktionsfähigkeit zu sorgen. Somit ist das menschliche Leben durchaus sinnvoll auf die Länge von drei Generationen begrenzt, was dem einen sehr kurz, dem anderen äußerst lang erscheinen mag, so dass etliche Zeitgenossen gar keine rechte Verwendung für die Zeit haben, die sie auf dieser Welt verbringen.

Allmählich hat meine Umgebung an Schärfe gewonnen. So habe ich festgestellt, dass die Welt der Erwachsenen nicht nur aus Spiel und Spaß besteht, obwohl sie in geradezu unanständigem Übermaß über die alleinseligmachenden Mittel verfügten, die das Leben lebenswert machen, nämlich Bonbons, Schokolade, Spielsachen und Schmöker. Gut, es gab natürlich auch noch andere Dinge, die waren aber weit weniger wichtig, was sich allein schon in ihrer weihnachtlichen Präsenz und im christkindlichen Service ablesen ließ.

Üblicherweise sind mehrheitlich die Gehwege in Berliner Wohnbezirken mit quadratmetergroßen Platten gepflastert. Diese sind wegen ihrer sandfarbenen, glatten Oberfläche, durchaus beliebt und verleihen dem sogenannten Bürgersteig, wie die Gehwege genannt werden, ein typisches Erscheinungsbild außer im Winter, wenn Schnee liegt. Rechts und links wurden diese zentral verlegten Platten von kleinen hellgrauen Granitsteinen umsäumt, die sich mosaikartig bis zum Kantenstein der Straße ausdehnten und auf der anderen Seite bis zum Haus oder dem Vorgarten reichen. Wann immer Straßenbauarbeiten erforderlich wurden, mussten natürlich auch die Gehwege aufgerissen und danach wieder instandgesetzt werden. Beeindruckend war für mich die Präzision und das Tempo, mit dem die Pflasterarbeiter die Steine passgenau setzten und in den weichen sandigen Untergrund einschlugen. Anschließend wurden die Granitmosaiksteine mit einem stempelähnlichen Stampfgerät auf einem gleichen Niveau begradigt. Stundenlang konnte ich diese Prozedur verfolgen. Da in dieser Zeit noch viel kaputt war, gab es auch viel zu reparieren und viel zu bestaunen.

Gelegentlich war es auch sinnvoll, dem eigenen Spieltrieb den Anflug von Konstruktivität zu verleihen. Wenn dann also auf der Mittelpromenade des Südwestkorsos zahlreiche Hecken und Sträucher dem fortschrittlichen Bedürfnis nach Parkplätzen weichen mussten - so jedenfalls bereits Mitte bis Ende der fünfziger Jahre nach der üblichen vorausschauenden Weitsicht von Kommunalpolitikern - , so entdeckte ich mit meinen Freunden zahlreiche Äste und Zweige der gekappten Buchenhecken, um daraus an gleicher Stelle Minihecken und andere Kleinkunstwerke wie Höhlen und Unterstände herzustellen, die besonders geeignet waren, feuchte Ereignisse wie Regenfälle und andere Niederschläge abzuwehren. Ein offensichtlicher Nachteil dieser Blätterburgen bestand allerdings in deren rascher Vergänglichkeit, ein unausweichliches Ende jeder Vegetationsform ohne Wasser. Noch heute habe ich den Geruch der frisch geschnittenen Hecken in der Nase, zumindest bis alles Laub wie auch unsere Höhlen von professionellen Gärtnerbetrieben abtransportiert wurde.

Der gesamte Häuserblock – also das Carré bestehend aus den Häusern Bergheimer Straße 2-6, Bergheimer Platz, Laubacher Straße und Südwestkorso 57-58 – war auf der Straßenseite mit Efeu bepflanzt. Diese botanische Errungenschaft bestand sicherlich schon etliche Jahre, wenn nicht schon weit länger. Zumindest die teilweise armdicken Ranken, die die Fassade durchgehend bis in den höchsten, nämlich den vierten Stock durchzogen, eigneten sich zum Klettern auch in luftige Höhen ganz hervorragend, nicht nur, wenn der Hausschlüssel seine Gefolgschaft verweigert und einfach zu Hause geblieben war. Darüber hinaus bestand auch die Option, sich als Fassadenkletterer mit regelmäßigen Einstiegsmöglichkeiten bei der unmittelbaren Nachbarschaft ein gelegentlich nicht ganz legales, aber originelles Zubrot zu verdienen.

Als wir im Winter 1954/55 die Parterrewohnung in der Bergheimer Str. 6 von der GSW, der Gemeinnützigen Siedlungs- und Wohnungsbaugesellschaft bezogen haben, war auf weiten Strecken der Efeubewuchs der Häuser und die damit möglichen Klettereskapaden noch vorhanden, annähernd vollständig, möchte man sagen. Allerdings stand die Beseitigung der vertikalen Kletterpflanzen schon fest. Es gab nämlich nicht nur menschliche Eindringlinge, sondern auch solche tierischen, allerdings eher in der Qualität von Mäusen und Spinnen. Manche Vögel haben sich in der grünen Wand ein Nest gebaut und gebrütet. Tierische Untermieter wurden heute wie damals behördenmäßig nicht geduldet, und so wurden die Ranken auf einer Länge von etwa zweihundert Metern über vier Ecken aus den Fassaden ersatzlos entfernt. Eine erneute Begrünung war weder damals, noch heute vorgesehen, und so ziert ein schmuckloser brauner Rauputz die Fassaden rund um den Bergheimer Platz. Die ortsansässigen Spielkameraden verteilten sich auf einige Hauseingänge im Block oder Carré. Das Hauswarts Ehepaar Rohde bewohnte eine Parterrewohnung im Haus Nr. 2 samt Sohn Peter, dem ältesten von uns Kindern, der anfänglich seinen körperlichen Entwicklungsvorsprung mit einem Führungsanspruch kombinierte, dafür aber nie Widerspruch erntete. Der zweitälteste nach Peter war Thomas Zimmermann aus dem Südwestkorso

57, also gleich um die Ecke, der mit mir nicht nur auf den gleichen Vornamen teilte, sondern auch rein äußerlich gewisse Ähnlichkeiten aufwies, so dass wir häufig für Brüder gehalten wurden, wahrscheinlich am ehesten wegen der blonden Lockenpracht, die unsere beiden Kindsköpfe auszeichnete. Ich als der deutlich kleinere und ein bisschen jüngere war in der Straßenhierarchie auf einen vorderen Platz nicht vorgesehen, sondern musste mich mit dem Rufnamen „kleiner Thomas" begnügen. Ich muss allerdings auch sagen, dass ich keinen Verlust empfunden habe. Viel lieber habe ich mich mit Gleichalterigen beschäftigt, wobei mir als „Einzelkind" auch die Gesellschaft von älteren Schwestern wie bei Michael und Manfred nicht vergönnt war. Diese hießen Monika Schmidt, Marlene Zimmermann und Karin Lepiorz und hatten merkwürdiger Weise überhaupt kein Interesse weder an mir, noch an meinem zugegeben begrenzten Reservoir an Spielsachen. Die Mädchen hatten sich wohl in Richtung ihrer eigenen Pubertät weiterentwickelt und wollten dabei von kleinen und in ihren Augen unwürdigen Jungens nicht gestört werden. Zumindest solange an der Fassade der unterarmdicke Efeu noch rankte, war ein Besuch der Mädchen von außen nicht ausgeschlossen. So stelle ich mir den bayerischen Volkssport, das nächtliche Eindringen mittels Leiter in ein von holder Weiblichkeit besetztes Schlafgemach, das Fensterln, vor.

Im Innenhof waren nicht nur einige Mülltonen für den ganzen Block untergebracht, es fand sich auch als Zeichen einer unverfälschten Nachkriegsromantik die für solche Fälle unverzichtbare Kloppstange, mithilfe derer man einen darüber hängenden Teppich ausklopfen und ausbürsten konnte. Dieser namensgebende Teppichklopfer vervollständigte das Ensemble, und somit konnte die Reinigungsprozedur ihren Lauf nehmen, allerdings nicht zwischen Eins und Drei, denn da bestand eine staatlich verordnete Mittagsruhe, vermutlich um sich von den strapaziösen Tätigkeiten des Vormittags angemessen ausruhen zu können. Im Mittelpunkt des Hofes inmitten zahlreicher Sträucher und Büsche offenbarte sich als architektonische Glanzleistung gutbürgerlicher Wohnkultur ein von einem Betonsockel gleichmäßig umrandeter, sechseckiger Sandkasten für schätzungsweise 32 Mietparteien auf vier Etagen einschließlich 16 Kindern unterschiedlichen Alters. Meine erste und letzte Nutzung dieses hofeigenen Sandkastens endete mit einem Sturz auf die Kante der Betoneinfassung. Als ich nämlich mit Manfred eine Luftakrobatiknummer proben wollte, hat sich plötzlich und unerwartet die Fliehkraft eingestellt und mich mit dem Mund auf die Betonkante aufprallen lassen. Die Folge war so eindeutig wie vermeidbar. Blutende Lippe, schreiender Thomas, die alarmierte Oma im offenen Küchenfenster der Parterrewohnung rief den verletzten Thomas herein, um den Umfang der Verletzung festzustellen. Bevor jetzt der eine oder andere Leser von der Sorge einer schweren Kopf-Gesichtsverletzung ergriffen ist, lassen Sie mich nur so viel sagen. Eine kleine, aber perforierte Platzwunde an der Unterlippe blutet zunächst ganz ordentlich, ist dann aber nach wenigen Tagen wieder verheilt, der Augenblick der Verletzung hingegen teilt sich in ungläubige Überraschung und flüchtigen Wundschmerz. In jedem Fall hatte ich eine gehörige Portion Aufmerksamkeit für eine bestimmte Zeit auf meiner Seite, kann mich allerdings nicht daran erinnern, davon übergebührlich Gebrauch gemacht zu haben. Trost ist aber auch ein Mittel, das helfen kann.

KAPITEL 5

LENCHEN

Die einzig erhaltene Fotografie, die meine Großeltern väterlicherseits gemeinsam zeigt, stammt vom Beginn des 20. Jahrhunderts vermutlich anlässlich der Verlobung von Fräulein Magdalena Rückert mit Herrn Emil Raddatz, über dessen Herkunft wenig überliefert ist. Mit dessen Vater, einem handwerklichen Multitalent in Diensten der Reichsbahn, also einem sogenannten Eisenbahner, endet die Rückwärtsbetrachtung der Linie. Auch im Verlaufe der weitere biografischen Entwicklung war wenig bis gar nichts an Einzelheiten bekannt.

Man kann sogar den Eindruck gewinnen, dass Emils Leben von untergeordneter Bedeutung war. Als der Schneidermeister Emil Raddatz im März 1943 mit knapp sechzig Jahren verstarb, ist über die näheren Umstände seines Dahinscheidens genauso wenig im Gedächtnis geblieben wie über sein gesamtes Leben. Weder mein Vater noch meine Großmutter haben Emil, dem Vater meines Vaters, posthume irgendeine Aufmerksamkeit gewidmet, die allein seine Existenz bestätigen würde. Spärliche vergilbte Fotografien sind die Ausnahme. Hintergründe, Geschichten, die sein Leben, sein Handeln und Denken erhellen, Fehlanzeige. Das einzige Bild, das sich nachdrücklich eingeprägt hat, ist das Bild eines im Schneidersitz verharrenden Mannes mit gesenktem Haupt und auf die Textilie gerichteten Blick, die Schneiderwerkstatt in den Lichtkegel einer spärlichen Deckenfunzel getaucht.

Großmutter Lenchen – wie sie in geradezu liebevoller Verniedlichungsform von ihren Verwandten genannt wurde – stammte aus Lübbenau im Spreewald. Ihr eilte der Ruf einer ausgezeichneten Schlittschuhläuferin voraus, wie es bei der Vielzahl der natürlichen Wasserwege ihrer Heimat geradezu unumgänglich war. Da sie aber einen relativ massigen Körperbau besaß, war ein gewisses Maß an Phantasie erforderlich, um sich diesem Bild anzuschließen. Am ehesten kommt dem noch das Ballett der Nilpferde aus Disneys „Fantasia" nahe. Das dauerhafte Übergewicht sollte sich nicht gerade leistungsfördernd auf das gesamte Skelett auswirken. Nach heutiger Vorstellung würde sie die ideale Patientin für einen vollständigen Gelenkersatz der unteren Gliedmaßen abgeben. Aber damals war an solche Maßnahmen nicht zu denken. So blieb als einzige medizinische Behandlungsmöglichkeit nur die wenig attraktive und vor allem wenig hilfreiche Stabilisierung der Kniefunktion mittels ledergepolsterter Stahlschienen. In jedem Fall war Lenchens Beweglichkeit der einer Schildkröte vergleichbar. Inwieweit sich dieses körperliche Gebrechen außer in der Ausstellung eines Behindertenausweises auf ihre psychosoziale Kontaktfähigkeit, vor allem aber auf ihre natürliche Bereitschaft zu Liebe und Wärme ausgewirkt hat, kann nur Spekulation bleiben. Meine Mutter wurde jedenfalls bei deren Erstkontakt von einer in der Küche stehenden, mit dem Abwasch beschäftigten Frau mit den Worten empfangen: „Ach, Sie sind diese Person!" Dabei drehte Lenchen der Erzählung nach kaum merklich den Kopf über die Schulter und schickte einen abwertenden Blick von oben nach unten und wieder zurück in die Richtung ihrer designierten Schwiegertochter. Diese erstarrte förmlich unter dieser eindeutigen Botschaft und hatte vielleicht auf ein klärendes Wort meines Vaters gehofft. Dieser hingegen - wie stets in bedrohlichen Situationen – hat es vorgezogen, nichts zu sagen und nichts zu tun. Später hat er dann eingeräumt, dass er ja schließlich seiner mit amtlicher Schwerbehinderung ausgestatteten Mutter gegenüber verpflichtet wäre und diese nicht sich selbst überlassen konnte. Über die bewiesene Historie hinaus ist aber anzunehmen, dass mein Vater von seiner Mutter recht ordentlich konditioniert wurde, so dass ihm die paradoxe Perversion seiner Handlung und Haltung Zeit seines Lebens nie in den Sinn kam.

Als Lenchen, also die Frau, die ich „Omi" nennen musste, an den Folgen eines Schlaganfalls verstarb, war die Trauer nicht groß. Zu bescheiden war doch die gefühlte Bindung. Gemeinsame Aktivitäten zwischen Oma und Enkel beschränkten sich auf einen frühsommerlichen Ausflug nach Glienicke, allerdings zusammen mit ihrem Damenkränzchen, einem „Stammtisch" für weibliche Rentner, deren Beweggründe sich mir nie in Gänze erschlossen haben, sieht man mal von einer allgemeinen Geschwätzigkeit ab. Im angrenzenden Schlosspark rührten dann meine ersten Erinnerungen an die botanische Schönheit üppiger Fuchsiengewächse her. In unmittelbarer Nachbarschaft liegend, werden nun schon seit dem Anfang des 20. Jahrhunderts die Städte Berlin und Potsdam durch eine Stahlbrücke verbunden, die allein wegen ihrer örtlichen Sonderstellung über vierzig Jahre lang Schauplatz für diverses politisches Gerangel zwischen Ost und West sein sollte und regelmäßig die Schlagzeilen der Tageszeitungen füllte. Ein häufiger Austausch von Spionen oder solchen, die dafürgehalten wurden, fand unter Ausschluss der Öffentlichkeit statt. So war es nur ganz folgerichtig, dass nicht nur die in der Wassermitte verlaufende Grenze mal von der einen, mal von der anderen Seite verletzt wurde, sondern gelegentlich auch Menschen zu Schaden kamen, die zufällig die Demarkationslinie überschritten, genauer gesagt überschwommen haben. Von der teilweise hektischen Betriebsamkeit an diesem Grenzübergang war Ende der fünfziger Jahre noch nicht viel zu ahnen. Später schlossen sich etliche Filmproduktionen an, die mit Zunahme der politischen Spannungen auch eine Zunahme von Profiten erwarteten, eine Rechnung, die nicht immer aufging. Während meine Omi vollauf damit beschäftigt war, sich einigermaßen sicheren

Fußes über die Kieswege des Glienicker Schlossparks zu bewegen, um am Ende in den Genuss eines Stückchens Erdbeerkuchen zu kommen, ergänzt von einer Tasse Kaffee, hatte ich Mühe herauszufinden, warum Fürst-Pückler-Eis als halbgefroren bezeichnet wurde, obwohl es von Geschmack und Konsistenz genauso schmeckte wie anderes mir bekanntes Eis. Schleierhaft! So vermochte die original preußische Farbenlehre schwarz – weiß – rot für Schokolade – Vanille – Erdbeere vielleicht über den Geschmack die gewünschte Nationalität zu beeinflussen.

Im Herbst 1956 war ich sehr überrascht, als ich meine Omi in ein Kino am Kudamm begleiten sollte. Auf wessen Initiative dieses Begehren zurückgeht, lässt sich nicht mehr mit Sicherheit sagen, ich hatte jedenfalls keinerlei Gestaltungsbefugnis, nicht einmal für mich selbst. Omi Lenchens größte Einschränkung lag hingegen in ihrem massigen Körperbau als Folge einer erheblichen Funktionsstörung der Kniegelenke. Mit anderen Worten: Sie wurde aufgrund des Bewegungsmangels immer dicker, folglich konnte sie immer schlechter laufen. Erstaunlich, wenn man bedenkt, dass die tägliche Ankleideprozedur mit den lederbezogenen Stahlschienen locker eine Viertelstunde gedauert hat, dabei sahen die orthopädischen Spezialschuhe wie eine unfreiwillige Mischung aus Yeti-Skistiefeln und Hobbit-Hausschuhen mit extralangen Schnürsenkeln aus. Da das Treppenhaus nicht mit Fahrstuhl ausgestattet war, hatte Lenchen locker fünfzehn Minuten für die drei Stockwerke bis hinauf zur Vierzimmer-Wohnung zu tun. Kein Wunder also, dass sie sich überflüssige Fußwege ersparen wollte. Wenn ich donnerstags nach der Schule die Wohnung in der Stubenrauchstraße aufsuchte, dauerte es regelmäßig eine unendliche Zeit, bis sich Lenchen mit ihrer wuchtigen, aber langsamen, vom Gehstock unterstützten Schrittfolge im düsteren Korridor bemerkbar machte, um die Türe zu öffnen. Genauso regelmäßig öffnete sie zuerst ein in der Tür befindliches, mit schmiedeeisernem Gitter versehenes Hilfsfenster. Vermutlich wollte sie mit diesem Ritual unerwünschte Besucher auf Distanz halten und nicht vorschnell Einlass gewähren, der anschließend nur schwer rückgängig zu machen wäre, wenn dies dann überhaupt gelänge.

Aber zurück zum Kino, namentlich zum Zoo-Palast, eines der bekannten Uraufführungstheater der Berliner Renommiermeile, dem Kurfürstendamm, die sich anlässlich der alljährlich wiederkehrenden Berlinale, den international besetzten Filmfestspielen, herausputzten, was für den Wintermonat Februar schon etwas heißen sollte. Gespielt wurde der amerikanische Monumentalschinken „Die Zehn Gebote", wahrscheinlich weil er mit über drei Stunden Laufzeit und rund zweijähriger Produktionsdauer zu dem aufwendigsten gehörte, was Hollywood in dieser Zeit zu bieten hatte. Obwohl ich nicht zu den bibelfesten Kindern gehörte, hatte ich doch aufgrund des schulischen Religionsunterrichts schon etwas von Moses und dessen Geschichten gehört, die vom Volk der Hebräer und dessen Schicksal beim ägyptischen König, dem Pharao, handelte. Besonders beeindruckend war natürlich deren Flucht vor den heranstürmenden Ägyptern und wie es Moses gelang, das Rote Meer so geschickt zu zerteilen, dass nur die Hebräer trockenen Fußes hindurchkamen, die Untertanen des Pharaos hingegen in dem erneut gefluteten Meer dem Ertrinken hilflos ausgeliefert waren. Herr Moses erinnerte mich in dieser Szene stark an Herbert von Karajan, einen berühmten Dirigenten der Berliner Philharmoniker, wie er mit imposanten Armbewegungen, die an frei rotierende Windmühlen erinnerten, Dukas' „Zauberlehrling" zu Gehör bringt. Was dem Film seinen Namen gab, war ein anderes Ereignis. Da haben sich nämlich die Hebräer nicht mehr so ganz loyal zu ihrem Anführer, dem Herrn Moses, verhalten und sind wie verrückt um das goldene Kalb herumgetanzt, haben gefeiert und getrunken, was das Zeug hält, während der arme Herr Moses unablässig damit beschäftigt war, die zehn Gebote aus einer Feuersäule heraus - fehlerfrei in Steinplatten graviert - in Empfang zu nehmen. Obwohl sich der amerikanische Filmschauspieler Charlton Heston mit der Darstellung des Moses viel Mühe gegeben hat, konnten sich doch die hochgesteckten Erwartungen von Hollywood dieses Mal nicht erfüllen. Erst mit einer ähnlich pompösen Inszenierung eines antiken Wagenrennens einige Jahre später konnte Charlton Heston als Wagenlenker Ben Hur seine Schimmel Aldebaran, Antares, Rigel und Altair zum Sieg führen und die begehrten Oscars stellvertretend für die vier Vierbeiner in Empfang nehmen, die diese Auszeichnung wohl eher verdient hatten.

Immerhin muss man Oma Lenchen zu Gute halten, dass sie angesichts ihrer starken Gehbehinderung keine Kosten und Mühen gescheut hat, ihrem Enkel einen Kinobesuch zu ermöglichen. Insbesondere musste die Einstiegshöhe auf die Omnibusplattform von geschätzten vierzig Zentimetern erstmal überwunden werden. Mir bereitete dieses Manöver keinerlei Probleme. Für Lenchen hingegen bedeutete das Ein- und Aussteigen allerdings eine grenzwertige Herausforderung, die sie nur aufgrund ihrer starken Armmuskulatur bewältigen konnte. Entgegen aller Erwartungen wohnte dem roten Balken auf Lenchens Schwerbehindertenausweise keine magische Kraft inne, ihre körperliche Schwäche auszugleichen. Wozu war der dann eigentlich gut? Nach halbstündiger Fahrt durch Schöneberg war das Ziel, nämlich der Zoo Palast im Bezirk Charlottenburg, erreicht.

Während ich mich in väterlicher Begleitung zum wiederholten Male unter rustikaler Anleitung in der westfälischen Scholle namens Wülpke aufhielt und mich um einen routinierten Auftritt bemühte, fing derweil in der fernen Berliner Stubenrauchstraße das Lebenslicht meiner Großmutter an zu flackern. Anfang 1960 hatte der Herrgott oder ein ihm nahestehendes Wesen mit ähnlicher Vollmacht ein Einsehen, erlöste die Frau, die Mutter meines Vaters, die ich „Omi" zu nennen hatte mit einem verheerenden Schlaganfall von all ihren Schmerzen und machte somit meinen Vater zu einer späten Vollwaise. Jetzt nun offenbarten sich – wenn auch für mich nicht mit einem Schlag – die tatsächlichen Vermögensverhältnisse von Oma Lenchen, die diese vollständig an ihren einzigen Hinterbliebenen Gerhard, meinen Vater, weiterreichte. Somit machte sie von ihrem Recht auf Ableben Gebrauch und nutzte dazu die Folge einer damals häufigen Todesursache. Dass Menschen nicht ewig leben würden, selbst wenn sie es gerne wollten, war mir bis zu diesem Zeitpunkt nicht verborgen geblieben, ist doch dem Onkel ein paar Jahre vorher das gleiche Schicksal widerfahren. Mit welch speziellen Umständen dies aber einherging, sollte sich noch finden. Wenig angemessen erschien mir meine Bekleidung: Der Jahreszeit geschuldet und entgegen der üblichen Trauerfarbe Schwarz tauchte ich mit einem sandfarbenen Kamelhaarmantel auf, ergänzt von einem paradox wirkenden giftgrünen Schal. Mein Vater indes wollte wohl nicht als einziger Trauernder die Zeitungsanzeige zieren und hat mich kurzerhand namentlich zum „Mittrauernden" ernannt. Die Folge war, dass mich jeder der anwesenden Trauergäste persönlich aufgesucht hat, um mir sein Beileid zu bekunden. Mit diesen Zeremonien nicht vertraut, habe ich alle Hände, die sich mir entgegenstreckten, nach und nach ergriffen und eine anfänglich noch deutlich hörbare, später zunehmend leiser werdende Begrüßungsformel gemurmelt. Das mir entgegengebrachte „Mein Beileid" habe ich mit einem freundlichen „Guten Tag" quittiert. Das Leben der verstorbenen Großmutter wurde von dem damit beauftragten Pfarrer in den schönsten Farben geschildert, so dass sie vermutlich Zweifel hegte, ob sie tatsächlich selbst gemeint war. Nach einem kurzen Fußmarsch von der Friedhofskapelle bis zur Grabstelle wiederholte sich das ganze nochmal aus dem Munde des Geistlichen, diesmal in Kurzform. Dann hat sich die ganze Trauergemeinde mit dem Auffüllen des Grabes beschäftigt, wohl in der Absicht, ein plötzliches und unerwartetes Wiederauftauchen der soeben Verblichenen zu verhindern.

Der plötzliche Wohlstand auf dem Boden einer üppigen Lebensversicherung machte sich an allen Ecken und Kanten bemerkbar, insbesondere in einer vollständigen Renovierung der Vierzimmerwohnung. Eine Modernisierung oder gar eine Sanierung von Küche und Bad fand hingegen nicht statt und war auch nicht vorgesehen. So blieben die traurigen Koks- und Brikettöfen als Zeichen einer ausgestorbenen Bürgerlichkeit bestehen. Dafür war es in den Augen meines 48-jährigen Vaters an der Zeit, dem Zug der Zeit mittels eigenen Automobils zu folgen und soweit als möglich das eigene Reisebedürfnis zu befriedigen. Denn man kann ja nie wissen …

Eine mir bis dahin vollständig unbekannte Veranstaltung namens Leichenschmaus habe ich dann nach der eigentlichen Bestattung erlebt. Die vereinte Trauergemeinde fand sich zum Essen in der Wohnung der verblichenen Großmutter zusammen. Wer allerdings mit einer bedrückten Stimmung gerechnet hatte, sah sich großzügig getäuscht: Es herrschte eine ausgelassene Heiterkeit, wie sie selbst mir als Branchenneuling kaum zu erklären war. Meine Cousine Jutta und ich haben uns in unserer Albernheit sauwohl gefühlt, gewissermaßen amüsiert wie Bolle auf dem Milchwagen, allerdings auch mit einer ständigen Abmahnung aus dem Mund eines oder mehrerer Erwachsener gerechnet, was merkwürdigerweise ausblieb. Rückschlüsse auf die frisch Verblichene waren möglich, aber vermutlich nicht beabsichtigt.

Wer einem Verstorbenen die letzte Ehre erweisen will, der geht zur Beerdigung, egal, ob er eingeladen ist oder nicht, denn verhindern lässt sich das Abschiednehmen nicht. Gleichwohl hat sich die gesamte Zeremonie auch ohne Beteiligung der Familie Wendlandt – also unter Ausschluss meiner Mutter und deren nächster Angehöriger – abgespielt. Daraus ließ sich der Schluss ziehen, dass die Familien meiner Eltern nicht viel Sympathien füreinander übrighatten, was ein bisschen verwundert, hatten sich doch meine Eltern dreizehn Jahre zuvor entschieden, den Bund fürs Leben einzugehen. Andererseits wundert es wiederum nicht, bedenkt man das Ende – also die Scheidung - nach rekordverdächtiger Dauer von wenigen Monaten. Da erscheint es geradezu von elementarer Mystik durchdrungen, dass sich bei dieser knappen Dauer gleich ein lebendiges Ergebnis einstellte, was mich auch heute noch – rund siebzig Jahre später - gelegentlich in Erstaunen versetzt. Entweder haben es die beiden für einen kurzen Zeitraum, dafür aber im Sinne eines Perpetuum mobile getrieben oder meine Genese ist mit der Wahrscheinlichkeit eines Lottogewinns mit Zusatzzahl zu vergleichen.

In meinen Augen hatte sich für eine kurze Zeit aus zwei Familien eine Zweckgemeinschaft gebildet. Eine tiefere Übereinstimmung war nicht zu erkennen. Die einen waren Handwerker, die anderen Künstler, ein deutlicher Gegensatz. So habe ich mit dem Verstand eines elfjährigen meine Mutter in arge Verlegenheit gebracht mit der Frage, ob jetzt nach dem Ableben von Oma Raddatz das Hindernis auf eine normale Familie beseitigt wäre und demzufolge einer familiären Wiederherstellung nichts mehr im Wege stünde. Es war unübersehbar, dass meine Mutter kein Bedürfnis nach einem Wiederaufleben dieser gescheiterten Beziehung verspürte, war sie doch mit dem musizierenden, seinerseits verheirateten Kurt Engel bestens versorgt, der allerdings keinerlei Anstalten machte, den Wünschen meiner Mutter nach einer soliden Zweierbeziehung nachzukommen. Wer sich also mit der Form einer Legende seine eigene Vergangenheit verschönt, der bleibt unversehens auf seiner eigenen Fälschung sitzen und hat am Ende Mühe, Wahrheit von Trug zu unterscheiden.

Nicht beiseitegelegt wurde sehr zu meinem Leidwesen das donnerstägliche Ritual, das nach einem Akt der sprachlichen Vergewaltigung in meinen persönlichen Vatertag umbenannt wurde. Als Ersatz für die zur Unzeit Verstorbene wurde die Nachbarin angeheuert, die sich bereit erklärte, mir nach Schulschluss eine warme Mahlzeit zu servieren. Servieren hätte ihr nicht schwerfallen dürfen, war sie doch bis zur Eheschließung mit dem Rittmeister von Heiligenstedt Magd in dessen Diensten. Gleichwohl hat sie schnell gelernt, dass das Leben auf der anderen, nämlich auf der Sonnenseite wesentliche Vorteile hat, auf die man nicht so schnell wieder verzichten mag. So hat sie sich immer sehr schwergetan, wenn es um meine Versorgung am Donnerstag ging. Elisabeth von Heiligenstedt aus Pommern war dann auch sehr schnell wieder verschwunden, sobald mein Teller leer war. Bis zum Eintreffen meines Vaters, den man wie immer schon keuchend und schnaufend über die drei Etagen kommen hörte, hatte ich mich am Schreibtisch schon mal mit den Schularbeiten beschäftigt. Andere Tätigkeiten wie Musik hören, Bücher oder Hefte lesen, herumstöbern, Geheimnisse entdecken oder ähnlich spannende Sachen unternehmen, waren in der Gedankenwelt meines Vaters nicht vorgesehen und demzufolge auch unerwünscht, also hatte das zu unterbleiben, hat aber auch meine Phantasie beflügelt, etwas zu tun, ohne das andere zu lassen, also zu tricksen.

Frau von Heiligenstedt war eine merkwürdige Person. Einen echten Umgang mit ehemaligem Landadel war mir bis dato nicht vergönnt; aber auch in Kenntnis der näheren Umstände entsprach doch die unterkühlte, ja distanzierte Art einer pommerschen Dienstmagd mit oder ohne Adelsprädikat nicht dem gewohnten Bild einer Frau im Alter meiner Großmutter. Meine Oma war dagegen das reinste Prachtexemplar. Selbst mit drei Kindern gesegnet, hat sie sich zeitlebens stets um die Menschen liebevoll und – wenn es sein musste – auch entschlossen gekümmert. Frau von Heiligenstedt hingegen war kinder- und humorlos und voll und ganz mit sich selbst beschäftigt. Besonders ließ ihr äußeres Erscheinungsbild jedweden weiblichen Chic und Charme vermissen. Die dünnen, grau-blonden Haare waren unregelmäßig und eher leidlich über den Kopf verteilt und verliehen ihr den Eindruck eines ständigen Provisoriums. Sie sprach mich ausnahmslos mit einem unangemessenen „Thömken" an, was mich zwar regelmäßig wurmte, ich aber dennoch widerspruchslos über mich ergehen ließ.

Als wir zu dritt den kürzlich erworbene VW-Käfer meines Vaters gewaschen haben – mit zwei Eimern ausgestattet und diese dilettantisch vom dritten Stock auf die Straße getragen – wurde mir die Aufgabe der Räderreinigung übertragen. Auf mein leichtes Murren hörte ich die gummibehandschuhte Frau von Heiligenstedt in barschem Ton sagen: „Du müsstest dem Herrn Professor die Füße küssen, dass du sein Auto waschen darfst." Damit war die Richtung vorgegeben, in der sich künftig, aber vermutlich auch schon vorher die geistigen Unterschiede verfestigen sollten. Mein Vater sagte nichts, wie es häufig seine Art war. Wenn er nichts Konkretes zu sagen wusste, hat er vorsichtig und bezeichnend geschwiegen. Ich unterstelle aber vermutlich nicht zu Unrecht, dass ihm der Heiligenstedtsche Werbetext nicht unangenehm war.

KAPITEL 6

„HIER IST RIAS BERLIN“

Hier ist RIAS Berlin, eine freie Stimme der freien Welt“ tönte der Nachrichtensprecher jede volle Stunde und hat damit unmissverständlich zum Ausdruck gebracht, wer die Guten sind. Das sind wir, und so wird es auch die nächsten zwanzig Jahre bleiben. Erst als die Amis ihre fatale Vietnampolitik vor den Augen der Welt nicht mehr länger beschönigen konnten, bröckelte das bislang grenzenlose Vertrauen in vergangene Luftbrückentage. Aber der Reihe nach.

Der RIAS erblickte als DIAS, nämlich Drahtfunk im amerikanischen Sektor, rund zweieinhalb Jahre vor mir das Licht der Welt, ziemlich genau am 1. Februar 1946. Wir – das heißt der RIAS und ich – sind Zeitgenossen oder, wenn man so will, sogar Verwandte. Meine Mutter gehörte von Anfang an zur Belegschaft, ein Mitarbeiter der ersten Stunde, wie man so schön sagt. Ihr wurde die Aufmerksamkeit zuteil, die sie sich gewünscht und mit weiblichem Charme im Übermaß beantwortet. Die tiefe Verbundenheit, die sie gegenüber ihrer Arbeitsstelle empfand, war weit mehr, als es heute einem herkömmlichen Arbeitgeber zuteil wird. Allein der Begriff „Arbeitgeber“ wird dem nicht gerecht. Die vom RIAS ausgehende und von den Amerikanern beabsichtigte Aura eines gegen den vermeintlichen oder tatsächlichen Klassenfeind gerichteten Propagandasenders hatte zur Folge, dass sich ein Großteil der Mitarbeiter auch als etwas Besonderes fühlte. Es war nicht die Arbeit selbst, sondern die Arbeitsstelle, eine Institution. Wer ein solches Maß an Aufmerksamkeit unter erklärten Feinden, aber auch an Bewunderung unter den Freunden und Verehrern auslöste, der konnte nicht so viel verkehrt machen. Und so hat sich der RIAS stets als das betrachtet, was er in den Augen des DDR-Regimes auch war, die Speerspitze des Westens im dauerhaften Konflikt der Gesellschaftssysteme. Der Unterschied war nur der: Im Osten gab es nichts zu lachen, Humor wurde dort staatlich verordnet, quasi eine Lachtablette auf Rezept. Im Westen hingegen war Humor wesentlicher Bestandteil eines Lebensgefühls, das mit jeder existenziellen Krise an Gewicht zulegte. Mit jeder Schikane an den Grenzen oder auf den Transitstrecken wurde der Widerstand der (West-) Berliner nur gestärkt, obwohl die eigentlichen Kräfteverhältnisse eindeutig zugunsten von Sowjets und DDR sprachen. Dieser Widerstand war eigentlich eine Geisteshaltung, die auf Willen und Überzeugung ruht, gepaart mit dem schon erwähnten Humor und einem Schuss Selbstironie.

Der RIAS bot daher ein abwechslungsreiches Programm, das auch bei Schulkindern wie mir seine Wirkung nicht verfehlte. Andere Familien pflegten entweder getrennt oder zusammen am Sonntagvormittag einen christlichen Kirchgang zu unternehmen, ich bevorzugte Onkel Tobias mit seiner Kinderstunde: „Der Onkel Tobias vom Rias war da". Da wurden spannende Geschichten erzählt, Spaziergänge in der Natur unternommen, Spiele gespielt und immer waren mehrere Kinder dabei, gewissermaßen als Repräsentanten der Jugend. Im Osten war das so ähnlich, nur nannte man das da FDJ, Freie Deutsche Jugend. Gelacht wurde auch nicht oder höchst selten, dafür wurden aber die Werte des Marxismus-Leninismus gepredigt. Und wer da gut aufgepasst hat, der durfte zur Belohnung an gezielten Sportwettkämpfen teilnahmen. Alles für den Sieg des Sozialismus. Mir kam das sehr verdächtig vor.

Nun muss man wissen, dass Mitte der Fünfziger das heute allgegenwärtige Fernsehen noch in den Kinderschuhen steckte. Fernsehgeräte waren eher selten und nur einer merkwürdigen Personengruppe vorbehalten, mit der ich wenig Berührung hatte: Ältere und zumeist gehbehinderte Witwen. Andere Ereignisse des Jahres 1955 waren weit wichtiger: Unser Umzug aus dem Arbeiterviertel Moabit in das beschauliche, weil von Bombenangriffen wenig bis gar nicht ramponierte Wilmersdorf.

Was letztendlich den Ausschlag für den Umzug gegeben hat, vermag ich nicht genau zu sagen. Ob es die örtliche Nähe zur Wohnung meines Vaters war, kann ich mir nicht recht vorstellen. Wahrscheinlicher ist der Umstand, dass die Wohnung komfortabler als die alte war, wenn man Zentralheizung und fließende Warmwasserversorgung als zeitgemäßen Komfort bezeichnen möchte. Für Leute, die an Ofenheizung und damit an Kohleschleppen gewöhnt waren, eröffneten sich geradezu paradiesische Aussichten. Außerdem verkürzte sich für meine Mutter der Weg zum Funk mit dem Bus auf gerade einmal zehn Minuten. Da schließlich auch für mich mit der bevorstehenden Einschulung ein neuer Lebensabschnitt beginnen sollte, war die Entfernung zur Schule ein gutes Argument; denn diese, wie auch die folgende war mit einem schlendernden Spaziergang von höchstens fünf Minuten zu erreichen. Und so sollte es die nächsten dreizehn Jahre auch bleiben…

Oma fuhr regelmäßig zum Einkaufen in den Ostteil der Stadt, ich habe mich gelegentlich in den Nachmittagsstunden im RIAS bei meiner Mutter aufgehalten, um dort für mich unbekannten Dinge zu entdecken. So habe ich in einem metallenen Büroschrank alte Programmzeitschriften gefunden, die - sorgsam aufbewahrt – Aufschluss über Radiosendungen der Vergangenheit lieferten. Für die bedruckten Programme habe ich mich weit weniger interessiert als für die Bildergeschichten von „Mecki und seine Freunde". Der Igel Mecki – jahrzehntelang Werbeträger der Programmzeitung „Hörzu" wurde begleitet von Charly, einem ungeschickten Pinguin, und dem schlafmützigen Schrat, der ständig von dem umsichtigen Mecki zur Ordnung gerufen werden musste. Und so lagen manchmal mehrere Zeitschriften auf dem Boden herum, die Geschichten mussten schließlich in die richtige Reihenfolge gebracht werden. Plötzlich in den Raum stürmende Menschen, was bei der erhöhten Rundfunkhektik keine Seltenheit war, konnten dann schon mal ins Rutschen kommen. Der Name der Programmzeitschrift erinnerte mich an eine häufig in der Schule gebrauchte Aufforderung, aufmerksam zu sein, wobei sich das Motto auf rein auditive Eigenschaften beschränkte. Als sich meine Tätigkeit, den Fußboden des Büros mit neuem Zeitschriftenmaterial auszulegen, erschöpft hatte, habe ich mich den Inhalten der Schreibtische zugewandt. Bei diesen fiel auf, dass ungefähr die Hälfte des Schreibtisches mit einer Maschine ausgefüllt war, die man, ihrer Bestimmung folgend, als Schreibmaschine bezeichnete und die sich im Schreibtisch versenken, aber auch wieder ans Tageslicht befördern ließ. Es stellte sich heraus, dass diese Maschine als „Tastendrucker" funktionierte. Wer die Tastatur bediente, konnte anschließend seine Sätze zu Papier bringen, eine tolle Sache. Es stellte sich ferner heraus, dass die Anordnung der Buchstaben auf dieser Tastatur nicht der Reihenfolge des Alphabets entsprach, das mir aus der Schule geläufig war. Das sorgte anfänglich für eine gewisse Anpassungsstörung. Diese legte sich aber mit zunehmendem Gebrauch. Auf diese Art und Weise habe ich gelernt, mit der Schreibmaschine umzugehen, allerdings nicht wie damals üblich mit zehn Fingern, sondern zumeist nur mit den beiden Zeigefingern. Als sich dann noch die Mittelfinger anschlossen, war mein Vier-Finger-System perfekt, zumindest stand ich im Tempo den Profis nicht nach, eine andere Variante des Klavierspiels. Nur die Auswahl der Texte bereitete noch Schwierigkeiten.

In dieser Zeit waren verschiedene weltpolitische Ereignisse offensichtlich für viele Menschen wichtiger als meine Bemühungen, eine neue Ordnung in den Büroalltag meiner Mutter zu bringen. So war zwar zu erfahren, dass sich im etwas entfernteren Ungarn die Bevölkerung ebenfalls eine neue Ordnung geben wollten, was die Sowjets als Eingriff in ihre Zuständigkeit missverstanden und auf gewohnter Art und Weise, nämlich mit Panzern, beantwortet haben. Die daraus entstehende Hektik in einem amerikanischen Propagandasender mag man sich vorstellen können: Ernst Verch, der Leiter der Abteilung Tanzmusik, musste das eben noch geschriebene Programm aus Gründen der Aktualität ändern, die Mitarbeiter hatten zu spuren. Meine Bemühungen waren in diesem Augenblick nicht mehr erwünscht. Zu Hause allerdings herrschte wieder das mittlerweile schon gewohnte Bild der Anteilnahme. Es wurden von halb Berlin brennende Kerzen ins Fenster gestellt. Dabei hat dann allerdings auch mal ein Fensterkreuz Feuer gefangen, die Brandflecke erinnerten noch Jahre später an den Ungarnaufstand von 1956.

Abends lauschte man dem aktuellen Geschehen am Radio. Dabei wurden – als ob das ganz selbstverständlich wäre – alte Besitzverhältnisse so dargestellt, als hätten sie schon von je her Gültigkeit. Wem gehört also die Luft, die wir atmen? Oder wem gehört eigentlich das Wasser unserer Flüsse, das wir trinken? Solche oder so ähnliche Fragen müssen sich die Ägypter gestellt haben, als sie beschlossen, sich von der Bevormundung des Westens zu befreien und sich daran erinnerten, wem der unter britisch-französischer Hoheit stehende Wasserweg namens Suezkanales eigentlich gehörte. Bevor diese Frage aber weiterverfolgt werden konnte, stellte Hans Rosenthal mit seiner Quizsendung „Wer fragt, gewinnt" Fragen, die jeder halbwegs orientierte Zuhörer auch beantworten und demzufolge kleinere Geldpreise abräumen konnte. Dieses öffentliche Fragespiel „um Worte und Begriffe", wie es im Untertitel hieß, erfreute sich großer Beliebtheit und führte mich auf direktem Wege zum Publikum, indem ich als blondgelockte Glücksfee aus einem Schuhkarton mit diversen Postkarten den Gewinner ziehen musste. Meine Karriere als Tombola-Gehilfe währte allerdings nicht lange, das Verfahren wurde alsbald eingestellt, vermutlich aufgrund formaljuristischer Bedenken. Diese waren im Prinzip auch bei der Suezkrise angebracht, hat sich die Allianz aus Briten, Franzosen und Israelis darauf verständigt, Ägypten von seinem legitimen Staatsoberhaupt zu befreien und stattdessen eine willenlose Marionette zu installieren, ein Plan, wie er häufiger zum Einsatz kommen sollte und nur ehemaligen Kolonialmächten einfallen kann, die ihre Einflüsse schwinden sehen. Nur klappen muss er halt, der Plan. Und dieser schlug fehl.

Mich hat das nicht allzu sehr beschäftigt, hatte ich zu dieser Zeit meine eigenen Probleme: An einer nicht allzu bedeutsamen Stelle meines Körpers, meiner rechten Kleinzehe, hatte sich eine Knochenwucherung entwickelt, die entfernt werden sollte. Während eine solche Heilmaßnahme heutzutage in wenigen Minuten und in örtlicher Betäubung erledigt wird, wurde daraus in den Fünfzigern ein zweiwöchiger Krankenhausaufenthalt abgeleitet. Ein Narkosearzt war damals unbekannt; das übliche Verfahren bestand darin, dem Patienten, also mir, eine Portion Äther auf eine mit Wattebäuschchen versehene Maske zu träufeln, die mich nach wenigen Sekunden außer Gefecht setzte. Diese Behandlung schien dem Personal so gut zu gefallen, dass sie das ganze einige Wochen später wiederholen wollten. Die Wucherung an der Kleinzehe hatte sich nämlich erneut eingestellt. Diesmal allerdings wurde ein anderes Krankenhaus gewählt, das Weddinger Kinderkrankenhaus. Im Ergebnis war die Zehe ein bisschen kürzer als die linke, dafür war die Wucherung beseitigt. Soweit meine ersten eigenen Erfahrungen mit der Chirurgie.

Wieder zu Hause haben wir uns erneut im Halbkreis um das Radio versammelt, aus dem Günter Neumanns beliebte Kabarettsendung „Die Insulaner“, ein Markenzeichen des RIAS Berlin zu hören war, der kurioserweise kurze Zeit nach mir, nämlich zu Weihnachten 1948 das Licht der Welt erblickte. Neben den üblichen Einlagen, wie sie im Kalten Krieg, der ständigen Konfrontation zwischen angedrohter und tatsächlicher Gewalt, zwischen Täuschung und Wahrheit, zwischen Wunschdenken und illusionärer Verkennung, an der Tagesordnung waren, beschäftigten sich Edith Schollwer, Ilse Trautschold und Ewald Wenck, Bruno Fritz als Herr Kummer im Dauertelefonat mit seinem imaginären Partner Polowetzer, Tatjana Sais und Agnes Windeck als Quatschtanten, die sich regelmäßig, aber stets zufällig am

Kurfürstendamm trafen, um Neuigkeiten auszutauschen und sich mit einem juchzenden „Huch, da kommt ja mein Bus" wieder trennten; Walter Gross als endlos schwadronierender Jenosse Funzionär sowie Joe Furtner alias Professor Quatschnie haben gern sowjetische Errungenschaften in bester Berliner Tradition des „Kabaretts der Komiker" durch den Kakao gezogen: Während der gesamte Ostblock nach der erfolgreichen Sputnikmission der Russen schier aus dem Häuschen war und sich in überschwänglichem Jubel selbst feierte, versuchte man im Westen, den sowjetischen Triumph zu verniedlichen. Dabei erwies sich die kabarettistische Machart, gewissermaßen die „feine Klinge" von Günter Neumann als äußerst probates Mittel. Gehört wurden die „Insulaner" freilich nicht nur im Westteil Berlins, sondern ganz besonders in dem von den Sowjets besetzten Gebiet, das nach westlichem Sprachgebrauch zunächst als Ost-Zone oder Mitteldeutschland und später nach Anerkennung der Oder-Neiße als polnische Westgrenze als Ostdeutschland bezeichnet wurde. Allerdings sah man sich im Westen gröberen sprachlichen Probleme ausgesetzt: Wie bezeichnet man ein Land, das ganz offensichtlich eigene Werte besitzt, mit dem man auf irgendeine Art reden und verhandeln, in jedem Fall aber kommunizieren muss, aber die bestehenden Verhältnisse nicht zementieren will? Und so haben sich merkwürdige Stilblüten entwickelt, die heute vermutlich nur in speziellen Geschichtsbüchern zu finden sind: DDR ist da noch eines der harmlosen, wobei demokratisch das sicherlich nicht war jenseits des Eisernen Vorhangs.

Die Bezeichnung „Sogenannte DDR" verneint den eigenen Status der Souveränität, wobei die Souveränität als solche äußerst fragwürdig ist. „Sowjetisch besetzte Zone" trifft zwar den Sachverhalt, ignoriert aber das von den Machthabern angestrebte Selbstverständnis. Und so kann man das, was jahrzehntelang als „Deutsche Frage" in den Gazetten der Welt umherirrte, nur als das begreifen, was es tatsächlich war, nämlich der Versuch, die mit Ende des Zweiten Weltkriegs einhergehenden Bemühungen einer Neuordnung gerade an der Schnittstelle von Weltanschauungen nicht ausufern zu lassen. Die Lunten waren an vielen Stellen bereits gelegt, keiner wollte jedoch den ersten Stein werfen oder das erste Streichholz zünden. Dass das mit der Wahrheit nicht immer ganz einfach ist, dafür hatte ich bereits in jungen Jahren viele beispielhafte Erlebnisse zu verzeichnen. Und so wird der Inhalt einer Zeitung nicht automatisch dadurch zur Wahrheit erklärt, wenn man die Zeitung „Wahrheit" oder russisch „Prawda" nennt. Das eigentliche Kampfblatt des Kalten Kriegs war jedoch auf kommunistischer Seite das „Neue Deutschland". Als „Zentralorgan der SED" untertitelt, der Sozialistischen Einheitspartei Deutschlands, konnte jedermann nachlesen, welchen Aufstrich der Genosse Honecker auf seinem Sonntagsbrötchen bevorzugt.

Lustig und witzig waren die Insulaner immer und gehörten zu meinen erklärten Lieblingssendungen. Lachen auf Kosten von anderen ist immer erheiternd, insbesondere wenn der andere weit weg ist. So hatten dann aber auch die Insulaner – wie übrigens alle RIAS-Mitarbeiter – die Auflage zu erfüllen, alle Kontakte zum Osten zu vermeiden. Einigen fiel das schwer, weil familiäre Bindungen existierten. Andere haben das eher als Auszeichnung empfunden. Man wächst ja auch an seinen Feinden.

Die meiner Mutter zugefügten Verletzungen und Demütigungen, denen sie sich nach ihrer Heirat mit meinem Vater durch denselben, aber insbesondere durch dessen Mutter ausgesetzt sah, haben in ihr eine tiefe Verachtung gegenüber allem ausgelöst, was mit dem Namen „Raddatz" in Verbindung stand. Kein Wunder also, dass sie diesen Namen nach erfolgter Scheidung schleunigst wieder ablegen wollte und zu ihrem Mädchennamen zurückgekehrt ist. Die Frage stellt sich allerdings, kann eine solche Rechnung überhaupt aufgehen? Es wird unendlich komplizierter, wenn aus dieser konfliktbehafteten Beziehung ein Nachkomme hervorging, der zwar im Hause Wendlandt, nämlich bei Mutter und Großmutter, lebte und aufwuchs, aber den Namen des Vaters trug. Jedes Schulzeugnis musste vom „Erziehungsberechtigten" unterschrieben werden. Jedes offizielle Dokument, jeder Antrag trug daher nicht den gewünschten, sondern den verstörenden

Namen. Selbst der Klingelknopf am Hauseingang zeigte beide Namen in trauter Zweisamkeit nebeneinander. Das alles hat mich als Kind kaum berührt, wären da nicht die gelegentlichen Sticheleien meiner Oma auffällig gewesen, wenn sie meine Mutter als „Frau Raddatz" titulierte. Diese reagierte so, wie viele Menschen auf Provokationen reagieren, nämlich verletzt, beleidigt, empfindlich, empört je nach Stimmung.

Mit zunehmender Dauer meines Engagements wurde ich mit dem Namen bekannt als der Sohn einer langjährigen RIAS-Mitarbeiterin, der Frau Wendlandt, die nach ihrer Scheidung wieder in den Namen ihrer Jugend geschlüpft war. Für mich wurde dieses Namens-Szenario erst dann bedeutsam, als ich den Honorarempfang quittieren musste. Der Eitelkeit eines jungen Mannes von gerade einmal zwanzig - ich muss es gestehen – schmeichelte es durchaus. So entstand eine temporäre Peinlichkeit, die aber nicht den erwarteten Staub aufwirbelte, sondern sich nach kurzer Zeit wieder legte. Also am Ende viel Lärm um Nichts? Wer mag das sagen? Ich habe zweifelsfrei keinen seelischen Schaden davongetragen. Bei meiner Mutter bin ich mir da nicht so sicher…

KAPITEL 7

EIN ENGEL OHNE FLÜGEL

Meine Mutter Mitte der sechziger Jahre mit ihrem langjährigen Freund und Teilzeitlebenspartner, dem aus einer Artistenfamilie stammenden Varietékünstler, Vibraphonisten, Komponisten und Arrangeur Kurt Engel (1909-1967), der sich bereits in der Vorkriegszeit in seiner Heimatstadt Berlin einen Namen gemacht hat und später als Paukist bei dem RIAS-, dem späteren Radio-Symphonie-Orchester unter der Leitung des renommierten Chef-Dirigenten Ferenc Fricsay engagiert wurde.

Dummerweise war Kurt seinerseits bereits verheiratet und machte auch keinen Hehl daraus, diesen Zustand zu erhalten. Gleichwohl unternahm meine Mutter in dem Ringen um Anerkennung und Zuneigung alle möglichen Versuche, Ihren Liebsten stärker an sich zu binden. Doch je mehr sie ihre Bemühungen verstärkte, in umso weitere Ferne rückte das ersehnte Ziel. So muss es grundsätzlich als bedenklich betrachtet werden, wenn jemand seine eigene Existenz ausschließlich in den Dienst eines anderen stellt. So hat meine Mutter geradezu ihre Lebensaufgabe darin gesehen, Kurt Engel buchstäblich jeden Wunsch von den Augen abzulesen, was der Eitelkeit des verwöhnten Bühnenstars sicherlich entgegenkam. So brauchte Kurt nur einen Wunsch zu äußern oder einen Problemfall anzusprechen, schon präsentierte meine Mutter die Lösung in Form von Lieblingsessen oder Dienstleistungen, die ansonsten nur gegen Rechnung verfügbar waren. Nach diesem Muster sind zahlreiche Partituren und Mandarinentorten entstanden, Klöppel wurden lackiert, ganze Rezeptkataloge für den Hobbykoch Kurt erstellt. Das Ganze gipfelte dann aber in der Anschaffung eines Langhaardackels, nachdem Kurts eigener Dackel verstorben war. Um keinen Zweifel an der Absicht aufkommen zu lassen, wurde dem „neuen" Dackel der Name des verstorbenen verliehen. Kurt hat allerdings die Praxis seiner spärlichen Spontanbesuche nicht im Geringsten geändert. Dabei erschien mir das äußerst überflüssig; denn Kurts zweiter Hund namens Modes, der treue Begleiter seiner Dackelhündin, war eine Seele von Tier. Der große Airedale-Terrier muss bei seinem Vorbesitzer schwer gelitten und reichlich Prügel bezogen haben, bevor er in Kurts Obhut gelangte. Wer immer Modes mit Schlägen drohte, und sei es nur, indem man die Hand zum Schein erhob, löste bei dem armen Tier sofort ein heftiges Blinzeln aus, so als ob er angesichts der zu erwartenden Schläge sein Augenlicht schützen wollte. Bewegt hat er sich aber keinen Millimeter, weder vor noch zurück, sondern stand still und stumm da, als ob er sich in sein Schicksal ergeben hätte. Mich hat das regelmäßig gerührt, ja, ich hatte am Ende kein Verständnis für Kurts Demonstration um ihrer selbst willen. Das Mitleid mit der geschundenen Hundeseele überwog alles andere. Da Modes sogar mir aufs Wort gehorchte, bin ich öfters mit ihm spazieren gegangen. So habe ich auch mal meinem Vater in dessen Wohnung einen Besuch abgestattet, wohl um versäumte Klavierstunden nachzuholen. Modes hat mich begleitet und legte sich artig auf den Teppich, als ein penetranter Geruch die Konzentration meines Vaters auf die bevorstehende Übung verhinderte und er – sichtlich genervt – abbrach. So hatte ich Modes' Fürzen das vorzeitige Ende eines ohnehin überflüssigen Exerzitiums am Pianoforte zu verdanken.

Wer glaubt, dass sich die Körpergröße eines Menschen an seinen Umgebungsstrukturen ablesen ließe, dem sei gesagt, dass hier häufig der Wunsch der Vater des Gedankens ist. Während meine Mutter und auch meine Oma unter ihrer bescheidenen Größe von knapp über anderthalb Metern kaum oder nur unwesentlich gelitten haben, unterlag doch Kurt der ständigen Versuchung der Kompensation, was gelegentlich groteske Züge verursachte. So war er mit seinen Einmeternundsechzig eher Zwerg als Riese, was seiner Tätigkeit als Orchestermusiker keinen Abbruch tat, da diese Tätigkeit bevorzugt im Sitzen ausgeübt wird.

Kuriositäten stellten sich aufgrund der besonderen Personalsituation quasi automatisch ein: So war es nur eine Frage der Zeit, wann Frau Engel hinter das Doppelleben ihres Mannes kommen würde und stand dann eines Tages im Auto vor der Tür des Hauses Bergheimer Str. 6, um ihren Mann in flagranti zu stellen. Dieser, nicht faul, wollte keinen Skandal, ganz sicher aber die erheblichen Kosten einer Scheidung mit dem drohenden Verlust zumindest eines Großteils seiner Einkünfte vermeiden, ließ sich ganz im Stil eines ehemaligen Zirkusartisten aus dem Badezimmerfenster in den üppig begrünten Hinterhof gleiten, nachdem ich diesen Fluchtweg als sicher geprüft hatte, und entkam unbemerkt über einen anderen rückwärtig gelegenen Hauseingang. Nur der Erdgeschoßlage unserer Wohnung war dieses zirkusreife Manöver zu verdanken.

Zu Beginn der Sechziger wurde ich vom Mitwisser zum Mittäter befördert, indem ich mich auf Zeit aus dem Haus drängen ließ. Hilfreich war dabei die Aussicht auf Kinokarten. Damals habe ich keinen wichtigen Film der großen Kinos am Zoo und Kudamm verpasst. Kurts Spendierhosen erleichterten erheblich die Akzeptanz, weil mit Speck fängt man ja bekanntlich Mäuse, aber auch zwölfjährige kinoverrückte Knirpse. Nur meine arme Mutter ging – wenn man aufrechnen wollte – vergleichsweise leer aus. Einzig ein an ihrem zarten Frauenkörper gigantisch wirkender Pelzmantel, den sie artig bis an die Grenzen der Saison und darüber hinaus trug und unter dessen Last sie ein ums andere Mal zusammenzubrechen drohte, waren die sichtbaren Hinterlassenschaften dieser merkwürdigen Beziehung.

Nicht unerwähnt lassen möchte ich auch ein mehrgliederiges Goldarmband, preiswertes, aber protziges Mitbringsel einer Auslandstournee, das das grazile mütterliche Handgelenk wie mit Handschellen verzierte, ohnehin viel zu groß war und durch die Entfernung von zwei, drei Gliedern so verkleinert werden musste, dass ein unabsichtliches Verlieren nur schwer möglich war. Nicht jeder vermag den Verlust von Gliedern so gelassen ertragen. In jedem Falle haben diese von meiner Mutter innig geliebten Prestigeobjekte - Pelzmantel und Armband – sowohl in ihrer Kombination wie auch in ihrer Einzelwirkung der mütterlichen Gesamterscheinung der Mittsechziger Jahre eher groteske Züge verliehen.

Mit zehn, zwölf Jahren sind die Kausalitäten menschlichen Tuns relativ überschaubar und schlicht strukturiert. Letztendlich ist man unfreiwilliger Zeuge von Ereignissen, die einem geliebten Menschen offensichtlichen Schaden zufügen und will das vermeiden, hat aber zuweilen nicht die passenden Mittel zur Verfügung. Diese sind für gewöhnlich auch nicht leicht zu ermitteln…

In einer Zweieinhalb-Zimmerwohnung bietet sich auch bei großzügiger Betrachtung nicht allzu viel Platz für zwei erwachsene Frauen und einen Heranwachsenden, um den Begriff der „Pubertät“ nicht Übergebühr zu strapazieren. Die Tür zwischen Diele und Wohnzimmer, was meine Mutter gleichzeitig als Büro und Schlafzimmer nutzte, war außer nachts stets weit offen, wahrscheinlich weil niemand auf die Idee gekommen wäre, die Abgeschiedenheit eines Raumes für persönliche Intimitäten zu nutzen und die Tür zu verschließen. Eines Sommertages aber geschah das bis dahin Undenkbare: Die Wohnzimmertür war zu, und zwar nicht nachts, das wäre ja noch zu verstehen. Nein, am helllichten Nachmittag war die Türe nicht zugesperrt, sondern auch noch abgeschlossen. Der vom Fußballspielen heimkommende Thomas, dem die Weltmeisterschaft in Chile wichtiger als alles andere war, staunte nicht schlecht, das Wohnzimmer nicht betreten zu können. Als sich nach wenigen Augenblicken die Tür öffnete, bot sich mir ein bizarres Bild: Kurt lag mit nichts als einer grünen Dreiecksbadehose bekleidet bäuchlings auf dem nackten Linoleumboden, meine

Mutter flatterte schmetterlingshaft in einem dünnen Sommerkleidchen um ihn herum und lieferte mir noch zwischendurch die folgende Erklärung für das Schauspiel: „Onkel Kurt war es so warm. Da hat er sich mal für einen Moment auf den kühlen Boden gelegt." – Aha! So war das also. Ich bin ziemlich sicher, dass er die waagerechte Körperhaltung nur aus einem einzigen, aber einleuchtenden Grund gewählt hat, nämlich seinen Erregungszustand zu verbergen. Dass es wenig komfortabel ist, auf seinem Ständer zu liegen, war mit durchaus bewusst, hatte ich doch auch schon solche Episoden erlebt. Allerdings, was will man tun? Das verschärfte meine Vermutung, wozu Türen im allgemeinen und Türschlösser im speziellen da sind.

Zu dieser Zeit wurden gerne Monatsbroschüren von den Krankenkassen an die Mitglieder verschickt. So gelangte auch ein solches Heftchen von der Barmer Ersatzkasse in meine Hände. Normalerweise hatte ich dafür kein sonderliches Interesse. Hier war es aber gänzlich anders. Schuld daran war das Titelbild auf dem Umschlag. Man sah großformatig ein schluchzendes Kind ungefähr meines Alters mit seinem toten Hund in den kleinen Armen. Das Bild hat mich zu Tränen gerührt und tagelang beschäftigt. Auch heute noch nach über sechzig Jahren überkommt mich noch ein Schauer. Dieses Ereignis dürfte meine Einstellung zu Tieren im Allgemeinen und zu Hunden im Besonderen nachhaltig beeinflusst haben. So jedenfalls erkläre ich mir das, vielleicht aber gibt es auch völlig andere Gründe.

Ein sommerlicher Höhepunkt bahnte sich an, als Kurt uns mit seinem großem Opel-Kapitän zu einem Badespaß am Havelstrand abholte. Bedenkt man, dass Kurt mit gut einem Metersechzig Körpergröße nicht gerade herkulische Dimensionen erreichte und der Opel-Kapitän das Flaggschiff der Opelbaureihe darstellte, so dürfte auch technisch durchschnittlich Begabten das krasse Missverhältnis zwischen Fahrer und Fahrzeug auffallen. Das Auto wurde auf freiem Waldboden zwischen mehreren wuchtigen Kiefern wild abgestellt, von regelhaftem Parken kann keine Rede sein, deutete aber auf eine gewisse Sonderstellung hin, die Kurt hin und wieder ausgelöst hat und die uns nicht unangenehm war. Das Auto wurde in angemessenem Abstand zum beliebten Ausflugsziel, dem Grunewaldturm, in märkischem Sand zwischen Kiefern und dürftigen Grasflächen geparkt und verschaffte mir somit das Gefühl unendlicher Unbeschwertheit, wenn ich mit wachsendem Tempo die Hanglage herabdüste, um unten am Ufer der Havel in die nassen Fluten einzutauchen. Das war schon ein Erlebnis der besonderen Art, wurde jedoch später nicht wiederholt.

Im Spätsommer stand dann noch ein Besuch im Zoo an, bei dem ich Kurts Fotoapparate ausprobieren durfte. So gab es ein Tele- und ein Weitwinkelobjektiv zu bestaunen, von denen mir einige Bilder – so muss ich sagen – ganz gut gelungen sind, vielleicht aber eher der Technik als meiner Fähigkeiten geschuldet. Immerhin erschienen manche Tiere in gänzlich unbekannten Perspektiven, bei anderen wiederum war der Wiedererkennungswert zwar vorhanden, aber begrenzt. Standesgemäß spendierte Kurt ein Mittagessen in den Zoo-Terrassen, für mich wurde das schon obligatorische Schnitzel bereitgestellt, denn damit konnte man nicht viel verkehrt machen. Dabei haben sich einige Wespen zum Festschmaus eingefunden, was die Freude kurzfristig geschmälert hat. Ansonsten hat das Schnitzel alle Anforderungen erfüllt, insbesondere schien es nicht aus den benachbarten Gehegen der Dromedare zu stammen sehr zu meiner Beruhigung.

Im Gegensatz zum Münchener verläuft das Berliner Oktoberfest ziemlich unbayerisch, was eigentlich keine Überraschung ist. Nun liegt das Hauptinteresse eines zwölfjährigen nicht so sehr in bajuwarischen Delikatessen wie Weißwurst und Schweinshaxe, dazu Bier in rauen Mengen. Vielmehr habe ich mich ausnahmslos mit den Angeboten der Schausteller beschäftigt; für gastronomische Besonderheiten begann ich mich erst später zu interessieren. Karussells in jeder Größe und unterschiedlicher Antriebsform, Autoscooter und natürlich diverse Buden, die zu Gewinnspielen jeder Art einluden. Besonderer Beliebtheit erfreuten sich Wurf- und Geschicklichkeitsspiele, bei denen attraktive Preise winkten, wenn bestimmte Aufgaben im

Sinne des Budenbesitzers erfüllt wurden. Weniger reizvoll war es für mich, die Grenzen meines Übelkeitsempfindens auszuloten, sei es im Riesenrad, in der Achterbahn oder ähnlichen Apparaturen, mittels derer man später seine männliche Unerschrockenheit gegenüber dem anderen Geschlecht unter Beweis stellen konnte. Im ungünstigsten Fall kam das Erbrechen folgenschwer nach längerer Übelkeit ins Spiel und beendete jedwede Ambitionen. Mir ist eine solche oder ähnliche Peinlichkeit gottlob erspart geblieben. Insoweit habe ich auf dem Rummelplatz stets die Kontenance bewahrt, zumindest später im Zusammenwirken mit der holden Weiblichkeit. Häufig werden bei solchen Kirmesaktivitäten Schießkünste entwickelt, denen ein Potential innewohnt, das sich gelegentlich verselbständigt. Der Reiz des Schießens besteht also in der Häufigkeit der Treffer. Wer überhaupt nicht trifft, verliert schnell die Lust. Ist das Ziel zu leicht zu erreichen, fehlt alsbald der Anreiz. Wie bei jedem Spiel bedarf es einer ausgewogenen Balance zwischen Sieg und Niederlage, zwischen Gewinnen und Verlieren, um den Reiz zu erhalten.

Gelegentlich tauchte Kurt nach einem Konzert bei uns auf, um sich von der aufgestauten Anspannung zu lösen. Heute nennt man das „Stressbewältigung“ und bedarf ebenfalls des Abbaus. Kurt bevorzugte Kartenspielen, insbesondere Skat, bei dem meist mit Buben gereizt und manchmal Damen gedrückt werden. Bekanntlich ist das ein Spiel für drei Personen, von denen immer einer gegen die zwei übrigen spielt und das im Wechsel. Dabei ist es von Bedeutung, dass man sich die Karten gut merken kann, die noch im Spiel sind. Daraus ergibt sich aber zwingend, dass es auf dieser Welt begabte und weniger begabte Skatspieler, also gute und schlechte gibt. Ähnlich dem Schach, wo Betrugsversuche auch herzlich wenig Sinn machen, sind beim Skat Taschenspielertricks verpönt, um nicht zu sagen, zum Scheitern verurteilt. Trotzdem will ein jeder gewinnen, zumindest aber ist Verlieren strikt zu vermeiden. Das hat auch Kurt gereizt und sich selbst zum Nestor des Kartenspiels ernannte, meine Mutter, notgedrungen zum „Dritten Mann“ ernannt, machte das, was ihr möglich war, sie spielte mit, soweit es ihre Fähigkeiten erlaubten. Oma hingegen war nicht nur eine gute, sondern auch eine clevere Skatspielerin. Glaubte Kurt, mit der personellen Besetzung im wahrsten Sinne des Wortes „leichtes Spiel“ zu haben, so hat er die Rechnung ohne den Dreikäsehoch Thomas, den Grundschüler, gerade des Lesens, Schreibens und Rechnens mächtig, gemacht. Und so geschah das Unvermeidliche: Ein ums andere Mal kam Kurt an der Erkenntnis nicht vorbei, dass Kartenspielen kein Privileg der Erwachsenen ist, dass man gewissermaßen kein Anrecht auf bevorzugte Behandlung besitzt. Wenn man sich gemäß den Regeln, also regelmäßig verhalten will, muss man zunächst einmal seine Mitspieler akzeptieren, egal, wie groß oder wie alt sie sind. Aber die Karten lügen nicht. Ich hatte mit Onkel und Tante ausgezeichnete Lehrmeister, was mir bereits in einem Alter zugutekam, in dem die meisten Kinder banale Kartenspiele wie Mau-Mau oder Siebzehnundvier für sich entdecken. Somit war ich schon im zarten Alter von sieben, acht Jahren das, was man einen alten Hasen nennt, ohne dass ich Meister Lampe auf irgendeine Art und Weise ähnlich gewesen wäre. Weder Zähne, noch Schwanzregion erinnern weder heute, noch damals an einen Hasen, weder zu Ostern, noch zu anderen Zeiten. Die nächste Probe aufs Exempel sollte nicht lange auf sich warten lassen und führte mich in die kleine Parkanlage am Friedrich-Wilhelm-Platz.

Dort – im Schatten der mächtigen, aus roten Backsteinen geformten Kirche „Zum guten Hirten“ und im Schutz von großen Linden und Fliederbüschen, die den Schmutz und den Lärm der verkehrsreichen Bundesallee filterten – fand sich ein Bankkreuz, an dem sich drei Spieler mit rechtwinkelig gespreizten Beinen gegenübersaßen und Karten verteilten, um sich dann einem zünftigen Skatspiel zu widmen. Das war genau mein Ding! Genau beobachten und dann die eindeutigen Schlüsse daraus ziehen. Zunächst wurden die drei Rentner von meinem fachmännischen Auge analysiert. Das nennt man dann „kiebitzen“ und ist unter Skatspielern wenig beliebt, eilt dem doch ständig der Ruf der Einflussnahme oder des Vorsagens voraus. Der Clou besteht nun mal in dem verdeckten Verteilen der Karten. Bei offenem

Ausbreiten wäre der gesamte Sinn verloren. Ein jeder der Hauptakteure fand diese Anordnung vermutlich regelrecht und aus seiner Sicht normal, denn jeder hatte einen Haufen Kupfer- und Messingmünzen vor sich auf dem Tisch liegen, was an den Einsatz erinnerte und Gewinn versprach. Die eigentlichen Skatregeln waren mir durchaus vertraut, nur hatte ich mit Onkel und Tante nie um Geld gespielt. Hier war es üblich, nach jedem beendeten Spiel eine sofortige Gewinn-Verlustrechnung aufzumachen. Mit anderen Worten: Der Verlierer schuldete dem Gewinner einen genau errechneten Pfennigbetrag, der dann auch sofort entrichtet wurde.

Üblich war die Quote von einem Pfennig. An manch anderen Orten wie in der Fleischerinnung bei meinem Onkel Karl wurde auch schon mal um eine Mark gespielt, dieser Einsatz war also deutlich höher als im Park. Das äußere Erscheinungsbild der Rentner im Park erinnerte mich doch sehr an die Rentner aus meiner früheren Umgebung im Moabiter Otto-Park: Typische Kopfbedeckungen dieser Zeit war die schon mehrfach erwähnte nachtblaue Baskenmütze sowie die aus Wehrmachtszeiten stammende Panzermütze, die in Stalingrad den Höhepunkt ihrer traurigen Berühmtheit erlangte. Daneben waren noch vereinzelt Hilfsmittel wie Gehstöcke vertreten, die besonders denen, die versehrt waren, also unvollständig den Krieg überlebt hatten, eine dauerhafte Hilfe waren. Überhaupt hat sich das Bild des Rentners in ein paar Jahrzehnten deutlich gewandelt. Weiter habe ich mich aber den historischen Entwicklungen nicht gewidmet. Es hat mir völlig genügt, meinen Anspruch auf gleichwertige Teilnahme an einer elitären Skatrunde unter Beweis zu stellen.

KAPITEL 8

WIRTSCHAFTSWUNDER? – KEIN WUNDER

Gern ist meine Mutter – wie hier Ende der fünfziger Jahre – in Rollen geschlüpft, deren Ausmaß sie nicht abgesehen hat. Die Lust auf Verkleidung mündet nicht zwangsläufig in einen Wohlfühleffekt. Insbesondere wird man zuweilen von ungeahnten Erwartungen seiner Mitmenschen überrascht. So ist jedes äußere Erscheinungsbild mit einer spezifischen Signalwirkung verbunden Gottfried Keller spricht von Kleidern, die Leute machen. Fragt sich nur, ob diese Auswirkungen dauerhaft gewünscht sind oder ob damit nicht unbeabsichtigte Erwartungen ausgelöst werden.

Aber mal ehrlich. Wer von uns bedient sich nicht gern mal einer vorübergehenden Verkleidung mit dem Ziel, seine Umgebung in eine bestimmte Richtung zu beeindrucken. Für Karnevalisten ein sich jährlich wiederholender Automatismus. Wer würde wohl im Schlafanzug zur Premierenfeier gehen? Vermutlich die wenigsten. Beachtet zu werden, ist eine häufige Absicht, aber dann bittschön nicht unangenehm. Somit geht's am Ende um das Angemessene, und da liegt viel im Auge des Beschauers.

Wer dient also als Vorlage, wem wird nachgeahmt, woher stammen die Vorbilder, die wie rings um uns anhäufen? Was sind die tatsächlichen Absichten der Initiatoren?

Die einen haben sich an Winnetou und Bravo gehalten, großformatige Klappposter aus Illustrierten ausgeschnitten und damit ganze Wände neu tapeziert. Die einen haben – nicht weniger wirksam und häufig Hand in Hand gehend – Leben und Äußeres amerikanischer Ikonen kopiert. So vollzog sich ein kultureller Wandel, der nicht mit Kultfiguren wie James Dean oder Marilyn Monroe beendet war, sondern im Gegenteil seinen Anfang nahm, ganz im heutigen Stil von Werbeträgern oder – weniger verfänglich – eines Kulturbeauftragten. Die anderen mussten sich in dauerhafter Bescheidenheit üben, was angesichts des westlichen Konsumverhaltens zunehmend schwieriger wurde. Sie mussten Versorgungsnöte überstehen und die allgegenwärtige russische Präsenz fürchten.

Ich habe diese kosmopolitische Betrachtung mit gespielter Gleichgültigkeit verfolgt, wohl aber die sich daraus ergebenden Vergünstigungen in Form einer Tafel „Karina“ Zartbitterschokolade, gelegentlich auch mal einem blanken Fünfmarkstück, entgegengenommen und war damit vollauf beschäftigt. So habe ich regelmäßig im damals sehr populären RIAS meine Besuche abgestattet, bin durch die Musikabteilungen gestreift, eigentlich gereicht worden und habe überall Aufmerksamkeit, ja stellenweise offene Bewunderung ausgelöst, gelegentlich sogar den beschriebenen Tribut eingestrichen. So war es unvermeidlich, dass ich mit den damaligen Rundfunkgrößen Hans Rosenthal, Jürgen Graf oder John Hendrik und Inge Siegel regelmäßig Berührung hatte, wenngleich natürlich nicht auf Augenhöhe, sondern eher als Maskottchen, als sichtbares Zeichen der Zukunftsfähigkeit. Nichts vermag die Seriosität einer vielleicht fragwürdigen Absicht so sicher und nachhaltig zu widerlegen wie der unbestechliche Ausdruck von Kinderaugen, heute so wie damals. Wem es gelingt, Kinder auf seine Seite zu ziehen, der hat schon fast gewonnen, heute so wie damals. Insoweit bin ich nicht nur Blockadekind, sondern auch ein Produkt, Opfer und aktiver Bestandteil der politischen Verhältnisse in der Nachkriegszeit und habe mich in diese paradoxe Lebenssituation schnell eingefunden. Der Besatzungsmacht musste man nicht erklären, wo der ideologische Feind sitzt. Das war denen in dem Augenblick klar, wo sich das „Tausendjährige Reich“ nach zwölf Jahren Bestand seinem Ende näherte.

Wie so oft verstehen sich Menschen gut miteinander, solange sie gemeinsame Interessen vereint. Wer könnte das besser als ein gemeinsamer Feind? Wenn aber der ehemalige Feind besiegt ist, werden neue Feinbilder benötigt, um die Machtmittel neu auszurichten und nicht etwa einzumotten. Insofern werden mit dem Ende eines Krieges vielleicht aktive Kampfhandlungen eingestellt. Häufig aber sind damit die Gründe für eine latente Konfliktbereitschaft nicht erloschen. In Berlin lässt sich für die nächsten fünfundvierzig Jahre dieses Naturgesetz geradezu täglich verfolgen. Und ich bin mittendrin.

Zu dieser Zeit mussten die gewohnten weltanschaulichen Aspekte in weiten Teilen der Bevölkerung neu überdacht werden, waren doch die gesetzten und erhofften Erwartungen in eine Zukunft voller Glanz und Glorie unterm Hakenkreuz grandios gescheitert. Diese Ergebnisse haben aber merkwürdigerweise nicht zu einer Abkehr von eigenen Führungsansprüchen geführt, sondern lediglich einen Wechsel der leitenden Angestellten ausgelöst. Und so blickte eine ganze Nation, oder das, was davon übrig war, mit glänzenden Augen Richtung Westen, der Osten war verpönt und abgewertet, obwohl er geophysikalisch und kulturhistorisch viel näher lag. Dennoch haben die US-Amerikaner gewaltige Anstrengungen unternommen, den Eindruck zu erwecken, als hätten sie den Krieg im Alleingang entschieden, als läge die Deutungshoheit der politischen Verhältnisse ebenfalls allein nur in ihrer Hand, und so wurde polarisiert bis zur Bewusstlosigkeit. Was aus dem Westen kam, war gut, schön und erstrebenswert, was aus dem Osten kam, war zumindest grundsätzlich verdächtig, waren doch die ideologischen Absichten der Agitation und Propaganda für jedermann offensichtlich. Allein die Verfügbarkeit normaler Handelswaren stellte den eindeutigen Beweis sicher: Die einen hatten nichts, die anderen alles. Niemand im Westen hätte sich ein in Leipzig hergestelltes Kleid in den Schrank gehängt, keiner hätte Schuhe aus der im Osten üblichen HO-Handelskette gekauft. Auf perfide Art und Weise wurden auch die jeweiligen Absichten verschleiert: Die sofortige Verfügbarkeit galt als Indikator für das bessere System.

Die Amerikaner waren stets die Guten, über jeden Zweifel erhaben. Die Ostdeutschen und deren russische Verbündete waren die Bösen, die uns ans Leder wollten und vor Neid zu platzen schienen. So war die Ideologie angelegt, sie musste nur noch täglich bestätigt werden. Eigentlich genügte dazu ein Blick in die Verkaufsläden und Schaufenster. Da konnte man sofort erkennen, was richtig und was falsch, was hässlich und was schön, was gut und was schlecht ist. Sich als Kind in diesem schlichten Koordinatensystem der ideologischen Grenzzonen zurechtzufinden, ist leicht, solange die eigene Überzeugung mit Schokolade und anderen Zuwendungen unterstützt wird.

Die Erinnerung an die segensreiche Luftbrücke wird lebendig, die Befreiung vom Joch unterm Hakenkreuz wird illusionär verklärt und verliert immer mehr den Bezug zur Realität. Je mehr sich die Alltäglichkeiten zwischen Ost und West unterscheiden, umso stärker werden die propagandistischen Gegenmaßnahmen. Im Grunde wird damit nur der Wettstreit der Systeme auf die Spitze getrieben. Das bringt die Form der Darstellung ins Spiel. So werden Ereignisse, die Zweifel erlauben, schlicht ausgeblendet oder so verdreht, dass der beschönigende Charakter nicht weiter auffällt. So habe ich während meiner gesamten Kindheit zwar vielfach von einer Atombombe gehört, aber immer den Eindruck eines Geschehens gehabt, das einer Naturkatastrophe gleichkommt.

Dass diese schrecklichste aller bekannten Waffen von Menschen eingesetzt wird, um damit ein bestimmtes Ziel zu erreichen, wurde mir erst viel später klar. Klar, das ist nicht schön, musste aber sein, war die gängige Antwort. Punkt, aus und basta. So ähnlich wird heutzutage argumentiert, wenn von „alternativlos" die Rede ist. Als ob einem eine unmoralische Handlung aufgezwungen werden könnte. Es besteht wohl immer noch die Möglichkeit abzulehnen. Je fanatischer aber die ideologischen Überzeugungstäter sind, umso mehr müssen sie nachhelfen, um ihre Ziele zu erreichen. So hat sich McCarthy in den Vereinigten Staaten verhalten, so hat der KGB im Osten operiert. Aus dieser Zeit rührt auch ein Witz her, die den ganzen Wahnsinn ironisch veranschaulicht: Die beiden Führer der politischen Blöcke einigen sich darauf, dass ein Wettlauf zwischen den beiden Protagonisten – Kennedy für die USA und Chruschtschow für die UdSSR – zur ultimativen Entscheidung führen soll. Kennedy gewinnt. Am nächsten Tag ist in der Prawda zu lesen: „Während der Genosse Chruschtschow bei dem Rennen einen ausgezeichneten 2. Platz belegte, wurde der Vertreter des Imperialismus vorletzter." Soviel zur öffentlichen Darstellung. Wer nun glaubt, dass die andere Seite anders verfahren wäre oder heute noch verfährt, glaubt wahrscheinlich auch, dass Zitronenfalter Zitronen falten, ist jedenfalls ein Spitzenkönner in illusionärer Verkennung.

Von all diesen Sachen habe ich nicht viel mitbekommen, war auch die Wahrnehmung meiner unmittelbaren Umgebung nicht auf solche Ereignisse ausgerichtet. Das sollte sich aber schlagartig ändern, als mit dem Einsatz von nackter Gewalt plötzlich kriegsähnliche Zustände ausbrachen. Und diese sollten sich im Juni 1953 in einer kollektiven Weigerung der ostdeutschen Bevölkerung entladen, die staatlichen Vorgaben zur Normerhöhung zu erfüllen, die schlechten Lebensbedingungen zu akzeptieren und mit einem flotten FDGB-Lied auf den Lippen voller Optimismus „der Zukunft zugewandt" zu sein.

Während sich also der Westen in den Folgen des Marshall-Plans sonnte und in traditioneller Selbstgefälligkeit sich und das sogenannte Wirtschaftswunder feierte, wuchs im Osten die kollektive Unzufriedenheit. Das SED-Politbüro hatte nämlich den berechtigten sowjetischen Reparationsforderungen alsbald nichts mehr entgegenzusetzen als Absichtserklärungen. Diese ruhte aber im Wesentlichen auf der Bereitschaft der Bevölkerung, diese mitzutragen. Wenn nun aber der unbegrenzte Konsum von Nutzungs- und Luxusgütern nur eine U-Bahnstation weiter westlich geradezu täglich zu besichtigen ist, wenn andererseits der eigenen Verwaltung nicht mehr einfällt, als Steuern und Produktionsnorm zu erhöhen, wenn Waren des täglichen Bedarfs unerschwinglich teurer werden, sofern überhaupt verfügbar, dann schlägt der Unmut über Unzufriedenheit in Empörung um.

Und so wandeln sich auch die eingesetzten Mittel: Was als Protest in den Ostberliner Betrieben begann, weitet sich in wenigen Stunden zu Streikmärschen auf der Straße aus. Notdürftig zusammengezimmerte Plakate und Spruchbänder zeugen von der Verzweiflung und vom festen Willen der Menschen, sich gegen das Regime in Pankow zu wehren. Diese hingegen haben gar keine Wahl. Sie können den Aufstand nicht hin- und ihre eigenen Forderungen wieder zurücknehmen. So werde ich das erste Mal in meinem Leben bewusst Zeuge von Gewaltakten, die zwar optisch auf der Straße beginnen, in Wahrheit aber schon viel früher ihren Ursprung haben. Das ultimative Argument der Russen waren schon immer Panzer. Die werden auch jetzt eingesetzt, nicht zum letzten Mal, wie künftige Ereignisse beweisen werden. Dagegen sind Pflastersteine in Arbeiterhänden ziemlich wirkungslos, jedenfalls für den Moment.

Nun sind wir zwar im Westen nicht unmittelbar betroffen, fühlen aber mit. Dieses Mitgefühl besteht aus einer einzigartigen Mischung aus Wut und Solidarität. Angst habe ich nicht, nie gehabt, weder vorher noch später; eigentlich merkwürdig, wenn ich jetzt so darüber nachdenke. Die einzigen Waffen, die wir eingesetzt haben – dafür aber in inflationärem Ausmaß – waren Kerzen. Kerzen, die allabendlich ins Fenster gestellt wurden und ganze Straßenzüge, ganze Stadtteile, ja ich möchte sagen, die ganze Stadt in ein vorweihnachtliches Licht getaucht haben, verkünden eine einzige Botschaft: Wir sind bei euch!

Nun muss man allerdings wissen, – was gern übersehen wird – dass sich die russischen Reparationsforderungen allein auf die DDR - nach westlichem Sprachgebrauch lieber als „SBZ“ (Sowjetisch besetzte Zone) bezeichnet – beschränkte. Diese haben nicht nur dem gesamten Land, sondern ganz besonders auch den darin lebenden Menschen schwer zu schaffen gemacht, ja gelegentlich an die Grenze der Existenzfähigkeit geführt. Allerdings hatten die Russen auch allen Grund für ihre Haltung; immerhin hatten diese sowohl an Menschen wie auch an Gütern die größten Kriegsverluste zu erleiden. Was Wunder also, dass sie kein Pardon gewährten.

Und so habe ich – auf dieser unterschiedlichen Wahrnehmung fußend - meine eigene, für diese Zeit typische Normalität gesucht und gefunden. Oma hat gern im Osten Lebensmittel eingekauft, weil die dort billiger, aber keinesfalls schlechter waren. Luxusgüter hingegen gab es nicht, wozu auch. Über dem gesamten Ostteil Berlins sowie über der ganzen DDR – so war der Eindruck meines Riechnervs – lag ein Geruch von Braunkohle. Ich hatte keine Vorstellung vom massiven Braunkohleabbau als wesentliche Energiequelle, wunderte mich aber über den typischen Geruch, der den ganzen Osten wie unter einer Käseglocke beherrschte, ein Geruch wie ein paar muffige Mäntel aus einem feuchten Keller, in den sich seit Jahren kein Sonnenstrahl mehr verirrt hatte. Überhaupt war die sprichwörtliche „Berliner Luft" eigentlich nur im Westen zu spüren. Selbst das weit verzweigte S-Bahnnetz verströmte diesen typischen Geruch, den die geübte Nase bald als „DDR-spezifisch" wahrnehmen sollte. Wir fuhren zumeist mit der S-Bahn, die seit Kriegsende als Rechtsnachfolger der Deutschen Reichsbahn unter sowjetischer Verwaltung stand. Damit war das gesamte S-Bahngelände im Grunde DDR-Staatsgebiet, natürlich auch die Züge, in denen wir uns aufhielten. Lebensmittel wurden zwar jedem verkauft, der bezahlen konnte, gleichwohl galt die „Ausfuhr" als Schmuggelei, also als Straftat, ganz besonders, wenn es dem Klassenfeind diente. Und so überkam mich ein ums andere Mal ein mulmiges Gefühl, wenn die Taschen meines Wintermantels mit Butter vollgestopft waren, sich die Tür zum Abteil öffnete und die „Reisebegleitung" in Form eines Flintenweibes das Abteil betrat.

Das häufigste Erscheinungsbild war die gnadenlose Kämpferin gegen Faschismus und Imperialismus, also eine kleine, dafür aber pummelige Russin mit krausen, nach hinten gekämmtem Haar, das von mehreren Spangen in Form gehalten und von einer Haube, der Pilotka, bedeckt wurde. Die pausbäckigen Gesichtszüge wirkten wie eingefroren und waren wohl Teil des Gesamteindrucks, der auf Unversöhnlichkeit angelegt war, was auch das geschulterte Gewehr unterstreichen sollte. Die Menschen im Zug vermieden den direkten Blickkontakt zur russischen Vertreterin des Proletariats. Man weiß ja nie, wodurch die sich provoziert fühlen. Häufig war von Willkürmaßnahmen zu hören, da wollte niemand gern dabei sein. Ausweiskontrollen waren normal, Verhaftungen kamen vor. Ich habe mir angewöhnt, in solch kritischen Augenblicken scheinbar teilnahmslos aus dem Fenster zu schauen und die Parolen und Schriftbanner, die das Loblied auf den Sozialismus und die Überlegenheit der Herren Marx und Lenin sangen, an mir vorbei ziehen zu lassen. Tatsächlich habe ich aber jede Bewegung von allen Flintenweibern im spiegelnden Fensterglas des S-Bahnabteils genau verfolgt. Teil der Inszenierung war wohl auch das geradezu preußisch anmutende Abschreiten der Abteillänge unter dem zackigen Knallen von sowjetischen Armeestiefeln. „Tack, tack, tack“; klang es mit der Präzision einer Schweizer Uhr, die die Russen als Kriegsbeute gern und häufig gesammelt haben. „Uri, uri“, war die unmissverständliche Aufforderung, die den Besitzwechsel hunderter von Armbanduhren einleitete und der gelegentlich auch mit einer gezückten Kalaschnikow Nachdruck verliehen wurde. Angesichts solch drohender Ereignisse waren Oma und ich heilfroh, das Fahrkartenhäuschen am S-Bahnhof Wilmersdorf und somit die sowjetische Einflusssphäre hinter uns zu lassen und wieder die vertraute Westluft zu atmen.

KAPITEL 9

EUGEN

Dass meine Oma den Freuden des Lebens mit Zurückhaltung begegnete, kann man wirklich nicht behaupten. Da floss der Alkohol in jeder erdenklichen Art in Strömen, gequalmt wurde, bis die Luft zum Schneiden dick war und auch das Zwischenmenschliche kam selten zu kurz. Der Auserwählte hieß Eugen, Eugen Grossmann, ein gebürtiger Unterfranke, und war vor dem Krieg wie mein Großvater ein Geigenspieler mit Bevorzugung der leichten Muse. Er leitete in Berlin eine eigene Kapelle, mit der er diverse Schallplattenaufnahmen machte, aber auch öffentlich in verschiedenen Etablissements Tanzmusik und Aufmerksamkeit verbreitete.

„Eugen war früher ein stattliches Mannsbild, er sah richtig gut aus", erklärte meine Oma, wenn sich bei mir Zweifel an Eugens Identität einstellen wollten. Ein-, zweimal die Woche tauchte Eugen zumeist vormittags während meiner Schulzeit in seinem zerknitterten Trenchcoat auf und wurde von Oma mit reichlich Schnaps und Bier notfalls auch mit Wein abgefüllt. Es kam wohl eher auf die Wirkung als auf den Geschmack an. Gegen Mittag war Eugen dann in der Regel so blau wie die Luft in der Küche, in der sich diese Gelage abspielten. Was das eigentliche Ziel dieser immer wiederkehrenden Rituale war, hat sich mir nie so recht erschlossen. Ein Zusammenhang zu gewissen sexuellen Handlungen ist aber nicht ganz unwahrscheinlich. Als ich unerwartet früh nach Hause kam, konnte ich beobachten, wie sich Eugens Hand in Omas Bluse verlaufen hat, um dann nach dieser überraschenden Entdeckung den spontanen Rückzug anzutreten.

Wo immer sich Eugen auch aufhielt, er war alsbald immer von einer dichten Qualmwolke umgeben, was das normale Atmen nicht gerade erleichtert hat. Besonders störend erwies sich diese Angewohnheit im Badezimmer, das mit Badewanne, Waschbecken und Klo schon bis an die Grenzen des Möglichen bestückt war und Eugens längere Sitzung nicht mehr ertrug. Wenn ich dann mal aufs Klo musste, was ich mir nur in dringenden Fällen gestattete, musste ich mich zunächst bis zum Fenster vorkämpfen, um es wenigstens zu öffnen. Wie alle gewohnheitsmäßigen Kneipengänger hat auch Eugen jedes Maß für eine normale Frischluftzufuhr verloren.

In den Zeiten von Omas regelmäßigen Einkäufen im Osten Berlins hat sich ein spiritueller Ausklang dieser Streifzüge eingestellt. Als Höhepunkt haben Oma und Eugen in der benachbarten Kneipe im Deidesheimer Eck solange Bier und Schnaps verkonsumiert, wie sie noch einigermaßen sicher auf eigenen Beinen nach Hause kamen, natürlich jeder in den eigenen Wohnraum. Zusammen gelebt haben sie nicht. Anzeichen für eine diesbezügliche Orientierung habe ich nie beobachtet, wäre auch nicht gut vorstellbar. Immerhin hat sich Oma schon frühzeitig für die Versorgung ihres Enkels, also für mich, entschieden. Die gemeinsame Wohnung war dafür ein eindeutiges Indiz.

Was mir als Steppke weit mehr zu schaffen machte, war der Umstand, dass es doch anscheinend Menschen gab, die es anstrebten, regelmäßig betrunken zu sein und somit bewusst einen Großteil ihrer Selbstbestimmung – oder das, was ich dafürhielt – zu opfern. Und meine Oma gehörte dazu, eigentlich unglaublich und doch wahr. Des Öfteren konnte sie nicht geradeausgehen, wenn sie von ihrer Einkaufstour in Ostberlin zurückkam und dann noch der letzten Kneipe zusammen mit Eugen einen Besuch abstattete, der bisweilen in deutliche

Gehstörungen mündete. Dennoch habe ich ihr Verhalten nie missbilligt. Weder vor mit selbst und schon gar nicht vor anderen, eigentlich komisch.

Von Omas Beschreibung bezüglich Eugens „stattlicher Erscheinung“ war nach meiner Wahrnehmung nicht mehr viel übrig geblieben außer einem wackeligen Skelett. Ob es Kriegserlebnisse oder andere Eindrücke waren, die Eugens Leben und die Lebensform veränderten, vermag ich nicht zu sagen. Wie in einem geheimnisumwitterten Märchen standen die richtungweisenden Ereignisse nie zur Debatte, jedenfalls nicht in meinem Beisein. Lediglich ein zarter Oberlippenbart zeugte von vergangenen Zeiten als Geigen-Gigolo, die dicke getönte Hornbrille sollte wohl die ständig geröteten Augäpfel unsichtbar machen, was nicht immer gelang. Dafür habe ich die sehr spezielle Begrüßungszeremonie von Eugen erlebt. Beim Kuss auf den Mund hatte er seine Zunge nicht unter Kontrolle, eine ziemlich feuchte Erfahrung für einen achtjährigen, dessen Mund lediglich der Nahrungsaufnahme und dessen Zunge dem Sprechen diente. Dennoch hat Eugen eine weitere Eigenart zeitlebens nicht ablegen können, was zuweilen schlichtweg Empörung, zumindest aber Unverständnis auslöste: Das Heranziehen von begrüßten Personen per Handschlag geriet immer zu einem Kraftakt, gelegentlich verloren die auf diese skurrile Art besonders gewürdigten Personen ihr Gleichgewicht und stürzten Eugen in die Arme. Ob das beabsichtigt war, muss stark bezweifelt werden. Dennoch ließ Eugen von dieser Marotte nicht ab. Im spätpubertären Alter habe ich mich einmal revanchiert, indem ich Eugen bei der Begrüßung ebenfalls in die Knie zwang, was mir anschließend schon wieder sehr Leid tat, war er doch nur noch ein Wrack seiner Selbst.

Oma hat sich immer den Anschein einer vermeintlichen Gleichgültigkeit gegenüber Eugen befleißigt, blieb er aber mal längere Zeit untergetaucht, sorgte sie sich dann doch wieder und schickte mich „under cover“ auf Erkundungstour. Und das ging folgendermaßen vonstatten: Eugen hatte eine Aushilfstätigkeit im Jugendheim der Weddinger Lüderitzstraße übernommen und war bei den Jugendlichen recht beliebt. Als einer der besorgten Jugendlichen habe ich mich als Herr Krone aus dem Wedding ausgegeben und ihm einen Besuch in seiner Wohnung in der Schöneberger Lutherstr. 19 abgestattet. Dort erwartete mich Eugens Frau samt seiner beiden erwachsenen Söhne, die mich standesgemäß mit Likör und Zigaretten versorgten. So bin ich ein ums andere Mal ein bisschen angeschwipst mit dem Sechzehnern wieder nach Hause gefahren und konnte Oma berichten, dass sich Eugen nach seinem letzten Sturz auf dem Weg der Besserung befand. Im Übrigen war er ein bisschen wertvoller geworden, nachdem ihm sein Oberschenkelhalsbruch mit einem Silbernagel stabilisiert wurde. Wer aber den bescheidenen Rest seines Daseins in alkoholisiertem Dämmerzustand verbringt, für den ist der Ausgang eigentlich sonnenklar. Zunächst wurden Eugens Besuche bei uns seltener. Nach dem zweiten Hüftgelenksbruch hat er sich nur noch mühsam mit Krücken auf seinen dünnen Beinchen halten können, aber Oma immer noch zum Frühschoppen besucht.

Nach dem dritten Bruch hat er das Krankenhaus nicht mehr lebend verlassen, was einer Erlösung nahekommt. So fand das Leben des Kapellmeisters Eugen Grossmann und langjährigen Freunds und Liebhabers meiner Oma sein trauriges Ende.

KAPITEL 10

HOFFNUNG FÜR ALLE

1957 hat mein Vater wie üblich einen Teil seiner Ferien in England verbracht und mir eine Schallplatte des damals weitgehend unbekannten Musikers und Cartoonisten Gerard Hoffnung (geb. 1925 in Berlin, gest. 1959 in London) mitgebracht. Ich muss sagen, dass mich seine Cartoons von Anfang an fasziniert haben, allerdings kein Vergleich zu seiner Fähigkeit, klassischer Musik in einem neuen, humorvollen Gewand zu präsentieren. So war er unter anderem ein hervorragender Tubist und hat die Mazurka a-Moll von Chopin für Tuba arrangiert. Solche und andere musikalische Gegensätze hat er mit besonderer Hingabe und meisterlicher Neigung entwickelt. Reizensteins Concerto Popolare or the Piano Concerto to end all Piano Concertos ist eine gelungene Verbalhornung der bekannten a-Moll-Klavierkonzerte von Grieg und Tschaikowsky. Die gelungene Situationskomik basiert natürlich auf dem Überraschungsmoment, wenn also das Unerwartete geschieht. Für den, dem das Original nicht vertraut ist, relativ witzlos.

Gleichwohl mag ich den Ungeübten insoweit unterstützen, dass das Orchester mit Tschaikowsky beginnt, aber bereits nach wenigen Takten der Pianist mit Grieg weitermacht. Es entsteht für kurze Zeit eine Verwirrung unter den Protagonisten, die dann das Konzert umgekehrt fortsetzen, also Orchester mit Grieg, Pianist mit Tschaikowsky usw. Nach einer wilden Fahrt durch fast die gesamte Klavierliteratur inkl. Rachmaninoff und Gershwin kommen dann beide – Solist und Orchester – schiedlich-friedlich am Ende wieder zum Ausgangspunkt zurück und einigen sich nach einigen musikalischen Animositäten auf den finalen Tschaikowsky-Akkord. Das ist in meinen Augen eine hohe Kunst und hat mich übrigens dazu animiert, meine Jahresarbeit in der Abiturklasse zum Thema „Über das Komische in der Musik" zu verfassen, die – das sei noch in aller Bescheidenheit vermerkt – mit „Sehr gut" bewertet wurde.

Von Leopold Mozart, dem Vater vom Wunderkind Wolfgang Amadeus, stammt ein Konzert für Horn und Orchester, das anlässlich des Festivals 1957 umgewandelt wurde in „Hose Pipe", also Konzert für Orchester und Gartenschlauch. Eigentlich unglaublich, dass überhaupt ein Ton rauskommt.

KAPITEL 11

DONNERSTAG IST VATERTAG

Wollte man von meinem Vater ein halbwegs verlässliches Psychogramm erstellen, steht man vor einer schier unlösbaren Aufgabe. Der Einzige, der seine Besonderheiten erklären könnte, wäre er nämlich selbst. Das setzt aber eine Selbsterkenntnis voraus, die meinem Vater abhandengekommen ist, sofern sie ihm jemals zu eigen war. Die hohe Kunst der Selbsttäuschung besteht nun mal in der Verschiebung von kausalen Zusammenhängen. Mit dem „richtigen" Muster gelingt es zuweilen, die absurdesten Kausalitäten zu begründen. Das fällt umso leichter, je früher ein solches Muster einsetzt. Ein Grund also, einen Blick auf die Mutter meines Vaters zu werfen, deren Selbstverständnis auf klaren, wilhelminisch geprägten Grundsätzen ruhte. Diese Prinzipien waren in ihren Augen nicht verhandelbar, sonst wären es ja auch keine. „Ich bin der einzige Mensch, der weiß, was gut für dich ist!" war die Maxime der Frau, die meinen Vater geboren hat.

Klein-Gerhard war ein normales Kind, lachte gern und war auch sonst recht zufrieden. Bald sollte sich das ändern, da war er gerade mal drei. Spielraum wurde im wahrsten Sinne des Wortes nicht gewährt, nur funktionieren musste er genauso wie alle anderen Menschen in der Umgebung von Oma Raddatz, genannt Lenchen. Zucht und Ordnung, Disziplin und Haltung, egal was passiert, als Überbleibsel einer glorreichen preußischen Vergangenheit waren die überholten Werte, die immer noch Bestand hatten. Auch Jahre später während meines Konfirmationsunterrichts – also Anfang der Sechziger – wurde gebetsmühlenartig die Bibel-Forderung aus Römer 13:1 eingebläut. Je häufiger die Wiederholung, umso höher die Glaubwürdigkeit oder? Die ständige Wiederholung als neurophysiologisches Muster eines jeden Glaubensbekenntnisses ist seit Cato bekannt als der Appell „Ceterum censeo Carthaginem esse delendam, der seine Langzeitwirkung nach Jahren wie im RTL-Werbefernsehen entfaltet hat

Jedenfalls durchquerte mein Vater eine freudlose Kindheit, die sich im Wesentlichen darauf beschränkte, die mütterlichen Vorgaben zu erfüllen. Im Zweifel drohte der Stock als Disziplinierungsmittel. So hatte mein Vater bereits als Kind schnell gelernt, dass es gesünder ist, den Anforderungen von Lenchen zu entsprechen. Aufbegehren, Widerstand, ja schlichte Kritik waren nicht erwünscht und wurden im Keim erstickt. Diese Form der Konditionierung hat ja bereits bei den Pawlowschen Hunden gut geklappt. Um dieses radikale Programm erfolgreich durchziehen zu können, muss noch eine Vorgabe erfüllt sein, nämlich die absolute Emotionslosigkeit oder Gefühlskälte. So habe ich meinen Vater niemals empört, verärgert oder beleidigt erlebt, also mit Qualitäten ausgestattet, die eine spontane Gefühlsreaktion anzeigten, was gezielte Racheakte nicht ausschließt.

Auch einem externen Beobachter hätte auffallen können, dass in der Wohnung von Lenchen und Sohn Gerhard keine anderen Lebewesen existierten, weder eine Topfpflanze noch ein Haustier waren anzutreffen. Im Sommer haben einige traurige Geranien in den Balkonkästen den einzigen Hinweis auf weiteres organisches Leben geliefert.

Dass mein Vater diese Form der Lebensstrategie übernehmen würde, sich gewissermaßen so zu eigen macht, als ob es seine eigene Erfindung wäre, hat ihn sein ganzes Leben lang begleitet und letztendlich auch das Scheitern der Verbindung mit meiner Mutter verursacht. Vernünftig musste man sein, um in den Augen von Großmutter und Vater etwas wert zu sein. Die Lebensmaxime lag im Entweder-oder, die Alternative eines Sowohl-als-auch existierte nicht.

Als wegen unzureichender Schulnoten das Sitzenbleiben drohte, hat Lenchen ihre Gouvernantentracht angelegt, ist zum Klassenlehrer in die Schule gefahren und diesem nur die eine Frage gestellt, die ihr wichtig war: „Ist Gerhard zu faul oder zu dumm?" Gegen Faulheit hatte sie ein Mittel, den Stock, den sie auch einsetzte. Was ihr überhaupt nicht in den Sinn kam, war eine geänderte Interessenlage auf hormoneller, also nicht beeinflussbarer Ebene, wie sie in der Pubertät schon mal vorkommen kann. Wenn aber die Gefühlswelt eines Menschen so systematisch unterdrückt wird, empfindet er das als normal, als seine Normalität, alles andere war ihm fremd und folglich unheimlich, vermeidet jeden Körperkontakt, von herzlichen Umarmungen ganz zu schweigen. Das höchste Zumutbare war ein Händedruck. Um dennoch bestehen zu können, hat er seine Defizite im zwischenmenschlichen Bereich zu kompensieren versucht. Zahlreiche selbsternannten Freunde, eigentlich Bekannte und Verwandte, dienten der Zerstreuung und Ablenkung von den tatsächlich wichtigen Dingen des Lebens und wurden regelmäßig mit oberflächlichen Banalitäten gefüttert.

Dieses Verfahren führte meist zu einem nervigen Monolog meines Vaters, der nur in unmittelbarer Nähe von Höflichkeit und Gastfreundschaft überhaupt stattfinden konnte. Niemals habe ich meinen Vater fragen hören „Na, wie geht's? Was macht das Kind, der Hund, die Schule, die Freundin? Wie war's beim Fußball oder sonst wo?" Wer eine Frage stellt, muss auch mit einer Antwort rechnen. Die war aber nicht erwünscht. Einzig der eigene Vortrag zählt, Dialoge fanden nicht statt. So ist es nicht weiter verwunderlich, dass er nur den einen Beruf ausüben konnte, der ihn dazu legalisiert, nur seine Meinung zuzulassen und die damit verbundene Macht, sprich die Deutungshoheit jederzeit einzusetzen, der Lehrer, allerdings in einer Spezialdisziplin der Berufsschule, der Hochschule für Musik. Als man ihm dort ehrenhalber den Professorentitel zuerkannte, war sein Ego am Ziel.

Ernst wurde er dennoch nicht genommen, zu augenfällig waren seine menschlichen Defizite. Als sich 1968 die deutsche Studentenschaft in Aufruhr befand und sich nicht weiter maßregeln lassen wollte, hat mein Vater die für ihn einzig logische Konsequenz gezogen und ist vorzeitig in Pension gegangen. Die damit verbundenen Abzüge waren eher zu verschmerzen als die dauerhafte Auseinandersetzung mit Schülern, selbst wenn die alle schon lange volljährig waren.

Ein spektakuläres Ereignis sollte sich zu meinem Geburtstag abspielen, das über mich hineinbrach wie ein Sommergewitter. Nach den üblichen unvermeidbaren Präliminarien wie Nachmittagskaffee und -kuchen sowie dem Vortrag des Geburtstagskindes seiner Urlaubsdias, welche an Langerweile kaum zu übertreffen waren, wurde auch noch auf den nötigenden Einfluss meiner Oma die letzte einstudierte Chopin-Mazurka zu Gehör gebracht. Als der sich in Grenzen haltenden, artige Applaus allmählich ausgeklungen war, haben die anwesenden Kinder unter Führung des jüngsten, nämlich des Geburtstagskindes, eine Stippvisite in den nahegelegenen Spielplatz in der Bornstraße gemacht.

Die dortige Attraktion bestand nicht etwa in diversen Spielgeräten, wie sie für einen Spielplatz nicht untypisch wären, sondern in einer im separaten Zelt untergebrachten Ansammlung von Flippern, die meine ganze Aufmerksamkeit beanspruchten. Der ebenfalls vorhandene Kicker Automat wurde von meiner verwandten Begleitung, nämlich den beiden Vettern und der Base, arg strapaziert. Bald fiel auf, dass eine vierte Person bei diesem Spiel nützlich wäre. Und so wurde ich kurz, aber heftig zur Teilnahme aufgefordert. Dabei – wie auch bei den anschließenden Dauerspielübungen - geriet die Zeit aus dem Gefüge. Als sich erste Erinnerungen an den zeitlichen Rahmen einstellten, war das Tagelicht verschwunden, und die Straßenbeleuchtung als untrügliches Zeichen der fortgeschrittenen Zeit war drohend zu erkennen. Bei dem zügig eingeleiteten Rückweg stellte sich schon bald ein mulmiges Gefühl ein. Das konnte eigentlich nicht gut gehen bei der Anzahl und vor allem der Zusammensetzung der zurückgebliebenen Erwachsenen. Meine Mutter wollte den Anwesenden demonstrieren, dass sie den verschiedenen Erziehungsaufgaben gewachsen war und hat mir bewiesen, dass das für diese Zwecke vorgesehene Disziplinierungsgerät, das Holzlineal, härter ist als mein Kinderpopo. Obwohl meine Mutter eher klein und zierlich gebaut war, hat ihre Schlagkraft doch ausgereicht, um mir Schmerzen auf der Sitzfläche zuzufügen. Nachdem ich diesen Akt der Bestrafung einigermaßen überstanden glaubte, tauchte mein Vater auf und brachte sich wie ein Racheengel in Position mit den Worten: „Der Thomas hat MICH geärgert, also bekommt er auch von MIR Strafe". Das in allen modernen Gesellschaftssystemen übliche Verbot der Doppelbestrafung hatte sich bei meinen Erzeugern noch nicht herumgesprochen. Ich habe allerdings in den Augen meines Onkels mehr Unverständnis als Bestätigung für diese Maßnahmen erkannt.

Ein deutliches Signal sandte mein Vater Jahre später an mich aus: Anlässlich der alljährlichen Weihnachtsfeier in meiner Schule, dem Rheingaugymnasium, hatte ich ein Klavierstück von Khachaturian einstudiert und öffentlich vorgetragen, die Toccata in e-Moll. Obwohl ich entgegen den Zielen meines Vaters nicht das war, was man einen fleißigen Klavierschüler hätte nennen können – mein Vater ging auch in dieser Hinsicht seiner Lieblingsbeschäftigung nach, nämlich über das Unterrichten Respekt einfordern – habe ich mit meinem Vortrag beim Publikum großen Erfolg errungen, was mich bei der Abiturprüfung einige Monat später wahrscheinlich gerettet hat. Nun, bei der erwähnten öffentlichen Aufführung glänzte mein Vater durch Abwesenheit, er wollte den Prüfungstermin eines seiner Schüler nicht versäumen. Damit waren Prioritäten dauerhaft zementiert. Oder hat er am Ende nur einen Vorwand gesucht, mit meiner Mutter nicht zusammenzutreffen? Wir wissen es nicht und werden es auch nie erfahren. Dennoch war der tosende Beifall von den etwa tausend Zuhörern ein bleibendes emotionales Erlebnis, das nicht so leicht zu übertreffen ist. Da bekommt man eine Vorstellung von dem, was jedem Bühnenakteur als Lohn für das mühselige Üben, Üben und nochmals Üben widerfährt.

Nicht viel anders erging es mir einige Zeit später, als ich mit meiner damaligen Freundin nach einem verschwiegenen Ort Ausschau hielt, an dem wir uns lassen konnten. Ich erinnerte mich an eine Zwei-Zimmer-Wohnung in Marburg, die mein Vater von einem alten Kriegskameraden angemietet hatte und gelegentlich als Ausgangspunkt für seine zahlreichen Streifzüge durch deutsche Lande diente, bei denen er missionarischen Einsatz als Herold in eigener Sache pflegte. Wir erreichten also an einem bestimmten Tag des Jahres 1968 die Wohnungstür, die - der bürgerlichen Bauweise entsprechend – mit einem schmiedeeisern vergitterten Zusatzfenster versehen war, welches sich nach erfolgtem Klingelsignal öffnete. Noch heute erscheint mir die an mich gerichtete Frage „Kommst du, um mit mir zu arbeiten?“ grotesk und unwirklich zugleich und zeigt in eindeutiger Weise die väterliche Lebensmaxime. Dazu gehört auch die physische Missachtung der Dame an meiner Seite, die schlichtweg ignoriert wurde. Bei der Ausgangslage war auch keine andere als eine negative Antwort zu erwarten. Die nachgeschobene Begründung hatte für mich allerdings schockierende Wirkung: „Das Waschen eurer verschmutzten Bettwäsche kann ich der Vermieterin nicht zumuten,“ was nie zur Debatte stand. Mir wurde schlagartig klar, wie begrenzt das zwischenmenschliche Beziehungsspektrum meines Vaters angelegt war, dass er wesentliche Aspekte des Lebens einfach ausgeblendet und sich um solche partout nicht gekümmert hat. Welch armseliges Wesen, schoss mir durch den Kopf, ob ihm klar ist, was er alles versäumt hat? Die Dinge ließen sich auch anders regeln, kurze Zeit später haben wir unsere erste gemeinsame Wohnung bezogen.

Mein Vater hingegen hielt an seiner Strategie fest „Der Lehrer weiß alles, zumeist sogar alles besser.“ Wie jemand, der im tiefsten seiner Seele Zweifel am eigenen Handeln hat, bedarf es konkreter Gegenbeweise.

So ist es zu erklären, dass sich mein Vater um einen Menschen bemüht hat, dessen Biographie er nach eigenem Gutdünken modellieren konnte, im Gegensatz zu mir. Daher hat er ihn auch als seinen Ziehsohn Dieter tituliert. Dieser folgte den Anweisungen meines Vaters geradezu in blindem Gehorsam, übernahm folgerichtig seine Lebensphilosophie und entwickelte sich geradezu zwangsläufig zu seiner

Kopie, was keine Bedenken, sondern eher Gefallen auslöste. Und das kam so:

Nach Lenchens Tod, also der Frau, die meinen Vater zur Welt brachte und die ich Omi nennen musste, stand ein Zimmer der großen Wohnung in der Stubenrauchstraße 5 leer. Zu dieser Zeit hatte sich die ausgegrabene Bekanntschaft zu einem alten, allerdings gefallenen Kriegskameraden und zu dessen Witwe als ausgesprochen nützlich erwiesen. Diese betrieb zusammen mit ihren beiden Söhnen einen Bauernhof mit üppigem Grundbesitz im beschaulichen Weserbergland und stellte mir – gelegentlich auch meinem Vater – ein abwechslungsreiches Urlaubsdomizil zur Verfügung. Dies sollte über mehrere Jahre hinweg ein regelmäßig genutzter Anlaufpunkt bleiben. Merkwürdigerweise konnte nie beobachtet werden, dass sich zwischen meinem Vater und der Witwe etwas entwickeln würde, das man als Zuneigung oder wenigsten als gefühlte Beziehung bezeichnen könnte. Höflich, freundlich, ausgestattet mit allen Eigenschaften, die ein normales Geschäftsverhältnis beinhalten, aber auch nach Jahren per Sie ohne Ambitionen von Tiefgang oder Empathie. Da sich diese sterile Einstellung auch in allen weiteren Beziehungen zum anderen Geschlecht bestätigen sollte, hat sich allmählich mein Verdacht erhärtet, dass für meinen Erzeuger das Fehlen jedweder Emotionalität keine Bedeutung hatte. Er war vollends damit beschäftigt, die Rolle auszufüllen, von der überzeugt war, die einzig richtige zu sein, dass ihm eigene Defizite nicht in den Sinn kamen. Abends allerdings, wenn der Vorhang der täglichen Routine gefallen war, musste mit der regelmäßigen Anwendung alkoholischer Getränke der Dämon der Einsamkeit vertrieben werden.

Aber zurück zu Dieter, seinem Ziehsohn, der die vertraute Umgebung seiner Kindheit verlassen hatte, um sich im Zimmer des verstorbenen Lenchens einzuquartieren und um die vermeintlichen Versäumnisse seiner Biographie – ganz nach den Vorgaben meines Vaters – nachzuholen. Und so steuerte er das Externen Abitur der Privatschule Gabbe an, das ihn im Zweiten Bildungsweg zu einem Hochschulstudium berechtigte. Erklärtes Ziel der Bemühungen war – analog zu meinem Vater – der Berufsschullehrers. So ließe sich Dieters ursprüngliche Kfz-Lehre am besten verwerten. In völliger Verkennung des Effekts eigener Vorbildfunktion hat mir mein Vater auch für lange Zeit den Lehrerberuf schmackhaft machen wollen („Der Lehrer hat viel Ferien"), freilich ohne zu ahnen, dass er damit genau das Gegenteil erreichte. Jahre später bei einer flüchtigen Begegnung nach dem Ableben meines Vaters hat sich auf erschreckende Art und Weise das virtuelle Abziehbild eines Menschen bestätigt, der auch posthume in Dankbarkeit schwelgte (O-Ton Dieter: „Alles, was ich bin, habe ich deinem Vater zu verdanken.") und gar nicht verstehen kann, wie man zu einer anderen Wahrnehmung kommen konnte, was als solches natürlich auch Bände spricht.

Der Beruf eines Hochschullehrers vom Schlage meines Vaters stellt weder zeitlich noch inhaltlich allzu große Anforderungen an den Dozenten. So hat dieser jedenfalls die ihm ausgelieferten Schutzbefohlenen stets als Schüler, also als eine unselbständige Manövriermasse, betrachtet, denen stets der rechte Weg gewiesen werden muss. Dem gegenüber steht der Student mit eigener Position und Verantwortlichkeit seinem eigenen Handeln gegenüber, also für den Lehrer Gerhard eine vollkommen andere Spezies. Jeden Donnerstagnachmittag habe ich ihn so erlebt und war äußerst verwundert über die eklatanten Unterschiede zu meiner eigenen Schule. So hat er diese Nachmittage häufig dazu genutzt, mir seine Lehrmethoden näherzubringen, völlig losgelöst von dem aktuellen schulischen Bedarf. Es ging also in erster Linie um eine Selbstinszenierung, aber immer unter dem Deckmäntelchen der Nützlichkeit. Wenn also meine schulischen Leistungen zu wünschen übrigließen, wurde väterliche Nachhilfe angeordnet. Wenn der Junge Klavierspielen sollte, wurde Klavierunterricht erteilt und zwar vom Vater.

Jahre später ist mir gelungen, das Rätsel zu entschlüsseln vom Bild des Vaters, der zufällig Lehrer war, in das des Lehrers, der zufällig mein Vater war. Als Kind war das äußerst irritierend. Man fragt seinen Vater und bekommt Antwort von einem Lehrer.

An vielen Donnerstagnachmittagen ging mein Vater auf Tournee in Berlin und klapperte einen nach dem anderen seiner Bekannten ab, manchmal auch entfernte Verwandte. Ziel dieser Wallfahrten war vordergründig ein Besuch. Inhaltlich aber entpuppte sich, je älter ich wurde, die wahre Absicht, denn ich war quasi als Alibi immer mit von der Partie: Eine Übungsstunde für entgangenen Unterricht. Und so verliefen dann diese Besuche in steter Regelmäßigkeit. Mein Vater dozierte über banale Ereignisse, die nur für ihn von Interesse waren, um eine temporäre Aufmerksamkeit zu erlangen. Nach einer Stunde waren Thema und Gastgeber erschöpft. So wusste ich alsbald, welche Geschichte, welche Anekdote noch folgen würde und konnte dem keinen Gewinn mehr abringen, zumal sich mein Vater keinen Deut für die Dinge interessierte, die mich beschäftigten. Es war demnach kein Zufall, dass bei diesen rhetorischen Ausflügen nur ein bestimmter Personenkreis in Frage kam, nämlich ältere, die froh um jede Abwechselung waren, und solche, die die Toleranz aufbrachten, einem älteren Herrn den Gefallen seiner Selbstdarstellung zu tun.

Besonders hervorgetan hat sich da meine Oma, die sich zum Lieblingsziel meines Vaters entwickelte. Natürlich hatte die Tageszeit große Bedeutung; denn selbstverständlich wollte mein Vater nicht Gegenstand von zynischen Schmähungen sein, die er von meiner Mutter zu erwarten hätte. Diese Besuche waren nämlich spontan, also sogenannte Überraschungsbesuche, Vorbereitung war demnach nicht möglich. Also fanden diese in den frühen Nachmittagsstunden statt, im Anschluss an seinen und meinen Schultag. Meine Mutter weilte zu diesen Zeiten für gewöhnlich im RIAS, konnte also die trauten Monologe nicht stören.

Die Eloquenz meines Vaters imponierte meiner Oma ein ums andere Mal, gelegentlich tauchte auch der Anflug von Bedauern über die missglückte Beziehung zu meiner Mutter auf, dies wurde aber nicht weiter thematisiert. Vereinzelt brachte mein Vater noch Vertreter seines eigenen Freundes- und Bekanntenkreises mit, wohl um das gute Verhältnis zu seiner Schwiegermutter zu demonstrieren. Auf meine Frage nach den Gründen für diese in meinen Augen absurde Praxis sagte er: „Damit die Familie nicht auseinanderfällt.“ Er legalisierte sich wie immer selbst und hatte entschieden, dass nur er in der Lage ist, den Zusammenhalt der Familie zu gewährleisten. Alle anderen wurden zu Statisten erklärt und hatten ohnehin keine Entscheidungsbefugnis. Gut, auch meine Oma durfte zwar ihre Meinung äußern, ob diese aber berücksichtigt würde, ist eher fraglich. Um diese aber gnädig im Urteil über ihren ehemaligen Schwiegersohn zu stimmen, mussten Zeichen seiner guten Absichten erkennbar sein. Und so wurde meiner Oma im Jahre 1965 ein Schwarz-Weiß-Fernseher geschenkt, sehr zu ihrer Freude und zur allabendlichen Unterhaltung. Bestechung wird also allemal zur Methode. Gelegentlich sollte auch meinem Vater das angestrebte Ziel entgleiten, zumindest wenn es sich um meine Person drehte. So war es in meinem Lebenslauf vorgesehen, dass ich das einst begonnene Studium abbrach und ein neues aufnahm. Gewissermaßen parallel dazu habe ich nicht nur den Studiengang, sondern auch die Beziehung zum anderen Geschlecht gewechselt.

Da mein Vater aufgrund seiner unterentwickelten Emotionalität diesen Wechsel nicht nachvollziehen konnte, hat er Druck aufgebaut, um „korrigierend“ in den sich anbahnenden Verlauf einzugreifen: Ein Druckmittel, das auch anderenorts vielfach eingesetzt, aber nur selten zum Ziel führt, ist der angedrohte Entzug der finanziellen Unterstützung während der Ausbildung. So war es hier auch. Dann eben nicht, war meine Antwort. Damit war für viele Jahre das letzte Wort gesprochen. Das, was man unter einer normalen Beziehung verstehen könnte, hat sich niemals eingestellt, selbst dann nicht, als ich eigene Familie hatte und meinem Vater die Freuden eines dreifachen Großvatertums bieten konnte. Als meine Vorschul-Kinder ihrem Großvater telefonisch zum Geburtstag gratulieren wollten, hat dieser das sich anbahnende Gespräch mit den Worten beendet: „Ich muss aufhören, meine Suppe brennt an!“ Selbst meinen Kindern wurde klar, dass sich hier entgegen aller ihrer bisherigen Erfahrungen ein Mensch präsentiert, der fernab von Wärme und Freude keine Zuneigung und Empathie kennt, genau das, was einen Menschen schließlich zum Menschen macht.

Nichts verdeutlicht dieses Manko an Einfühlsamkeit besser als die immer wiederkehrende Anekdote über den Krieg. Mein Vater hatte das Glück, als „Etappenhengst“ und Teil der deutschen Besatzungstruppen in Holland stationiert zu sein, nahm an Kampfhandlungen nicht teil und sagte: „Das war die glücklichste Zeit meines Lebens!“ Insbesondere den Menschen gegenüber, denen ein Schicksal wie Not und Elend, Hunger und Bombenangriffe beschieden war, musste eine solche Äußerung wie blanker Hohn vorkommen. Mein Vater fand das allerdings witzig und geistreich und ergänzte seine Kriegserzählungen gern mit Hinweisen aus der Kameradschaftsszene, die mehr an Geschichten aus Rühmanns Feuerzangenbowle erinnerten als an die schrecklichen Erlebnisse anderer Menschen. Vermutlich wirkte die Soldatenzeit auf meinen Vater wie eine Befreiung vom mütterlichen Joch zumal aufgrund höherer Gewalt und nicht durch eigene Erkenntnis und persönliche Entscheidung. Dennoch hat er all die Ereignisse anderer Menschen vollständig ausgeblendet, die nicht mit seinen eigenen Erfahrungen in Einklang standen, und sich auch nur ungern diesen ausgesetzt. So ist bis heute seine Position zum Nationalsozialismus, zur Judenfrage oder anderen unklar, ja er hat stets die indifferente Haltung bevorzugt, möglichst keine Position beziehen, die schadet oder schaden könnte, also ein Opportunist in Reinkultur. Selbst in unvermeidbaren Gesprächssituationen hat er schnell wieder die Kurve zur Belanglosigkeit hergestellt. Was Wunder also, dass ihn niemand wirklich ernst genommen hat, war doch sein Repertoire überschaubar und schnell aufgebraucht. Und somit haben ihn alle Menschen lieber gehen als kommen sehen, was ihm aber nie aufgefallen ist oder er es elegant übersah.

Ausgerechnet der nationalsozialistischen Expansionspolitik war es zu verdanken, dass sich die Wege meines Vaters und meines Onkels Kurt Wendlandt im besetzten Holland gekreuzt haben. Nach Kriegsgefangenschaft haben sich dann die beiden in ihrer Heimatstadt Berlin wiedergefunden, und Kurt hat ihm seine ledige Schwester Käthe, meine Mutter, vorgestellt. Mein Vater hat schnell Anschluss an die Künstlerfamilie Wendlandt gefunden, war aber den Verlautbarungen zufolge noch Jungfrau, sehr zur Genugtuung von Lenchen, seiner Mutter, die Liebe zwischen Mann und Frau und den dazugehörenden Sex stets verteufelt und als etwas Unnatürliches dargestellt hat, was ich nicht genau sagen kann, zumindest wurde das Thema komplett vermieden. Und worüber man nicht spricht, das existiert nur in der menschlichen Phantasie. Über Geld spricht man ja auch nicht, das hat man eben. So bedurfte es schon gewaltiger Kraftanstrengungen, meinen Vater vor den Traualtar und anschließend ins Bett zu befördern, um wenigstens einmal einen Zeugungsakt zu vollziehen. Diesem vermutlich einmaligen Ereignis verdanke ich meine Existenz. Wenn das kein Wunder ist …

Selbst in der vermeintlich gemeinsamen Kernkompetenz, der Musik, war er nie wirklich ergriffen, sondern stets analytisch, ja nüchtern bewertend, gleich welcher Provenienz. Während ich bereits als Knabe beim Klang der Klarinette im „Eulenspiegel“ von Strauss zu schluchzen begann, habe ich meinen Vater nie wirklich betroffen erlebt. Puccinis hat er als Kaffeehausmusik ebenso entwertet wie die Klaviermusik eines Frédéric Chopin. Dabei ist ja gerade das Besondere an der Musik, dass sie von allen Menschen auf der Welt gleich verstanden wird, wenn ihnen nur das Organ der Empfindung, die Empathie, nicht fehlt.

So gehörte Bachs „Wohltemperiertes Klavier“ zu den wenigen klassischen Musikwerken, die mein Vater als akzeptabel einstufte, vermutlich wegen ihrer mathematischen Präzision. Alles andere war gefühlsduselige Seifenoper. Große Ausnahme, die Musikwerke von Richard Wagner, der auch bei ausgewiesenen Liebhabern klassischer Musik eine Sonderstellung einnimmt. Ganz anders war meine Mutter gestrickt. Stets hat sie sich bei anrührender Musik gefühlsmäßig beeindrucken lassen und damit bei meinem Vater eine oppositionelle Haltung ausgelöst. Nur ihm war es vorbehalten, die Deutungshoheit aller Dinge des täglichen Lebens auszuüben. Dass es auch unterschiedliche Aspekte gab, die von Geschmack zeugen, hat er nicht akzeptiert. Kein Wunder, dass das nicht gut gehen konnte.

Gern hat er auch damit kokettiert, dass die Beatles und die von ihnen ins Leben gerufene Musikszene vollständig „an ihm vorbeigegangen" sei. Es war ihm keineswegs peinlich, sondern lediglich der Ausdruck seiner Missachtung für diese Art der Musik. Fürwahr ein Armutszeugnis für einen Hochschullehrer!

Einmal allerdings hat sein Blick eine andere Sprache gesprochen: Da habe ich in von Angst erfüllte, weit aufgerissene Augen mit großen Pupillen geblickt. In dem Augenblick hat er den nahen Tod verspürt, der dann auch wenige Stunden später eintreten sollte. Vielleicht erfüllte ihn in düsterer Vorahnung die Sorge um die Frage des Herrgotts an der Himmelspforte in feinster Zuckmayer-Manier: „Gerhard Raddatz, watt haste jemacht mit dein Leben?" Und auf die wenig zufriedenstellende Antwort „Fußmatten" oder Entsprechendes den Verweis befürchten musste: „Jeh weg, Ausweisung! Dafür habick dir dein Leben nich jeschenkt!"

So oder so ähnlich geschehen am 14. Januar 1995. Da hatten sich knapp dreiundachtzig Jahre eines merk- und denkwürdigen Menschenlebens erfüllt. Mich hat das erstaunlich wenig berührt.

Die gleichförmige Regelmäßigkeit der während meiner Schulzeit ablaufenden Donnerstage haben mich vermutlich derart beeinflusst, dass sich eine wie auch immer geartete Emotionalität nicht hat einstellen können. Donnerstag ist Vatertag! So klang es mir über Jahre im Ohr, quasi als ehernes Gesetz. Da konnte kommen, was wollte. Alle anderen Personen hatten sich darauf eingerichtet, dass Thomas am Donnerstag weder beaufsichtigt, noch versorgt werden muss, weil, ja weil es einmal pro Woche meinem Vater überlassen blieb, seine „Erziehungsaufgabe" wahrzunehmen. Er tat dies nach eigenem Gutdünken und wurde dabei auch nicht gestört. Kurioserweise war mein Vater geradezu unbeirrbar von der Richtigkeit des eigenen Tuns überzeugt: „Wenn Thomas nicht bei zwei Frauen, sondern bei mir aufgewachsen wäre, so hätte ich einen Mann aus ihm gemacht", soll er gegenüber seinem Schwager Kurt gesagt haben. Wie er das wohl hätte anstellen wollen? Sollte man bei solchen vollmundigen Ankündigungen nicht wissen, worum es überhaupt geht? Nun denn, ich danke Gott oder einem ähnlichen Wesen, dass mein Vater sein Vorhaben nicht in die Tat hat umsetzen können. Wer weiß, welche Art der geistigen Verkrüppelung sich in mir ausgebildet hätte. So aber bleibt nur das trostlose Ergebnis eines Blinden, der in tiefster Überzeugung von Farben spricht, die er weder jemals gesehen hat, noch künftig sehen wird und am Ende vollkommen daneben liegt

KAPITEL 12

WEINMEISTERHÖHE

An die Weinmeisterhöhe knüpfe ich ganz frühe Erinnerungen und sind wohl der Familie meines Onkels Kurt, dem Bruder meiner Mutter, geschuldet, der mitsamt Frau, Schwiegermutter und drei Kindern ein schmuckes Zweifamilienhaus mit großem Grundstück am Ende des Wilzenwegs bewohnte. Der Bauherr war sein Schwiegervater Harry Steier, der in den zwanziger und frühen dreißiger Jahren seine Sangeskunst auf verschiedenen Berliner Bühnen nutzbringend eingesetzt hat und ein recht bekannter Künstler an der Oper war. Während der Zeit, die man später als dunkel bezeichnet hat, pflegte Harry Steier ein entspanntes Verhältnis zu den Mächtigen des Staates und hat diesen wohl auch zu einem nicht geringen Teil seine Popularität und damit auch den wirtschaftlichen Erfolg zu verdanken. Immerhin reicht das Grundstück von den Äckern der Weinmeisterhöhe bis zum Havelufer, was nicht nur einen großartigen Ausblick gewährt, sondern auch durch eine unverbaubare Hanglage ermöglicht wird.

Dieses einzigartige Panorama beginnt an der Stelle im Norden, an der sich die Havel durch die Enge des Pichelsees zwängt, führt dann gegenüber an Schildhorn vorbei bis zum Kaiser-Wilhelm-Turm, der eigentlich als Grunewaldturm bekannt ist und reicht im Süden bis zu den Gestaden von Nikolassee mit dem vorgelagerten Inselchen Lindwerder. Zumindest bis die Amis auf dem gegenüberliegenden Teufelsberg eine gigantische Radarstation errichten sollten, bleibt dieser Ausblick ungetrübt. Aber was will man machen, wenn die Gelegenheit so günstig ist, den klassenfeindlichen Funkverkehr abzuhören? Was die Amis allerdings veranlasst hat, dieser Abhöranlage die Gestalt eines riesigen Phallus zu verleihen, ist bis heute ungeklärt. Und obwohl der Teufelsberg eigentlich kein natürlicher Berg ist, sondern eine aus Ruinen und Trümmern errichtete Ansammlung von Kriegsrückständen, ist dessen Höhe auf über hundert Meter angewachsen und sieht nun nach Abzug und Demontage der alliierten Kalten-Kriegs-Maschinerie und das, was von ihm übriggeblieben ist, einer neuen Bestimmung entgegen.

Wir – das bin ich nebst meiner Cousine Bettina sowie meiner Cousins Wolfgang und Albrecht, allesamt einige Jahre älter – haben uns von den Kalten-Krieg-Spielchen nicht beeindrucken lassen, sondern sind unseren eigenen Spielchen gefolgt. Das fand vorzugsweise in den zur Umgebung passenden Sommermonaten statt. Der Saisonstart ist zu Pfingsten.

Die Anfahrt nach Weinmeisterhöhe gleicht allerdings einer Fernreise. Während die Hinfahrt mit Bus und Bahn noch relativ entspannt vonstatten geht, wohl dem Umstand der körperlichen Frische geschuldet, verläuft die Rückfahrt zumeist in abendlicher Dunkelheit. Dann fordert die Beschäftigung des Tages ihren Tribut und zwingt mir ein ums andere Mal eine Müdigkeit ins Gesicht, die vom gleichmäßigen Rütteln und Schütteln der Straßenbahn unterstützt wird. Die Straßenbahn der Linie 75 kann am Spandauer Südpark erst erreicht werden, nachdem uns der Bus aus Gatow an dieser Haltestelle ausgespuckt hat. Warum die Bahn nur alle Stunde fährt, weiß ich nicht. Wer Pech hat, wartet länger, als er fährt. Ich lese die Paech-Brot-Werbesprüche in der Bahn, die knapp bemessen auf den schmalen Oberlichten der Straßenbahnfenster prangen: „Ganz furchtbar schimpft der Opapa, die Oma hat kein Paech-Brot da". Oder: „Schinken nützt nichts, Wurst und Ei, hast du Paech-Brot nicht dabei." Oder „Und der Orje fragt den Kulle, haste nich ‚ne Paech-Brotstulle". Fahrten zu Wendlandts nach Spandau, genauer gesagt nach Weinmeisterhöhe, sind also stets mit einem erhellenden Beitrag zur abendländischen Kultur verbunden.

Die Spandauer sind ein eigenes Völkchen, so ist alsbald festzustellen. Für ein „gelerntes" Großstadtkind wie mich erschließen sich völlig ungewohnte Perspektiven. So fährt ein Bewohner der südlichen Komfortgegend wie Gatow und Kladow – wenn er ins Spandauer Zentrum will – „in die Stadt". Will derjenige einen Kudammbummel machen, fährt er „nach Berlin". Seit knapp hundert Jahren gehört Spandau zwar zu Groß-Berlin, hat aber seine historisch gewachsene Eigenständigkeit nie verloren. So werden heute wie vor fünfhundert Jahren zwei Städte durch ihre natürliche Grenzen Havel und Grunewald mehr voneinander getrennt als verbunden. Daran vermag auch eine verbesserte Infrastruktur von Verkehrswegen nichts zu ändern.

Die in anderen Kapiteln beschriebene „Insulanermentalität", wie sich durch Luftbrücke und Blockade und diverse andere Ereignisse des Kalten Kriegs ein einzigartiger Zusammenhalt in der Bevölkerung ausgebildet hat, diese Besonderheit wird westlich des Reichskanzlerplatzes, der zwischenzeitlich schon mal Adolf-Hitler-Platz hieß, dann wieder Reichkanzlerplatz, und dann – vielleicht endgültig - Theodor-Heuss-Platz, diese Besonderheit wird immer spärlicher und ist jenseits der Frey Brücke gar nicht mehr zu spüren. Von dort ist dann Berlin nur noch zu ahnen, aber nicht mehr zu spüren. So jedenfalls empfindet es ein echter Berliner wie ich.

Wie dem auch sei, bei allen Besuchen unserer nächsten Verwandten im idyllischen Weinmeisterhöhe war der Eindruck vorherrschend, in eine andere Welt einzutauchen. Nichts von all dem, was den Alltag eines Westberliner Stadtkindes ausmachte, war hier anzutreffen. Das war bei weitem nicht schlecht, nur eben … anders. Die Menschen beschäftigen sich hier auch mit anderen Sachen. Das fängt schon mit Onkel und Tante, also mit Kurt und Elfi an. Beide gehen einer unsichtbaren Beschäftigung nach, beide arbeiten nach selbstdefinierten Kriterien in einer Weise, die einem Respekt, vielleicht auch Bewunderung, aber auch eine Portion Unverständnis abringt. In jedem Falle scheinen aber beide nach dem Lustprinzip zu handeln, sich also mit den Dingen zu beschäftigen, die Spaß machen. Für Kinder eine klare Sache, aber für Erwachsene? Da habe ich andere Erfahrungen gemacht. Alle anderen Menschen meiner unmittelbaren Umgebung gehen einer geregelten Tätigkeit nach, erzählen darüber und erzielen einen materiellen Gewinn, genannt Lohn. Nicht immer verständlich, manchmal auch sonderbar, aber stets in einem Zusammenhang zum täglichen Leben. Es entsteht der Eindruck, dass das voneinander nicht zu trennen ist.

Selbst die Generation der Großmütter unterscheidet sich erheblich. Während sich Oma immer als Teil der gesamten Familie präsentiert, so lebt und auch so behandelt werden möchte, scheint die Oma meiner Verwandten, die von mir unverbindlich als „Tante Mimi“ bezeichnet wird, in der Vergangenheit stehen geblieben zu sein, vermutlich auf der Suche nach den „guten, alten Zeiten“, in denen Hauspersonal beschäftigt werden musste, um das Leben zu bewältigen. Meist tritt sie gar nicht in Erscheinung und lebt zurückgezogen auf ihrer eigenen hochwertig möblierten Etage. In zehn Jahren regelmäßiger Besuche in Weinmeisterhöhe habe ich mit Mimi, Elfis Mutter, der Großmutter meiner Cousine Bettina, höchstens zwei, drei Worte gewechselt, nicht genug für eine endgültige Wertung. Dennoch habe ich einen Eindruck gewonnen, der sich ständig gefestigt hat, je älter ich wurde: Geldsorgen oder finanzielle Engpässe scheint es im Hause Steier-Wendlandt nicht zu geben, ganz im Gegensatz zu uns. Mein Vater hält aber im Fall von aufkeimenden Grundsatzdiskussionen einen Standardspruch bereit, der bereitwillig übernommen wird und da lautet: „Über Geld spricht man nicht, das hat man." Empfehlungen, wie man sich wohl zu verhalten habe, wenn die zweite Hälfte des Satzes nicht zutrifft, hat er nie geliefert. Wozu auch? Gehörte er doch zeitlebens immer zu denen, für die Mangel nicht mehr als ein Wort mit sechs Buchstaben, aber unbekannten Inhalts ist. Meine Mutter bemüht sich jedenfalls verzweifelt und mit unterschiedlichem Erfolg, ihre bescheidenen finanziellen Möglichkeiten zu verbergen. So macht sie sich grundsätzlich schicker als angemessen. Gleichwohl findet es allgemeinen Anklang, wenn ich als der jüngste und noch kleinste aller Kinder die Kleidungsstücke und Schuhe meines Cousins Wolfgang auftrage, denen dieser entwachsen ist. Es zeigt sich allerdings recht schnell, dass sich dieses Modell auf Dauer nicht halten lässt, zu unterschiedlich sind die Wachstumsgeschwindigkeiten. Mit zwölf hatte ich den Vorsprung meiner Cousins auf-, mit vierzehn überholt. Aus dem ehemals kleinsten, denn jüngsten ist dann der größte geworden, der jüngste bin ich allerdings geblieben. So sind dann Wolfgangs Pullunder und seine Sandalen dem Zahn der Zeit zum Opfer gefallen, und so bin ich weiter mit meiner Mutter zu Leiser und Ebbinghaus geschlichen, um dem schnellen Wachstum eines Zwölfjährigen die erforderliche textile Hülle zu verleihen, auf Ratenzahlung, versteht sich. Mein Vater hält sich dabei vornehm zurück, einzig bei dem Konfirmationsanzug macht er eine Ausnahme. Da fühlt er sich in der Pflicht, ist ja auch eine einmalige Sache.

Gelegentlich – so hat es zumindest den Anschein – ist meinem Onkel Kurt anzumerken, dass er im Hause Steier nur geduldet ist. Das Selbstverständnis des Haupternährers einer fünfköpfigen Familie droht, Risse zu bekommen. Von all dem bleibe ich unbelastet, mein Interesse gilt vornehmlich den Aktivitäten, an denen ich beteiligt werde: Spielen steht hoch im Kurs. Besonderer Beliebtheit erfreut sich die Gedächtnisleistung in Stadt – Land – Fluss, bei dem man Begriffe aufschreiben muss, die mit einem vorher festgelegten Buchstaben beginnen. Mir fällt auf, dass sich meine Cousins häufig streiten, ja zuweilen auch heftig prügeln, obwohl mit dem älteren und stärkeren Albrecht der Sieger zumeist schon vorher feststeht. Der etwas zartere Wolfgang verfügt hingegen über einige Tricks, die den körperlichen Nachteil wettmachen können. Er täuscht Verletzungen vor und rechnet mit der sportlichen Fairness seines Kontrahenten, oft genug zu Recht. Somit herrscht vorübergehend Ruhe.

Mein Verhältnis zu Bettina ist von Beginn an nicht ungetrübt. Insbesondere reizt sie gern meine Toleranz gegenüber Neckereien aus, vor allem, wenn der Kuchen mit Schlagsahne verziert ist und ich zum Verzehr beider Bestandteile genötigt werde. Meine Abneigung gegen Schlagsahne rührt höchstwahrscheinlich aus der Hartnäckigkeit, mit der mir diese weiße homogene Masse schmackhaft gemacht werden soll. Je mehr ich dazu ermuntert werde, umso größer der Widerstand. Bettina greift dann auch schon mal zu Überraschungsangriffen und drückt mir einen Löffel Schlagsahne ins Gesicht. Das löst heftiges Schreien aus, so dass Hilfe herbeieilt. Damit ist dieses Kapitel beendet, vorerst zumindest. Denn wenn ich schreie, dann ist Alarm.

Gleichwohl zeigt sich ziemlich früh, dass ich der kleinste und jüngste bin und für die anderen Kinder ein geeignetes Objekt von mir unbekannten Aktivitäten abgebe, bei denen ich im direkten Wettbewerb mangels Übung nur verlieren kann. Das hebt natürlich das Selbstbewusstsein der anderen deutlich an, so dass jedes andere gewählte Szenario zum gleichen Ergebnis führt. Ob beim Radfahren zur Badewiese in Gatow, beim Federball und Croquet auf holprigem Rasen oder beim Tischtennis in der Garage, stets war ich der Verlierer und habe daher nicht nur schnell die Spiele, sondern auch die Lust verloren. Und somit verfestigen sich Wertigkeiten und soziale Denkmuster, die ihre hierarchische Wirkung ein Leben lang beibehalten sollten. Zumindest gibt es zahllose Beispiele dafür, dass es mir auch in späteren Zeiten nur ganz selten gelungen ist, das Image des kleinen Thomas, der ohne die Hilfe von Mutter oder Großmutter nichts auf die Reihe kriegt, abzulegen.

Einmal allerdings hat sich eine Ausnahme von der ansonsten eintönigen Regel ereignet. Das Angeln folgt nämlich Regeln, die sich nicht allein auf Kenntnisse und Fähigkeiten stützen, sondern auch von Zufall oder Glück abhängig sind. Ein solches Glückserlebnis wird mir in dem Augenblick zuteil, wo der größte Blei an meiner knapp zwei Meter langen Bambusangel angebissen hat. Dieser Fisch ist zwar nur fünfzehn Zentimeter lang, aber im Vergleich zu den zehn Zentimeter langen von Wolfgang und Albrecht deutlich größer. Bettina hat keinen gefangen. Mit Stolz geschwollener Brust wird die Beute von den Ufern der Havel in die Kellerräume des Hauses am Wilzenweg transportiert, fernab jeglicher Kenntnisse, wie ein solches Tier aufzubewahren wäre, sofern der künftige Verwendungszweck überhaupt feststünde. So habe ich meinen Blei in eine randvoll mit frischem Leitungswasser gefüllte Zinkwanne entlassen in dem Glauben, ihm damit ideale Voraussetzungen für sein weiteres Leben zu liefern. Am nächsten Morgen war er tot und trieb bäuchlings im stillen Wasser der Wanne. So begann eine wenig erfolgreiche Angelkarriere, die in dem Augenblick beendet war, in dem mir mein Bewusstsein signalisiert, dass Fische Schmerzen empfinden, aber nicht schreien können und daher des gleichen respektvollen Umgangs bedürfen wie Hunde und Katzen. Das wird allerdings noch fünfzig Jahre dauern.

Apropos Hunde und Katzen. Unter Geschwistern soll es von Zeit zu Zeit Zustände geben, die an das Revierverhalten verfeindeter Arten erinnern. Dann mag sich wieder etwas einstellen, was von anderen als Normalität betrachtet wird. Schwierig und wechselvoll, was Bruder und Schwester so auszeichnet, aber auch, was sie so mitmachen. Nun habe ich weder Bruder, noch Schwester, bin also das, was man – gelegentlich abwertend – ein Einzelkind nennt. Einzelkindern eilte im Nachkriegsdeutschland der Ruf voraus, im Vorteil zu sein. Sie mussten nicht teilen, weder Schokolade noch Aufmerksamkeit. Außerdem fällt es mir als Einzelkind weitaus leichter, Ausnahmeregelungen zu erwirken. Man kann sich sozusagen auf Exklusivrechte berufen, die sich selbstverständlich bei geringem Widerstand besser durchsetzen lassen. Mit einem Vater, der weit entfernt wohnt und lebt, und ohnehin nur einen begrenzten Einfluss ausübt, ist das nicht besonders schwer. Bei geschiedenen Eltern eines Einzelkindes kommen daher einige Besonderheiten zusammen. Soweit der vermeintliche Vorteil. Nachteile gibt es aber auch. Nur sind die nicht sehr augenfällig, sondern machen sich erst später bemerkbar: Geschwisterkinder sind nie allein! Ein Umstand, den man gar nicht hoch genug bewerten kann. Geteiltes Leid ist halbes Leid, hört man des Öfteren. Wenn aber niemand da ist, mit dem man teilen muss oder kann, fehlt ein wichtiger Bestandteil. Oft hat sich meine Mutter, als ich bereits in meinem Kinderbettchen lag, aus der Wohnung geschlichen, um sich in Konzerten oder anderen Veranstaltungen mit ihrem Auserwählten zu treffen. Nur, so leise konnte sie die Wohnungstür gar nicht schließen, dass ich es nicht doch irgendwie gehört hätte. Da Oma noch auf ihrer Osttour weilte, war ich allein und fühlte mich auch so… alleingelassen.

Wer allerdings glaubt, dass das reine Vorhandensein von Geschwistern ein intimes Zusammengehörigkeitsgefühl garantiert, der kennt die Abgründe der menschlichen Seele schlecht. Denn immerhin gibt es ja auch noch zahlreiche anderer Menschen, die – jeder auf seine Weise – vielfältige unterschiedliche Reaktionen auslösen können und das auch tun, sei es vorsätzlich oder unabsichtlich, in jedem Fall führt dies zur Konditionierung.

Und so mag man sich trefflich darüber streiten, was sich nun ändern würde, wenn die Tochter zuerst geboren wäre, also die ältere ist, oder wenn statt dem Bruder eine weitere Tochter das Licht der Welt erblickt hätte, oder, oder, oder. Der Konjunktiv kennt keine Grenzen. Fest steht aber – und das ist unabänderlich -, dass Menschen einem inneren Plan folgen, den sie ihrerseits ja von irgendwoher haben, ja haben müssen. Sie können ihnen von ihren Altvorderen unbemerkt übernommen oder auch selbst im Lauf der Zeit nach eigenem Gutdünken verändert haben. Am Ende bleibt man immer, was man ist. So steht's in Goethes Faust, und so wird es wohl auch sein. Erstaunlich nur, dass die wenigsten Menschen an der Richtigkeit ihres eigenen Handelns zweifeln. Vielleicht ist das aber die wichtigste Voraussetzung zum Handeln überhaupt.

Nun wird uns der Unterschied der Geschlechter bekanntlich in die Wiege gelegt, was wir allerdings daraus machen oder versäumen, daraus zu machen, liegt größtenteils bei uns, besser gesagt, bei unseren Eltern oder denen, die glauben, sie hätten das Recht und die Mittel, nach ihren Vorstellungen zu handeln. So jedenfalls muss die Lage gewesen sein, als sich meine Großeltern Anfang der zwanziger Jahre mit zwei Kindern im Gepäck aus dem Osten kommend in Berlin eine neue Heimat suchten und auch fanden.

Der kleine Kurt und seine Schwester, die ein Jahr jüngere Käthe, hatten es nicht schlecht getroffen, so schien es. Der geigende Vater Bruno hat die Erziehung der Kinder im Wesentlichen meiner Oma, seiner Frau Hedwig, kurz Hete genannt, überlassen. Ihm war alles andere als ein autoritärer Führungsstil zu eigen, und obwohl er seinem Geigenspiel vorzugsweise in den Abendstunden nachging, er also tagsüber viel Zeit mit seiner Familie verbringen konnte, blieb doch das meiste der Alltagsprobleme an Hete hängen. Ausnahmsweise machte Bruno von seiner Autorität Gebrauch, indem er seinen Zeigefinger rhythmisch auf die Tischplatte schlug und dabei im Takt schnaufend die Atemluft heftig ein- und ausatmete, was mehr an einen asthmakranken D-Zug erinnerte. Überhaupt war Bruno nicht der Mann großer Worte, eher der leisen Töne; es genügte ihm offensichtlich, die Dinge bei Hete in guter Obhut zu wissen. Mangelhaftes Interesse am Wohlergehen seiner Kinder mag man ihm beileibe nicht unterstellen, allein sein Durchsetzungsvermögen war wohl eher unterentwickelt. Ausnahmen gab es aber auch. Bruno machte gelegentlich sein Defizit an verbalem Einsatz durch eindrucksvollen Aktionismus wett. So geschehen an einem Sonntagnachmittag, als der dem Mittagsmenü entronnene, auf einem Unterteller liegende und auf Resteverwertung lauernde Bratapfel sich der Macht seines Schicksals gegenübersah und dem nicht entfliehen konnte: Bruno hatte sich auf das Sofa gelegt, um seine Mittagsruhe zu genießen, wurde aber von Hete daran erinnert, dass die beiden ihren verbalen Streit noch nicht beendet hatten, in dem sie in willkürlichen Abständen durch die angelehnte Stubentür einen Kommentar zischte und – bevor Bruno antworten konnte – die Tür wieder verschloss. Dieses Spielchen wiederholte sich zwei-dreimal. Beim nächsten Öffnen der Tür hat Bruno der in seiner unmittelbaren Nähe befindlichen Bratapfel, der als Dessert gedacht war, gegriffen, zielgenau durch den schmalen Türspalt geworfen. Und wie bei einem missglückten Wilhelm-Tell-Manöver schlug der Fruchtcocktail in der Mitte der großmütterlichen Stirn ein sehr zur Überraschung sowohl der passiven wie auch der aktiv Beteiligten. Hete sah sich dann lediglich zu einem empörten, aber auch erstaunten „Bruuuuuno!?" veranlasst.

Klein Kurt gefiel sich alsbald in der Rolle des Kronprinzen, hatte wenig bis keine Verpflichtungen und konnte sich ganz den Dingen widmen, die er sich selbst ausgesucht hatte, nämlich Lesen und Zeichnen. Meiner Mutter hingegen, der kleinen Käthe, war diese Gunst nicht vergönnt. Von Klein auf hatte sie die Mädchenrolle nach Hetes Vorstellungen auszufüllen. Damit kannte sich meine Oma gut aus, war sie doch selbst in dieser Rolle groß geworden. Für den „Stammhalter" und Kronprinzen Kurt stand jedoch eine maximale Schulausbildung mit abschließendem Abitur niemals zur Disposition, Schwester Käthe hingegen hatte sich mit der Mittleren Reife zufriedenzugeben, erschien ihr wahrscheinlich auch ausreichend. Ein Mädchen heiratet ja früher oder später und ist dann mit der Versorgung der Familie hinreichend ausgefüllt, so oder so ähnlich war Käthes Lebenstraum angelegt. Nur müssen die Verhältnisse dies auch gestatten, wie man noch sehen wird. Kurt hingegen hatte keine Mühe, seine nach dem Lustprinzip aufgebauten Vorstellungen zu verwirklichen, mit freundlicher Unterstützung von Oma Hete. Kein Wunder, dass unter diesen ungleichen Bedingungen Konflikte vorprogrammiert waren, die ein ganzes Leben lang Bestand haben sollten. Nicht etwa, dass sich die Kabbeleien bis ins Alter fortgesetzt hätten, die ihren Höhepunkt in der Phase des Heranwachsens erreicht haben. Als nämlich Kurt herausfand, dass Käthes Rippen einen neuralgischen Punkt für seinen bohrenden Zeigefinger abgaben, konnte er sie damit ständig piesacken. Käthe hingegen wusste sich zu revanchieren, indem sie zehntel Sekunden vor der angemessenen Verbeugung Kurts bei Begrüßungszeremonien ein „Mach'n Diener!" hervorzischte, was ihn regelmäßig ins Mark traf. Käthe hatte jedenfalls geschlechtsbedingt einen ungleich schwereren Stand als Kurt, der sich in seiner Kronprinzenrolle offensichtlich wohl fühlte und davon im weiteren Leben – von wenigen Ausnahmen abgesehen - auch nicht mehr wegkommen sollte.

Es kann niemanden wirklich verwundern, dass Kurt diese Lebenseinstellung, die ihn von Kindsbeinen an geprägt hat, auf seine eigenen Kinder übertragen, ja gewissermaßen als Normalität verkauft hat. So gesehen, fühlen sich Kurts beiden älteren Söhne ihrer kleineren Schwester gegenüber von Geburt an überlegen und empfinden es als ihre ureigenste Normalität, dieses „Geburtsrecht" auch auszuüben. Die kleinere Schwester ist in erster Linie dazu da, als Erfüllungsgehilfe brüderlicher Bedürfnisse zu fungieren. Solange das klappt, ist die Welt in Ordnung. Das Perfide an diesem Verfahren liegt in dem rechten Maß. Solange keine ungebührlichen Überschreitungen vorliegen, kann sich jeder darauf berufen, im Rahmen einer selbstdefinierten Normalität zu handeln. Das kann sogar soweit führen, dass weibliche Familienmitglieder von sich selbst ein gewisses Maß an Unterwürfigkeit erwarten, so wie sie es gewohnt sind und wie sie von ihren Altvorderen konditioniert wurden. Kein Wunder also, dass die hübsche Käthe genau die Qualitäten gewinnbringend einsetzte, die sie von ihrem Bruder Kurt abhob, nämlich ihre weiblichen Reize. Damit ließ sich jedoch der Mangel an Persönlichkeit und Selbstbewusstsein nicht dauerhaft ausgleichen.

Mein Onkel Kurt hat sich früh auf eine künstlerische Ausbildung festgelegt. Dabei kam ihm eine Begegnung mit Käthe Kollwitz zugute, die sein Talent vermutlich erkannte und ihn gefördert hat. Den Nazis war das nicht entgangen. So wollte der Kunstmäzen Hermann Göring nach einer viel beachteten Kunstausstellung Anfang der vierziger Jahre den jungen Kurt zu einer Karriere unter dem Hakenkreuz verhelfen. Dem Feldmarschall schwebte offensichtlich vor, das gesamte Luftfahrtministerium mit überdimensionalen Bildern „im Stile alter Meister“ auszustatten. Kurt lehnte höflich, aber entschieden ab. Göring war eine Ablehnung offensichtlich nicht gewohnt. So wusste er nicht anders zu reagieren als mit einem Marschbefehl an die Ostfront. Gottlob hat Kurt dieses Erlebnis unbeschadet überstanden.

Im Grunde hat sich eine solche Entwicklung schon abgezeichnet: Kurts Vater, der Geige spielende Bruno hat erfolgreich sein Instrument als Mitglied des Ufa-Orchesters bearbeitet und in den Dreißigern in den meisten UFA-Produktionen mitgewirkt. Je mehr sich der Tonfilm etablierte, umso wichtiger wurde die Musik und damit auch die Musiker. Da die Tontechnik gewissermaßen noch in den Kinderschuhen steckte, wurde der Ton synchron aufgenommen. Das führte zwangsläufig zu einer persönlichen und damit auch räumlichen Enge zwischen Musikern und Schauspielern. Filmgrößen wie Heinz Rühmann, Zarah Leander und Hans Albers, um nur einige zu nennen, waren mit den meisten Musikern vertraut. Bevorzugte Themen dieser Periode patriotischer Überhöhung waren erwartungsgemäß Propagandafilme, die deutsche Werte, deutsche Größen und später Durchhalteparolen eindeutig zum Ausdruck bringen sollten. Wie in der Nazizeit üblich wurde zum Abschluss eines jeden Konzerts von den Musikern der Hitlergruß erwartet, was mein Großvater mit der Bemerkung verweigerte, er könne nicht gleichzeitig den Arm und die Geige zum Himmel erheben, ohne jemanden zu verletzen. Seinen volkstreuen Schwager Paul, einen hundertprozentigen Nazi, hat er des Öfteren zu dem Versprechen veranlasst, ihn hochgehen zu lassen, eine zur damaligen Zeit durchaus übliche Redewendung für Denunzierung oder mit den Worten von Hoffmann von Fallersleben: „Der größte Lump im ganzen Land, das ist und bleibt der Denunziant.“

So hatte es sich gefügt, dass zu Ostern des Jahres 1955 meine Einschulung stattfinden sollte. Meine Erziehungsberechtigten, eine merkwürdig verklausulierte Bezeichnung für Eltern oder Mutter, im Einzelfall auch ein Vater, hatten beschlossen, mich zur Schule zu schicken und meinem Onkel Kurt wurde die Ausgabe übertragen, bei diesem Ereignis für die standesgemäße männliche Begleitung zu sorgen.

KAPITEL 13

RUDOW

Rudow ist ein Teil Neuköllns und somit ein Teil der gesamten Berliner Bezirkslandschaft, die von einer mehr oder weniger üppigen Historie gesäumt wird. Rudow liegt im Süden Berlins, genauer im westlichen Teil des Südens und gehört zum politischen Westen. Solange diese Zweiteilung in Ost und West, die sich fundamental in ein kapitalistisches und sozialistisches voneinander abgrenzten, lag Rudows Besonderheit in seiner Sackgassenstellung. Die ehemals breiten Ausfallstraßen Sonnenallee, Rudower Straße und Buschkrugallee endeten allesamt in einer unattraktiven Komposition aus Beton und Stacheldraht, nämlich in dem von seinen DDR-Initiatoren verschlüsselt dargestellten „antifaschistischen Schutzwall" und wurden bestenfalls von fernöstlichen Touristen aus Japan und Korea als Endpunkt einer ausgedehnten Stadtrundfahrt wahrgenommen. Auf DDR-Territorium war in unmittelbarer Grenznähe ein ideologisches Kleinod der Propagandamaschine zu finden, nämlich das Studio des DDR-Fernsehfunks Adlershof. Davon ist natürlich heutzutage rund fünfundzwanzig Jahre nach der historischen Wiedervereinigung fast nichts mehr zu spüren. Heute wird das Stadtbild im Wesentlichen von eintönigen Siedlungen bestimmt, die sich bienenstockartig in die ansonsten karge Landschaft schrauben, ohne dafür einen besonderen Zweck zu erfüllen, sieht man mal von dem unsozialen Wohnraumaustausch ab. So wurde Ende der Siebziger Jahre das gesamte historisch gewachsenen Rudower Siedlungsgebiet in moderne Appartements umgewandelt, die zwar für die ursprüngliche Bevölkerung nicht mehr zu bezahlen war, dafür wurden – sozusagen im Gegenzug – die kleinen Häuschen der Marke Eigenbau frei.

Wie in vielen Außenbezirken so bestand auch in Rudow das seit den zwanziger Jahren gewachsene dörfliche Bild aus Einfamilienhäusern, die zumeist von schlichter, aber zweckmäßiger baulicher Eleganz geprägt waren. Auf zwei Stockwerke verteilten sich gewöhnlich vier Zimmer, und nicht selten wurde von handwerklich begabten Eigentümern der Rohbau in vollständiger Eigenleistung erstellt. Mit wenigen Handgriffen ließen sich auch noch ein paar Karnickelställe zimmern. Nicht fehlen durfte auch ein Holzschuppen für Gartengeräte. Darin wurden alle wichtigen Utensilien für Garten und Keller, Haus und Hof aufbewahrt, also das notwendige Handwerkszeug, das in keinem Hausstand fehlen darf. So gesehen, waren Kurt und Erna Tulke aus dem Schriftsetzerweg in Rudow ein glückliches, aber kinderloses Rentnerehepaar, bis dass der Tod seine Hauptaufgabe, nämlich diese Ehe zu scheiden, viele Jahre später wahrgenommen hat.

Zur Kirschernte habe ich Kurt geholfen, das Obst von den Zweigen in die dafür vorgesehenen Obstkörbe zu verfrachten, wann immer sich die Gelegenheit dazu ergab. Entweder stand ich auf der Holzleiter oder Kurt. Der sah immer etwas wild aus wie ein unregelmäßig abgemähtes Stoppelfeld, das Kinn und Wangen einrahmte und den einige Zentimeter langen Zigarrenstumpen, den er selten ablegte. Eine dunkle Hornbrille schmückte sein Antlitz sowie eine ausgediente Mütze aus alten Wehrmachtsbeständen. Besonderes Interesse ging von dem vergoldeten Schneidezahn aus, der bei jeder passenden Gelegenheit aus dem Munde aufblitze. Und es blitze oft, denn Kurt war nicht nur wie seine Frau Erna eine Seele von Mensch, sondern stets für einen Schabernack zu haben, eben eine rechte Frohnatur. Erna war eine von Herzen gute Frau, die niemandem etwas Böses wollte oder gar konnte. Erna verfügte zwar nicht über Kurts sehnigen Körperbau, ihr war eher das runde Füllige zu eigen, das im Laufe der Zeit zu einer ständig schlechter werdenden Gehfähigkeit führte. Kurt war zwar auch nicht mehr der Jüngste, bei der Obsternte stand er jedoch immer seinen Mann und auf der Leiter. Davon konnte bei Erna überhaupt nicht die Rede sein. Ob sie früher beweglicher war, kann ich nicht sagen. Eine andere als die gewohnte eingeschränkte Mobilität habe ich nie bemerkt.

Anschließend wurden die Kirschen geteilt: Ein paar Körbe mit Frischobst habe ich für meine Oma reserviert, den Rest hat Tante Erna für spätere Zeiten eingeweckt. Unter diesen kulinarischen Aspekten konnte ich schon frühzeitig zwischen Äpfeln und Birnen unterscheiden, habe den Vorzug von frischen Pflaumen im Oktober sowie Stachel-, Erd- und Johannisbeeren im Sommer schätzen gelernt. Selbst wenn es selten gelangt, sich den Vorzug dieser Köstlichkeiten sofort zu nutzen zu machen, so war doch das damit verbundene Ritual in jedem Fall ein schönes Ereignis, das auf Wiederholung drängte, zumal nur ein kleiner, aber leckerer Teil verzehrt wurde. Das Ernteergebnis galt es in jedem Fall sicherzustellen. Als Kurt vorausging, – wie man so schön das Ableben umschreibt – weilte Erna noch für viele Jahre unter uns, allerdings mehr schlecht als recht, den größten Teil in einem Pflegeheim, wofür der gesamte Erlös aus dem Hausverkauf verwendet wurde. Kein Einzelfall. Im Gegenteil, ganze Straßenzüge fielen der Neugestaltung einer historisch gewachsenen Nachkriegssiedlung im Stil der Zwanziger Jahre zum Opfer.

Der männliche Vorname Kurt war äußerst verbreitet, allein in meiner familiären Umgebung war er fünfmal vertreten. Umso schwerer fiel es, sich an den Verlust zu gewöhnen. Kirschen wurden nun ohne Kurts Hilfe geerntet oder auch nicht. Damit war das Ende der Tulke-Dynastie aus Rudow gekommen, die für mich über zehn Jahre lang die Rolle von liebenswürdigen Teilzeit-Großeltern eingenommen haben. Die Einsicht für Erna, nach Kurts Ableben Haus und Garten nicht bewältigen zu können, ließ auch nicht mehr lange auf sich warten.

Da mein Vater stets von „Tante“ Erna sprach, liegt der Verdacht nahe, dass es sich um eine familiär begründete Verwandtschaft handelt, deren Ursprünge bis in sorbische Gene zurückreichen, wie sie im Spreewald nicht selten waren.

KAPITEL 14

ELLI AUS WÜLPKE

Im Jahre 1957 war ich immerhin schon Grundschüler mit einiger Erfahrung und in den Augen meines Vaters geeignet, für einige Wochen dem Zugriff von Mutter und Großmutter zu entfliehen. Wer Wülpke nicht kennt, muss sich nicht grämen. Kaum jemandem ist das winzige Nest in der Gegend von der Porta Westfalica, bekannt, wo sich die Weser durch das Wiehengebirge bohrt. Selbst die nächstgrößere Stadt Minden ist vielen nicht so bekannt, dass man sie genau zuordnen könnte. Mir ging es nicht viel anders, zumindest bis zum Ende der Fünfziger. Da erschien mir Elli Müller, geborene Prasuhn mit ihrer heimischen Scholle im Wesergebirge, eine resolute Landfrau mit zwei Söhnen. Das große Gehöft bestand aus reichlich Land und einigen Tieren, die ich bislang nur aus Büchern kannte. Mein Vater war nach Kriegsende als Dolmetscher für die Engländer tätig und daher mit der näheren Umgebung von Minden bestens vertraut. So kam er zu Elli Müller und ich zu meinen ersten Schulferien auf einem Bauernhof mit reichlich Viehzeug fernab meiner Heimat Berlin, dem genauen Gegenteil eines ländlichen Bauernhofs.

Ellis ältester Sohn Dietrich war auf dem väterlichen Bauernhof standesgemäß aufgewachsen, hatte nach der damals üblichen Bundeswehrpflichtzeit eine Ausbildung zum Autoschlosser absolviert und ist meinem Vater und mir in die Hände gefallen, wobei in meinem Fall keinerlei Absicht zu unterstellen war. An Dieters im letzten Krieg gefallenen – wie man die durch Kampfhandlungen zu Tode gekommene Soldaten verklausuliert nannte - Vater Walter hat sich sein Kriegskamerad Gerhard Raddatz erinnert (Ich übernehme die damals übliche Formulierung, teile allerdings die Definition von Krieg und vor allem von dem Begriff „Kamerad“ nicht), der dann auch prompt der Witwe seine Aufwartung machte. Ich war quasi als Anstandswauwau, also als Alibi, mit von der Partie, zunächst unter dem Anschein des armen Berliner Blockadekindes, dem – frei nach nationalsozialistischem Vorbild – einige Wochen Ferien auf dem Land guttun würde. So wurde ich im Sommer 1957 nach Wülpke verschickt, allerdings nicht auf Initiative der Nazis, sondern auf Veranlassung meines Vaters, der sich dann gleich mit eingeladen hat, gewissermaßen als „Erziehungsberechtigter mit besonderen Aufgaben“.

Angefangen hat das ganze Ferienabenteuer mit einer spektakulären Busfahrt von Berlin nach Hannover. Die wurde von einem Busunternehmen namens Ost-West angeboten, wobei sich die Hauptreiserichtung schon aus dem Namen erkennen ließ. Der Ausgangspunkt war der Stuttgarter Platz in Charlottenburg, tagsüber bevorzugt für Fernreisen per Bus in verschiedene Richtungen, nach Anbruch der Dunkelheit Treffpunkt für Damen des leichten Gewerbes und deren männlichen Beschützer, die – so meine Vermutung – wohl eine prinzipielle Abneigung für Tageslicht hatten. Erstmals machte ich Bekanntschaft mit einem anderen Deutschland, das ringsum Berlin verteilt war und die Fahrt nach Westdeutschland irgendwie erschwerte. Dieses andere Deutschland bestand im Wesentlichen aus drei Buchstaben, zunächst SBZ oder Sowjetisch besetzte Zone, die später in DDR umbenannt wurde. Kaum vorstellbar, dass diese Zeiten noch nicht so lange her sind, dass man sich daran nicht erinnern könnte. Vielleicht sind diese Erinnerungen aber nicht für alle gleichermaßen erfreulich, so dass Gedächtnislücken ein sinnvolles Mittel darstellen, Peinlichkeiten zu verdrängen. Nun, nach zweimaligem Grenzübertritt - einmal rein in die Zone, einmal wieder raus - mit ausgiebigen

Pass- und Zollkontrollen war die erste Deutsch-deutsche Grenzüberschreitung vollzogen. Ich kann nicht sagen, dass sich etwas Dramatisches ereignet hätte, Spaß hat es allerdings auch nicht gemacht. Das lag insbesondere an dem Gefühl der Willkür, der man sich ausgesetzt fühlte. Ostzonale Uniformträger waren darauf gedrillt, einen unnahbaren, kompromisslosen Eindruck im Umgang mit dem Klassenfeind zu hinterlassen, was zumeist auch problemlos gelang, solange aus den „Kapitalistenmündern" kein Widerspruch ertönte. Diskussionen waren weder erwünscht, noch ratsam. Versuche mündeten stets in einem zeitaufwendigen Wartemanöver. Im günstigsten Falle wurde man über längere Zeit nicht beachtet oder sonst auch mal an der Weiterfahrt gehindert.

Nun kann man meinem Vater, dem gelernten Gewerbelehrer und späteren Hochschullehrer für Musik, sicherlich keine Sympathien für den sozialistischen Teil Deutschlands attestieren. Gleichwohl hat er es verstanden, sich den Autoritäten anzupassen und dieses Verhalten auch von seiner Umgebung erwartet, bis … ja, bis ein Großteil der achtundsechziger Studentenschaft eine Korrektur der bestehenden Gesellschaftsordnung anstrebte, zumindest dieses Ziel besprechen wollte, also Fragen stellte und von der älteren Generation Antworten einforderte. Das wiederum fiel meinem Vater im Traum nicht ein. Und so war es mehr als logisch, dass er sich auf seine Pension zurückzog und die Studentenunruhen den – wie er es nannte – unruhigen Geistern dieser Zeit überließ. Wer zehn Jahre vor der Zeit seine Berufstätigkeit einstellt, weil er Diskussionen aus dem Weg gehen will, damit auf einen Teil seiner Pensionsansprüche verzichtet, der hat es entweder nicht besser verdient, oder er kann mit dem finanziellen Unterschied leben. Eine soziale Ader im Sinne von Abgeben oder Teilen war damit in keinem Fall verbunden. Auf jeden Fall hat er sich erfolgreich mit Unwissenheit getarnt, solange es ihm von Nutzen war.

Die Wohnung meines Vaters in der Friedenauer Stubenrauchstraße war für zwei Personen – selbst wenn es Witwe und Sohn betrifft -

schon obszön groß ausgelegt. Mein Vater besann sich nach dem Ableben seiner Mutter auf das Raum-Personen-Missverhältnis und bot Dieter zur schrittweisen Realisierung seiner Berufspläne das großmütterliche und jetzt frei gewordene Schlafzimmer als Untermiete an, Elli signalisierte Einverständnis und pekuniäre Unterstützung. Im Gegenzug glaubte mein Vater, mir mit Dieter, dem neu erworbenen Untermieter, einen Nachhilfelehrer für Latein andrehen zu können. Dem stand nur eine Sache entgegen: Meine Kenntnisse der Sprache von Cäsar und Tacitus waren nicht so schlecht, dass sie einer dauerhaften Unterstützung bedurft hätten. Zum anderen verfolgte Dieter das Ziel der externen Reifeprüfung an der Privatschule Gabbe nahe dem Rüdesheimer Platz. Viel Spielraum bestand also ohnehin nicht. Zum anderen war meine Beziehung zu Dieter zeitlebens eher von leichter Verachtung als von Respekt geprägt. Zu groß war Dieters vorauseilender preußischer Gehorsam, dem er alles andere an tugendhaften Lebensinhalten untergeordnet hat, ein zweifellos dauerhaftes Missverständnis.

Mein Vater hat einen Großteil seines Lebens darauf verwendet, die Vorzüge seines Berufs missionarisch in seine Umgebung abzusondern. Es hätte ihm sicherlich gut gefallen, wenn ich seinem beruflichen Vorbild gefolgt wäre. Bin ich aber nicht. Das hat dann der schon erwähnte Dieter Müller-Prasuhn aus Wülpke, Sohn des „Kriegskameraden“ Walter Müller, gemacht. Daraus ergibt sich aber geradezu zwanghaft, dass ohne Respekt und Achtung jeder Nachahmungsversuch scheitern muss. Davon konnte nun bei Dieter überhaupt nicht die Rede sein. Dieser war von einem geradezu unterwürfigen Eifer gegenüber meinem Vater beseelt. Die beiden haben wirklich gut zusammengepasst, zumindest war Dieter stets bemüht, den Erwartungen meines Vaters zu entsprechen, bei seiner Biographie kein Wunder! Und so konnte man von „vorauseilendem Gehorsam“ sprechen weit vor der Zeit, in der diese Formulierung durchaus üblich wird. Mein Vater wiederum hätte sich wahrscheinlich einen Sohn wie Dieter gewünscht. Schade, dass ich diese Hoffnung nicht erfüllen konnte und auch nicht wollte. Der bürgerlichen Herkunft entsprechend war Pflichtgefühl und Gehorsam ein existenzieller Grundpfeiler, über den es für meinen Vater keine zwei Meinungen gab. Allein der Akt des bedingungslosen Gehorsams nach alter preußischer Soldatentradition war mit mir zu keiner Zeit meines Lebens zu machen. Bereits im zarten Kindesalter habe ich schnell die Taktik beherrscht, im Zweifel eher mit Unglauben zu reagieren als mit vorauseilendem Gehorsam, sehr zum Leidwesen meines Vaters, für den diese Grundsätze, wie beschrieben, nämlich Pflicht und Gehorsam zwei Seiten der gleichen Medaille sind. Leider hat ihm niemand gesagt, dass es auch noch andere Seiten neben den bereits erwähnten gibt. Diese sehen allerdings ein klein wenig anders aus. Manche behaupten sogar, sie haben überhaupt keine Ähnlichkeit mehr mit Medaillen, werden aber trotzdem als solche behandelt und führen dann gelegentlich zu absurden Ergebnissen. So hat mein Vater das preußische Ordnungs- und Gehorsamsprinzip von seiner Mutter, meiner Großmutter, übernommen: Nicht einfach so wie der gut gemeinte Rat einer entfernten Tante bei der Auswahl eines alten Hausmittels, auch nicht mit dem beharrlichen Nachdruck, der vom Pfarrer auf seine Gemeinde ausgeübt wird, um nach dem sonntäglichen Kirchgang die letzten verfügbaren Groschen in den Klingelbeutel umzuleiten. Auch nicht als verdeckte Empfehlung einer Gaststättenbediensteten, welche Beilage heute wohl frisch sei, sondern als in Stein gemeißelte, unverrückbare Errungenschaft einer gesellschaftlichen Ordnung, die sich kaum viel später als nach einem halben Jahrhundert als völlig überholt erwiesen hat, auf dem Komposthaufen der Geschichte zur letzten Ruhe gebettet wurde, um später nur noch Studierwilligen zu akademischen Lehrzwecken vorübergehend zur Verfügung zu stehen.

◆ ◆ ◆

Auf den meisten Bauernhöfen ist Viehzeug anzutreffen. Auch Ellis Hof beherbergte neben ein paar Hühnern, die den täglichen Eierbedarf sicherten, noch ein Schaf. Dieses wurde nicht so sehr wegen seiner köstlichen Milch gehalten. Dass das Schaf nicht aus Lust und Laune zuschnappt wie ein Krokodil, ahnt ein Stadtknirps vielleicht, wissen kann er es aber nicht. Auch die Produktion des beliebten Schafskäses lag nicht in Ellis Hauptinteresse. Eine Besonderheit bestand in dem Scheren des Schafes. Einmal im Jahr hatte dieses Tier Gelegenheit, seine Wolle abzuliefern bzw. wurde von Elli fachmännisch rasiert Als Elli zusammen mit Sohn Wolfgang das einzige Schaf von seinem flauschigen Wintermantel befreit hat, wurde deutlich, dass das Tier weit schlanker war, als es den Anschein hatte. Als ich Gelegenheit hatte, diesem Ereignis auf der Wiese nahe dem Haus beizuwohnen, dachte ich als erstes an einen olympischen Ringkampf. Das Schaf einerseits und Elli andererseits waren in der gleichen Gewichtsklasse anzutreffen und sorgten in stetigem Wechsel dafür, wer von beiden Kämpfern für die nächsten Augenblicke wohl das Übergewicht behalten sollte. So verging die Zeit in einem regelmäßigen Schubsen und Schaukeln, einem rhythmischen Hin und Her mit durchaus komischen Zügen, bevor am Ende die Wolle ab war. Gleichwohl war die Ausbeute relativ gering, so dass sich eine gewerbliche Nutzung einfach nicht lohnte. Das Schaf revanchierte sich jedenfalls mit gleichmäßigem Abkauen aller verfügbaren Rasenflächen. Bei meinem Aufenthalt war von der ursprünglichen Schafherde nur noch ein einziges übriggeblieben, quasi der letzte Mohikaner. Gleichwohl ist die Milch vom Schaf durchaus schmackhaft und zum regelmäßigen Verzehr geeignet. Ich habe schnell gelernt, dass Schafe den ganzen Tag mit Grasfressen beschäftigt sind, und wer sie dabei nicht stört, kann sie andauernd streicheln. Dem Schaf ist das ziemlich egal. Es ist ihm auch egal, ob es regnet oder die Sonne scheint. Das Schaf ist demzufolge ein genügsames und friedfertiges Wesen.

Früher gesellte sich im Stall zu all den Tieren noch eine Sau, und als diese Sau Junge bekam, also Ferkel, hat sich ein Ferkel unberechtigterweise gewaltsamen Zugang zur mütterlichen Tankstelle, also den prall mit mütterlicher Schweinemilch gefüllten Zitzen verschafft. Mutter Sau – nicht faul wegen der erlebten Zudringlichkeit – trat dem Ferkel so ungünstig vor den Bauch, dass die gesamte Bauchdecke aufplatzte. Der notfallmäßig hinzugezogene Tierarzt bot mangels Erfolgsaussichten keine eigenen Leistungen an, empfahl aber noch mit überzogenem Sarkasmus, Elli möge doch das Gedärm wieder in die Bauchhöhle zurücklegen und diese mit Nadel und Faden wieder zunähen. Was sich hier anhört, wie ein Ausschnitt aus Grimms Märchen, hat sich aber tatsächlich so ereignet, ja es wurde noch übertroffen: Elli hat den tierärztlichen Rat wörtlich genommen, das Ferkel hat die Prozedur nicht nur überlebt, sondern sich zum größten Schwein auf dem Hof entwickelt. Und die Moral von der Geschicht'? Nicht jedes totgesagte Schwein bedeutet Unglück, im Gegenteil, auch eine Sau kann „Schwein haben".

Und so näherte ich mich mit der gebotenen Vorsicht in den nächsten Wochen all dem unbekannten Getier, dem Hund Hasso, einem gern streunenden Münsterländer Wachtel, der öfters über Tage verschwunden war und dann unvermittelt wiederauftauchte, aber aussah, als ob er am Herbstmanöver der Bundeswehr teilgenommen hätte. Kater Paulchen hat es mitsamt seiner Katzendame verstanden, das Wohnhaus in eine mäusefreie Sperrzone zu verwandeln.

Wie bereits kurz und knapp erwähnt, hat sich nicht weit von Wülpke, dem Wohnort der Müllers und Prasuhns, in vielen Jahrmillionen die Weser ihren Weg durch das Mittelgebirge gegraben und eine Pforte hinterlassen, die die Römer Porta Westfalica, also Westfälische Tür, nannten, als sie sich auf den Weg zu ihrer historischen Pleite im Teutoburger Wald machten. In überschwänglicher Heldenverehrung an den Anführer der Germanen, einen ehemaligen römischen Untertanen namens Hermann vom Stamme der Cherusker, haben sich nachfolgende Generationen bis in unsere Tage immer wieder an dem einzig nachhaltigen Sieg über das römische Imperium berauscht und dann letztendlich mitten in unberührtem Waldesgrün ein gut zehn Meter hohes, grünspanbesetztes, protziges Denkmal errichtet. Den mächtigen Helm des Helden zieren an beiden Scheitelbeinen hermesähnliche Flügel. Damit wird dem Ganzen eine mystische Bedeutung verliehen, wie wir sie von den Galliern Asterix und Obelix kennen, die mit ihren pittoresken Comicabenteuern gegen die ehemalige römische Besatzungsmacht unter Cäsar über Jahrzehnte einen dauerhaften Unterhaltungsbeitrag für junge und junggebliebene Erwachsene geleistet haben.

Auf der weiteren Suche nach Besonderheiten nähern wir uns einer Ansammlung von Gesteinsbrocken, die mit geradezu architektonischem Sachverstand in einer bestimmten Anordnung in der Landschaft verteilt sind, wie man sie eigentlich nur von ostdeutschen Plattenbausiedlungen kennt. Daraus kann man den Schluss ziehen, dass die Externsteine - denn um diese handelt es sich hier - bereits in frühen Germanenzeiten als eine Vorstufe des Bauhauses verehrt wurde und heidnischen Ritualen diente. Die scheinbar zufällige Anordnung der turmartig aufgebauten Gesteinsbrocken erinnern mich entfernt an ein unvollständiges Bauprojekt aus der Kreidezeit. Eine menschliche Behausung, eine Höhle oder auch ein Penthaus für Neandertaler war dem ganzen Arrangement aber nicht abzugewinnen. So ist diese geologische Formation eher ein allerdings imposantes Naturspektakel, auf „Special Effects", gigantische Explosionen und andere computeranimierten Einzelheiten wartet der jugendliche Besucher eher vergebens. Allein die Nähe zur von Krankenkassen propagierten Sanatorien macht die Gegend um Horn-Bad Meinberg nicht automatisch zu einem spektakulären Aufenthaltsort für Menschen auf der Suche nach dem Sinn ihres Daseins, sofern ein solcher oder ähnliches sich zuvor jemals eingestellt hatte. So jedenfalls habe ich mehrmals meine Mutter erlebt, als sie sich im Zuge ihres Kuraufenthalts in der zweiten Hälfte ihres Lebens auf die Suche nach einem männlichen Partner begab, der ihren Ansprüchen gerecht werden sollte. Dabei waren diese Ansprüche nicht besonders hoch, jedenfalls nicht nach herkömmlicher Ansicht. Vielleicht aber doch!

Das Leben auf einem Bauernhof unterscheidet sich von dem in der Stadt ganz beträchtlich allein durch die Anwesenheit von vielerlei Getier, wie bereits erwähnt. Die sind nämlich auch ganz unterschiedlich in ihren Gewohnheiten. Eier aus dem Hühnerstall zu holen, war meine Aufgabe. Dabei konnte ich feststellen, dass Hühner einem schlichten Betrug aufgesessen sind. Sie werden mit Kalkeiern getäuscht. Den Hühnern wird nämlich vorgemacht, dass dort, wo sich bereits ein Kalkei, also ein „falsches“ Ei, befindet, der richtige Ort für weitere Eier sei. Auch ich bin dieser Täuschung zum Opfer gefallen, als ich diese Attrappe irrtümlich mit ins Haus brachte. allerdings nur ein einziges Mal, denn vom Geschmack her bietet sich schon ein gravierender Unterschied. Die Attrappe schmeckt nach Kalk, das biologische Ei hingegen nicht.

Des Weiteren reifen natürlich auch im Laufe des Sommers zahlreiche Früchte, die irgendwann geerntet werden müssen. Kirschen, Pflaumen und Äpfel vom Baum pflücken, ist da noch eine vergleichsweise einfache Tätigkeit. Es stellte sich heraus, dass sich Kirschen in Größe und Geschmack unterscheiden. Während die kleineren und hellroten selbst in reifem Zustand über einen frischen, leicht säuerlichen Geschmack nicht hinauskamen, was ihnen zu Recht den Namen Sauerkirschen einbrachte, sind die größeren Früchte in einen dunklen, manchmal schon fast schwarzen Mantel eingehüllt und werden wegen der deutlich anderen Geschmacksrichtung als Süßkirschen bezeichnet. Wenn ich mich recht erinnere, standen zwei Kirschbäume in unmittelbarer Nähe des Wohnhauses. Der eine Baum - die Sauerkirsche - war so dicht in Eingangsnähe gewachsen, dass man bequem durch das offene Fenster eimerweise Kirschen pflücken konnte. Der zweite Baum war deutlich mächtiger und stand auf der Rückseite, war ohne Leiter nicht zu erklimmen, führte aber einige seiner armdicken Äste in die Nähe der im Obergeschoß liegenden Schlafräume. Damit war auch das Schicksal der Süßkirschen im Sommer 1958 besiegelt, denn diese waren für das knabenhafte Gewicht eines knapp Zehnjährigen trotz häufigen Regens und demzufolge glitschigem Untergrund kein ernsthaftes Hindernis.

Heu mähen und in der Scheune verstauen, damit die Tiere im Winter zu Fressen haben, erfordert schon einen gewissen Sachverstand genau wie Getreide in großen Garben zusammenbinden und zum Dreschen vorbereiten. Selbstverständlich wurden Erntehelfer eingesetzt, also eine Spezies Mensch, die mit der Natur am besten zurechtkommt, sich gewissermaßen im Einklang mit derselben befinden. Das Beste am Heu ist seine Eignung als Sprungtuch, wie man es von Feuerwehrübungen kennt. So konnte ich stundenlang ohne ernsthafte Anzeichen von Müdigkeit oder Langeweile vom höchsten Platz der Scheune in das auf der Tenne gestapelte Heu springen, was jeden Sprung in eine weiche Landung münden ließ und somit einen enormen Spaß machte. Durch die Lüfte fliegen und weich und sicher landen, bringt Freude. Nur das Hochklettern mittels Leiter in Höhe der Absprungzone gestaltete sich etwas mühselig und stand diesem Vergnügen ein wenig entgegen.

So ist es für einen voll regulierten Stadtmenschen mit einer gewissen Umstellung verbunden, sich dem Rhythmus anzupassen, den die Natur gnadenlos vorgibt. Das beginnt mit den Jahreszeiten. Im Frühling werden die Tage länger, man hat also schlicht mehr Zeit für seine Arbeit, was im Winter genau umgekehrt verläuft. Die Akzeptanz natürlicher Gegebenheiten ist also das, was dem Menschen augenblicklich abhandengekommen ist. So versuchen wir, die Natur mit all ihren Konsequenzen auf menschliche Bedürfnisse anzupassen: Nach Sonnenuntergang machen wir mit künstlichem Licht die Nacht zum Tage. Wir arbeiten durchschnittlich acht Stunden am Tag, egal, ob hell oder dunkel, warm oder kalt, ob Sommer oder Winter. Wir optimieren das Leben nach unseren Bedürfnissen und verkennen dabei, dass wir nicht nur uns, sondern auch unsere natürliche Umwelt zu unseren eigenen Ungunsten verändern. Denn was ist es anderes, als dass wir uns von dem olympischen Gedanken des Höher, Schneller, Weiter, des schier unbegrenzten Wachstums leiten lassen, als ob es auch möglich wäre, die Erdumlaufbahn zu verlangsamen, so dass der Tag nach Bedarf verlängert wird, vielleicht auf dreißig Stunden statt der vertrauten vierundzwanzig? Was wäre so schlimm, wenn wir uns auf das Maß beschränken, das es uns ermöglicht, mit den Ressourcen auszukommen, die die Natur für uns bereithält, statt in grenzenlosem Wahn alles zu verbrauchen, was dem augenblicklichen Nutzen dient, aber dafür ins Chaos führt? Wie viel sinnvoller wäre es, dem Tempo und dem Rhythmus der Natur zu folgen und somit zu einer echten Harmonie zu gelangen? Dazu wäre es allerdings vonnöten, der Natur mit Respekt, vielleicht auch mit Demut zu begegnen, zumindest nicht den Menschen an die Spitze aller Lebewesen zu stellen.

Nun kann ich nicht behaupten, dass mir diese Überlegungen schon mit zehn Jahren gekommen wären. In der unmittelbaren Umgebung von Wülpke wurde jedoch im Tagebauverfahren Eisenerz aus den Tiefen des Wiehengebirges gewonnen, eigentlich herausgesprengt. Die regelmäßigen Explosionen standen in krassem Gegensatz zu der ländlichen Idylle, die der Stadtmensch Thomas erlebt hat. Das hat sich nicht nur akustisch, sondern auch optisch ausgewirkt: Eine kilometerweite rötlich-braune Schmutzschicht legte sich wie ein Teppich über alles, was dort wächst und lebt, aber auch auf Häuser, Straßen und Wege. Zentrum des Ganzen ist Nammen, ein kleines Nest, das vermutlich seine Blütezeit schon längst hinter sich hatte und auf Renaturierung hoffte. Damals empfand ich diese Widersprüchlichkeit zwischen Natur und Kultur schon als äußerst grenzwertig, ohne das gesamte Ausmaß zu durchblicken. Dass hier aber irgendetwas aus der Balance gekommen war, lag auf der Hand, also auch auf der meinen.

Elli Müller hat jedenfalls ihren Profit aus dem Verkauf von Flächen gezogen, in denen Eisenerzvorkommen vermutet und auch gefunden wurden. So wurde ein Großteil des Berges abgetragen. Als dann nichts mehr zu holen war, wurde der Tagebau eingestellt und der Ort sich selbst überlassen.

Ungeachtet dieser Entwicklung habe ich noch einige Jahre später bei Elli Müller Ferien gemacht, was immer wieder für neue Aspekte gesorgt hat. Eigentlich bestand das grundsätzlich Neue an dem Zeitabschnitt, in den ich nach meiner Einsegnung eingetreten bin. Erstmals habe ich, auf mich allein gestellt, die Osterschulferien genutzt, um selbständig eine Reise zu unternehmen. Dazu wurden die Sachen eingeweiht, die den neuen Lebensabschnitt der beginnenden Reife eskortieren sollten, ein Koffer als planbarer Bestandteil von Selbständigkeit. Das Bahnticket hat meine Absicht noch unterstrichen, zumindest im Umgang mit den Grenzkontrollen in Dreilinden und Marienborn. Dort hat man mich als das behandelt, was ich unbedingt sein wollte, nämlich vollwertig. Ein Anzug trug sein Übriges dazu bei. Ich kam mir ungeheuer wichtig und erwachsen vor und konnte dieses Gefühl gar nicht lange genug auskosten. Meine jetzt erreichte Körpergröße half mir dabei.

Dass das Landleben eigenen Gesetzen folgt, hatte ich schon geahnt, aber erst in seinem vollen Umfang erkannt, als Elli einer Einladung nach Berlin nicht folgen wollte oder konnte. Neben den versorgungspflichtigen Pflanzen und Tieren gab es da auch noch eine Oma, die alte Frau Prasuhn, die sich - wie auf dem Dorf üblich - in bescheidenem Maße nützlich machte, insgesamt aber schon auf Unterstützung angewiesen war. Häufig war sie dann auf einer vor dem Haus stehenden Bank anzutreffen, wo sie Gemüse putzte oder anderer leichter Beschäftigung nachging.

So war es im Prinzip mit allen anderen Dingen, die sich der regelmäßigen Betrachtung entziehen: Vielfach ist es auch die Vorstellung der Selbstversorgung, die man nicht ernsthaft prüft, da in der Stadt ja für jeden Ernstfall Spezialisten zur Verfügung stehen, die auf ihren Einsatz warten. Man muss sich im Prinzip um nichts selber kümmern, man braucht nur das nötige Kleingeld, um angeforderte Leistungen auch zu entlohnen. Nun will ich nicht behaupten, dass man als Landvolk auf speziell ausgebildete Menschen wie Handwerker und Ärzte verzichten kann. Es überrascht aber gelegentlich schon, wie viel man eigentlich selbst erledigen kann, vor allem dann, wenn der nächste

Fachmann kilometerweit entfernt oder nicht abkömmlich ist. Diese Erfahrungen möchte ich nicht missen, haben sie doch nachdrücklich bewiesen, dass das Leben auch anders verlaufen kann. Aus Stadtsicht hingegen wird es häufig für undenkbar erklärt.

So haben wir schon vor langer Zeit den Schutz und die Sicherheit der Großfamilie eingetauscht gegen ein anonymes Gesellschaftssystem, das Vorteile für viele Menschen schafft mit Ausnahme derer, die auf dauerhafte Unterstützung angewiesen sind, nämlich Alte, Kranke und Kinder. Die sind am besten dort aufgehoben, wo ihnen die meiste Anteilnahme begegnet und das ist – wen wundert's – im Kreis von den Menschen zu erwarten, zu denen wir schon von klein auf ein ungestörtes Vertrauensverhältnis haben, nämlich in der Familie. Da hilft auch kein abstraktes Gebilde, das wir gern mit „Rechtsstaat" bezeichnen, als ob das, was Anstand und Moral ersetzen soll, per Dekret von Amts wegen festzulegen ist. Wer keine Moral kennt, dem ist es auch egal, ob sich dahinter ein Gesetzestext verbirgt oder ein humanistischer Grundsatz. Oder mit Paul Gettys Worten: Wenn ich jemandem vertraue, brauche ich keinen Vertrag. Wenn ich allerdings jemandem misstraue, nützt mir auch ein Vertrag nichts!

Nun muss man nicht glauben, dass all diese Gedanken schon in Wülpke von mir Besitz ergriffen hätten, aber irgendwann muss ja mal die Initialzündung abgelaufen sein. Und wenn nicht da, dann eben später. Wir werden sehen …

Kaum vorstellbar, dass es in der kürzeren Vergangenheit Zeiten ohne Fernseher oder andere vollelektronischen Hilfsmittel gegeben hat, die dem Zeitvertreib dienten. Ebenso schwer vorstellbar, dass es heute noch Menschen gibt, die zu diesen unerträglichen Bedingungen haben leben müssen und schadlos aufgewachsen – so jedenfalls die allgemeine Meinung oder etwa nicht? Im rustikalen Hause Müller-Prasuhn fernab des pulsierenden Großstadtlebens verliefen die Sommertage nach dem natürlichen Rhythmus, den die Tiere und die

Vegetation im Takt der Natur vorlegten. Gelegentlich fand sich noch in den Abendstunden Zeit für ein kleines Spielchen. Sehr beliebt, weil nicht besonders anspruchsvoll, ist das Quartett, bei dem vier Karten einer Sorte zu vervollständigen sind. Wer das zuerst hinkriegt, hat gewonnen. Das Thema eines Quartetts kann durchaus unterschiedlich sein: So gibt es Autos, aber auch Hauptstädte, Blumen und Dichter. Und so geschah es, dass ich eher wusste, wie Shakespeare geschrieben wird als er sich ausspricht. Auch die Hauptstädte Europas waren mir schnell geläufig, sofern es sie nicht schon vorher waren. Einzig die mitspielende Personenzahl begrenzt die Laune: Während sich allein oder zu zweit nicht so gut Quartett spielen lässt, nach oben auch nicht beliebig zu erhöhen, ist für drei bis vier Teilnehmer der Spaß am größten. Wir haben das mit viel Freude praktiziert.

An regnerischen Tagen, wenn draußen außer dem typischen westfälischen Landregen nicht so viel los war, habe ich mich mit dem beschäftigt, was drinnen im Angebot war. In einem kleinen Wohnzimmerschrank habe ich zu meiner Überraschung einige Bauklötze aus Sandstein vorgefunden, die die letzten Jahre ungenutzt zugebracht und den Verschleiß durch die beiden deutlich älteren Müllerjungens vermieden haben. Meinem Vater schien von dem Bedürfnis beseelt zu sein, einen Beitrag zur allgemeinen und im speziellen zu meiner Unterhaltung leisten zu müssen. Also kam er auf die glorreiche Idee, aus dem einzigen Spielwarengeschäft der nächstgelegenen Stadt einige Plastikflugzeuge zu besorgen, deren historische Bedeutung mit dem Ende des letzten Krieges zwar tief gesunken war. Dennoch vermochte es mein Vater anlässlich der Erinnerung an seine Militärzeit, einige witzige, aber unbedeutende Anekdoten zu verbreiten, das einzige von einem gewissen Unterhaltungswert, so beispielsweise das Bildungsniveau eines Vorgesetzten in der Schreibstube, der sich nicht sicher war, ob „selig“ mit einem oder mit zwei „E“ geschrieben würde, sich danach aber – um seine Unkenntnisse auch nicht überzustrapazieren - in der benachbarten Schreibstube erkundigte, ob „selig“ hinten mit „G“ oder mit „Ch“ geschrieben würde.

Obwohl die Wülpker Erntezeit in die Sommermonate fiel, hat sich das auf das Wetter nicht ausgewirkt, so als hätten die üblichen Boten wie Frösche oder auch der allseits beliebte Petrus sein Pulver zur Prognose bereits verschossen. Entgegen aller Erwartungen musste ich im weiteren Verlauf über mehrere Jahre lernen, dass sich das Wetter im Weserbergland ganz und gar nicht an Ferien oder Ernteeinsätze hält, ja geradezu gegenläufig in Erscheinung tritt. Elli hatte einen Erntehelfer namens Krumbein beschäftigt, ein kleines, aber drahtiges Männlein mit gleichmäßigem Körperbau ausgestattet. Woher also sein Name rührte, war nicht bekannt und auch nicht offensichtlich. Die Bäuerin Elli hingegen war eine durchaus kräftige Person, gewissermaßen eine „stramme Berolina", wie man diesen Frauentyp in meiner Heimat nennt; vermutlich über Jahre in der Landwirtschaft trainiert und somit an körperliche Arbeit gewöhnt im Gegensatz zu meinem Vater, der im Übrigen auch jede Gelegenheit vermied, seine ohnehin nicht üppigen physischen Eigenschaften bei der Routinearbeit auf dem Hof anzubieten. Er hat sich bevorzugt auf die Formel seiner eigenen Ungeschicklichkeit berufen und damit unfreiwillig sein pyknisches Erscheinungsbild bestätigt. Vermutlich hat Elli ihm auch die Peinlichkeit der Probe aufs Exempel ersparen wollen; denn ein liebevoller Umgang mit Flora und Fauna war meinem Vater zeitlebens nicht zu eigen. Ja selbst der Genuss von Obst und Gemüse als Beilage oder Kompott lehnte mein Vater höflich, aber bestimmt ab und hat damit seinen Ruf als Sonderling untermauert. Mit einem Hund spazieren gehen oder an einem Teich zu sitzen, um zu angeln, kam ihm nicht in den Sinn.

Um mich während der langen Schlechtwetterperiode angemessen zu beschäftigen, wurden dann – quasi mit dem Mut der Verzweiflung – aus einem Spielzeugladen der nahegelegenen Stadt Minden einige Modellflugzeuge erworben. Diese lagen in kleinen und größeren Plastikteilen vor und mussten natürlich erst einschließlich der Hoheitszeichen auf den Tragflächen zusammengefügt werden, was mir kaum besser gelang als meinem handwerklich ungeschickten Vater, der sich und andere mit dem Hinweis tröstete, oder wie mein erster chirurgischer Chef während einer komplexen Präparation so treffend formulierte: „Lieber Gott, lass es nicht an meiner Ungeschicklichkeit scheitern!“-, es müsse auch Menschen mit schlichtem handwerklichen Talent geben, um damit die eigene Existenz nicht in Frage stellen zu müssen. Aus dem Mund eines gelernten Schneidergesellen mit Nebenfach Klavier mutet eine solche Äußerung doch recht merkwürdig an. Immerhin hat mein Vater bei seinem Vater das Schneiderhandwerk erlernt und wollte nun nicht mal einen Knopf annähen können. Ich habe dieses Verhalten eigentlich stets als eine besondere Form der Koketterie empfunden, während andere Unzulänglichkeiten gelegentlich neutral, wenn nicht zuweilen sogar sympathisch wirken, solange sie mit einem natürlichen Charme einhergehen.

Meines Vaters ungetrübte Lieblingsbeschäftigung bestand in einer grenzenlosen Dozierleidenschaft, was ihm selbst ganz offensichtlich die meiste Freude bereitete. Mir sind außer ihm keine Menschen begegnet, die sich an sich selbst so berauschen können, ja hingebungsvoll vor der eigenen Sprache in selige Verzückung geraten. Auf diesem Hintergrund habe ich im zarten Alter von etwa zehn Jahren die verschiedenen Stufen der Wehrmachtsoffiziere kennengelernt, was neben ein paar Kriegsanekdoten eine der wenigen militärischen Einzelheiten war, die mein dauerhaft dozierender Vater in seine Umgebung absonderte. So habe ich mich öfters in der Rolle des Ersatzpublikums wiedergefunden, quasi in Ermangelung einer in Ehrfurcht erstarrten Hörerschaft, die an des Dozenten Lippen hängt und nicht von ihm lassen kann, meines Vaters Lieblingsrolle. Obwohl sich also der Herr Professor - so die selbst gewählte, bevorzugte Anredeform als Ausdruck eines - wie wir heute wissen - angeschlagenen Selbstbewusstseins – hat er doch keine Gelegenheit verpasst, sich auf die erwähnte Art und Weise seines Publikums zu versichern und dieses bis zum komatösen Erschöpfungszustand desselben zu strapazieren.

Über Messerschmidt, Junkers und ähnliche Jagdflieger-Typen habe ich mich nach dem Urteil meines Erzeugers schon geäußert. Dieser hat das Thema eher zu einer weiteren Vorlesung genutzt als zu einem bloßen Freizeitvergnügen. Dennoch sollte das Kunstwerk ja irgendwann seiner Fertigstellung entgegenfiebern, wobei die manuellen Fertigkeiten meines Vaters im Umgang mit kleinen Plastikbauteilen und Klebstoff überschaubar waren, obwohl er in der Lage war, das Pianoforte angemessen zu quälen, was er auch dieser Tage von mir erwartete. Und so haben wir uns gemeinsam – zumeist vergeblich – darin versucht, die Plastikteile zu einem Erscheinungsbild zu formen, das einem Jagd-Flugzeug am nächsten kommen. Die Verwendung des mitgeführten Klebstoffs führte jedenfalls teilweise zu kuriosen Missbildungen, so dass am Ende der Prozedur das Flugzeug auch als modernes Kunstwerk durchgegangen wäre. Währenddessen habe ich meinem Vater zum wiederholten Mal die Offiziersränge repetiert, wie sie ihm aus seiner aktiven Soldatenzeit in Erinnerung waren. Während die meisten seiner Zeitgenossen eine eher zwiespältige, wenn nicht negative Erinnerung an Kriegsgeschehnisse ihr Eigen nannte, hatte mein Vater von seinem Wehrmachtseinsatz in Holland stets behauptet, es habe sich um „die schönste Zeit seines Lebens“ gehandelt. Auch bei durch die Jahre verfärbten Betrachtung muss diese Darstellung in Zweifel gezogen werden und zeigt zumindest an, welche Streiche einem das eigene Erinnerungsvermögen spielen kann, vor allem, wenn es von beschönigendem Charakter durchsetzt ist. Wenn dann auch noch Personen fehlen, die einen Ausgleich vornehmen könnten, also so genannte Moderatoren, ist die Selbsttäuschung vollkommen gelungen. Allerdings kam es meinem Vater darauf nie an. Es wurden Zuhörer benötigt, keine Gesprächspartner.

Zu dieser Zeit begann heimlich, still und leise meine Laufbahn als irdischer Copilot, beginnend mit der Fahrschule, die zwar zwangsläufig mein Vater leisten musste, die ich aber pflichtbewusst begleitet habe. Den Fahrschulwagen, einen VW-Käfer, habe ich von der Rückbank aus kennengelernt und dann die Umgebung Charlottenburg und Wilmersdorf. Später dann bei zahlreichen Autoreisen nach nah und fern – wobei sich die Bezeichnung nah als Westberliner eigentlich verbietet – habe ich mir das Kartenlesen angeeignet, alle mitgeführten Autokarten und Atlanten studiert und uns sicher zum Ziel geleitet.

Über diese und ähnliche Einzelheiten wird gesondert zu berichten sein.

Dieter Müller hat seinen Weg gemacht. Nichts anderes war zu erwarten. Unsere gemeinsamen Berührungspunkte wurden im Laufe des Lebens immer seltener, aber nicht minder hanebüchen: Als mein Vater seine alte Wohnung in der Stubenrauchstraße aufgab und gegen eine - wie er glaubte - standesgemäße Dreizimmerwohnung im Renommierviertel Pichelssee selbstverständlich mit Zehnmeter-Terrasse und Havelblick tauschte, war ich schon seit mehreren Jahren mit meiner damaligen Lebensgefährtin befreundet. Wir hatten uns eine kleine, aber feine Wohnung zurecht gemacht, in der wir uns recht wohl gefühlt haben. In dieser Zeit habe ich meine handwerklichen Fähigkeiten erworben, eher aus der Not von chronischer Geldknappheit eine Tugend machend als aus anderen Gründen. So hat es sich fast automatisch ergeben, dass ich mich angeboten habe, in die neue Wohnung meines Vaters Teppichboden zu verlegen. Bei einer der ersten (und letzten) Gelegenheiten trafen wir in Pichelssee mit Dieter zusammen, den ich zu meinem größten Erstaunen in seiner unnachahmlichen westfälischen Mundart mit angeborenem, leicht arrogantem Unterton sagen hörte: „So, Fräulein Götz, dann passen Sie mal gut auf, an besten schreiben Sie mit. Sie brauchen einen Eimer, einen Wischlappen, einen Handfeger, ein Kehrblech, einen Besen." Merkwürdigerweise hat Dieter wohl nicht damit gerechnet, dieses Equipment in der väterlichen Wohnung vorzufinden. Vielleicht sollte aber auch in seinen Augen mein Vater mit solch trivialen Rückfragen nicht belastet werden.

Danach sollten bis zum nächsten kurzen Zusammentreffen sechzehn Jahre vergehen. In der Zwischenzeit hatte ich mein Medizinstudium abgeschlossen und stand kurz vor der Facharztprüfung, als mich das Schicksal an die Weser in die Nähe von Dieters Geburtsort verschlug. Ich hatte damals einige Zeit zuvor Wohnort und Krankenhaus gewechselt und meiner Frau samt unseren drei kleinen Kindern einen weiteren und nicht den letzten Umzug zugemutet. Dieters elektrotechnische Kenntnisse hätten mir bezüglich des Baus einer Fernsehantenne zugutekommen können. Aber der gute Dieter hat sich in seiner Weiterentwicklung zum Arsch keine Schranken auferlegt und eine Unterstützung nicht einmal in Erwägung gezogen.

Zum wirklich allerletzten Mal habe ich mit Dieter anlässlich des Ablebens meines Vaters telefoniert, der glaubte, mir Vorhaltungen hinsichtlich der Zeremonie machen zu müssen, auf die der Verstorbene nach seiner Meinung einen Anspruch hätte. „Alles, was ich bin, verdanke ich deinem Vater", tönte Dieter vollmundig durchs Telefon, was dann eigentlich nicht so viel sein konnte und hat offenbar vorsätzlich seine Mutter ausgeschlossen. Vielleicht wollte er seinem „Ziehvater" posthume noch ein Denkmal setzen.

Häufig bin ich gefragt worden, warum ich Chirurg geworden bin. Ich habe dann stets den genetischen Status angeführt: Vater Schneider, Onkel Fleischer, der eine näht, der andere schneidet. Wenn das also keine ideale Verbindung ist …

KAPITEL 15

FUSSBALL, FAHRRAD, FREUNDE

Melitta ist nicht nur eine Firma, die Filtertüten für Kaffeepulver herstellt, Melitta heißt auch das Mädchen, mit dem ich ein paar Wochen befreundet war. Irgendwann habe ich sie dann nicht mehr gesehen, wahrscheinlich ist sie mit ihren Eltern weggezogen. Melitta wohnt gegenüber, manchmal gehen wir zum Rüdesheimer Platz und spielen am Siegfried Brunnen. Der reicht über den halben Platz, ist eingerahmt von zwei großen steinernen Skulpturen, einem liegenden Mann und einer liegenden Frau, die es mir aufgrund ihrer spärlichen Bekleidung auf Anhieb angetan hat. In der Mitte ragt ein springendes Pferd hervor, das von einem Mann am Zügel geführt wird. Die gesamte Komposition ist in Granit gehauen, auf zwei Ebenen angelegt, die rechts und links durch eine breite Treppe miteinander harmonisch ausbalanciert und mit einem großzügigen Wasserbecken zu einer Einheit verbunden ist. Auf der oberen Ebene schließt eine wuchtige Brüstung das ganze Arrangement ab und wurde seit der Inbetriebnahme Anfang des vorigen Jahrhunderts nicht wesentlich verändert.

Jedenfalls hat sich das Klettern auf dem Granitsockel, das Verstecken- und Kriegen spielen für Kinder unseres Alters als idealer Platz erwiesen, wo Phantasie und Zeit schier unbegrenzt zur Verfügung steht. Meist waren die Wasserspeier nicht in Betrieb, aber das trockene Spielen war nicht minder schön. Das Beklettern von Pferd und

Reiter folgte einem wachsenden Schwierigkeitsgrad, gemessen an den Verletzungen, die man sich bei Abstürzen zuziehen konnte. Während am Sockelfuß die Gefahr gering war, entpuppte sich der Pferderücken - der höchste Punkt des gesamten Komplexes - als geradezu unbezwingbar, selbst größere Kinder vermieden diese Hürde. Nun sind nasse Steine nicht selten glitschig und erhöhen die Rutschgefahr, was die ganze Abenteuerlust entscheidend begrenzte, aber nicht verunmöglichte.

Die folgende Entdeckung sollte aber weitreichende Folgen haben: Gegenüber dem Eingang zum U-Bahnhof Rüdesheimer Platz fand sich nämlich ein großes, über die Hausecke reichendes Radio- und Fernsehgeschäft. Bewegte Bilder aus einem Fernsehgerät im Schaufenster erregten meine Aufmerksamkeit. Hier wurde im Fernsehen erstmals die Übertragung von einer Fußballweltmeisterschaft gezeigt. Das hat mich gefangen genommen. Es war also nicht nur möglich, den Wettbewerb zeitnah zu verfolgen, sondern dem Ganzen auch in selbstgestalteter Umgebung beizuwohnen, einfach sensationell. Vom Fußball verstand ich nicht viel, kannte die Regeln nicht außer denen, die sich selbst erklären, nämlich den Ball ins Tor zu befördern. Allerdings war schnell die emotionale Wirkung spürbar, die insbesondere bei der Begegnung der deutschen Mannschaft mit den gastgebenden Schweden auftrat. Der arme Deutsche Juskowiak wurde des Feldes verwiesen, weil der böse Schwede Hamrin ein Foulspiel vorgetäuscht hat, ganz Göteborg war ein Hexenkessel voller Animateure und Einpeitscher mit dem einzigen Ziel, die deutsche Mannschaft, den Weltmeister von 1954, auszuschalten, was dann auch gelang. So jedenfalls war die Stimmung, der auch ich mich nicht entziehen konnte. Und so ist meine Begeisterung für Fußball im Grunde auf emotionalem Boden gewachsen und erst später rein sportlichen Motiven gefolgt. Auf jeden Fall musste das einzig gültige Spielgerät verfügbar sein, das den nationalen Bedürfnissen gerecht wurde, ein Ball, wenn möglich natürlich aus Leder, nicht etwa aus Gummi wie für Kleinkinder auf dem Kinderspielplatz.

Nun stellte sich aber beim täglichen Spielen auf der Straße heraus, dass die Umgebung einige Mängel aufwies. Von den Maßen her durchaus als Tor geeignet, versagte aber der typische Schaltkasten der BEWAG, der Berliner Stromversorgungsgesellschaft, wegen seinem empfindlichen Innenleben die Übernahme zum Fußballtor. Interessanterweise schien dieser Stromkasten mit den Jahren mitzuwachsen. Während er also von Knirpsen wie mir und meinen Freunden kaum zu bezwingen war – die hohe Kunst bestand natürlich darin, auf dem Kasten Platz zu nehmen, um von dort oben einen majestätischen Rundblick auszustrahlen – forderte es der kindliche Ehrgeiz, mit ausgefeilten Methoden dem Anspruch wachsenden Körperbeherrschung näher zu kommen. Der Kasten wies keinerlei Vorsprünge oder Kanten auf, dass ein reguläres Erklimmen ermöglichte. Ergo blieb nur der kräftige Sprung auf die knapp ein Meter sechzig, wobei die glatte Oberfläche zur Erschwernis beitrug. Während der Grundschulzeit dieses Kastenerklimmen noch eine echte Herausforderung an die körperlichen Qualitäten der Straßenkinder darstellte, hat sich der Ehrgeiz mit wachsender Körpergröße zügig verflüchtigt. Dann musste das jugendliche Kräftemessen mit anderen, neuen Aufgaben entfacht werden.

Was dem noch am nächsten kam - jedenfalls vorübergehend – war das „Kantespiel“. Dazu musste der Ball vom Bürgersteig auf die Bordsteinkante der gegenüberliegenden Straßenseite befördert werden. Einen Punkt erhielt der, dessen Wurf genau auf die Bordsteinkante traf und von dort wieder zurückprallte, so dass er den Ball wieder aufgenommen und das Spiel fortgesetzt werden konnte. Eine gewisse Treffsicherheit war dabei ebenso wichtig wie der ausreichende Luftdruck des Balles.

Einen dürftigen Ersatz lieferte das Spielen auf Straßen-Gullys. Diese wurden kurzerhand zu Toren erklärt. Um die Proportion zu wahren, musste der Ball deutlich kleiner sein, also ein Tennisball, was dem Ganzen den Charakter eines Bonsai-Fußballspiels verlieh. Reguläre Tore waren nicht auffindbar, ein normales Spielfeld ebenso wenig. Was aber vorhanden war, waren Erdgeschossfenster, mehr als gebraucht wurden. So war es nur eine Frage der Zeit, bis die ersten Fenster meinen Schießkünsten zum Opfer fielen. Merkwürdigerweise wurden anschließend immer die Scherben lauthals beklagt, meine Schusstechnik aber niemals gelobt. Ich fand das sehr einseitig, habe aber trotzdem danach umzäunte Sportplätze bevorzugt. Überhaupt war der Platz auf der Straße immer ungeeigneter. Da musste sich also etwas ändern.

Der Ball von Michael Zeiler war schon in die Jahre gekommen, mit morschen Nähten zwischen den einzelnen Lederstücken, die sich immer mehr dem wachsenden Druck von außen beugten und schließlich den Blick auf das Innenleben freigaben, bis das Ende des einzig verfügbaren Lederballs mit dem gezielten Tritt einer Straßenschuhspitze eingeleitet wurde. Der Ball war tot, und keine Macht der Welt hätte ihn wieder zum Leben erwecken können. So blieb nur eine klassische Beerdigung. Da sich ohne Ball jedoch nun wirklich nicht Fußballspielen lässt, musste eine Lösung gefunden werden: Mit einer kleinen Spendenaktion konnte der Betrag von ungefähr zehn Mark aufgebracht werden, wie eine Zeitungsannonce vom Kaufhaus Woolworth am Zoo versprach. So habe ich mich zum Bahnhof Zoo aufgemacht, dabei aber den Fahrpreis vom Bus nicht berücksichtigt, der mir für die Rückfahrt prompt fehlte. Also habe ich den Rückweg zu Fuß zurückgelegt, der immerhin eine gute Stunde dauerte. Dass der neu erworbene Ball eigentlich ein Handball statt des erwarteten Fußballs, also deutlich kleiner war, hätte mir aufgrund der Größe schon auffallen können, hat mich aber in dem Augenblick nicht richtig gestört. Bis zum nächsten Geburtstag hat das schon gereicht.

In Nachbarschaft zur Grundschule in der Offenbacher Straße haben sich die Kinder und Jugendlichen im Jugendheim an jedem Nachmittag ein Stelldichein geliefert. Billard und Tischtennis waren die bevorzugten Gestaltungsmöglichkeiten für Menschen, die keine Kinder mehr waren, denen aber irgendetwas spezifisches noch fehlte, um die Anerkennung als vollwertiger Mensch zu genießen. So habe ich in der Runde Gleichgesinnter eine Form der Abwechslung gefunden, die mir zeitweise alternativlos erschien. Dennoch habe ich im Spiel mit oder - besser gesagt - gegen mich selbst eine edle Art entdeckt, mit Kugeln sinnvoll umzugehen. Der Reiz liegt darin, dass man es allein spielen kann oder auch zu zweit, also mit einem Gegner. Tischtennis hingegen geht gar nicht allein; es wird jemand gebraucht, der den Ball zurückspielt. Ansonsten ist das ganze Spiel recht öde. Billard ist mehr ein Spiel, in dem die Geschicklichkeit des Spielers gefragt ist. Diese lässt sich am ehesten dadurch ermitteln, dass man die weiße Kugel mit einem besenstielähnlichen Holzstab, dem Queue, so anstößt, damit diese eine bestimmte Richtung auf den filzbezogenen Spieltisch einnimmt und dabei die beiden anderen Kugeln berührt. Natürlich gibt es eine Reihe von Variationen. Ich habe mich mit der einfachsten begnügt, der Karambolage, dem Spiel mit drei Kugeln und einer Platte ohne Löcher. Die amerikanische Version hingegen wird mit fünfzehn farbigen Kugeln gespielt, wobei diese in verschiedenen Löchern versenkt werden müssen. Diese Variante ist ganz offensichtlich der schlichten Geisteshaltung der US-Amerikaner geschuldet, die größere Schwierigkeiten haben, sich die Positionen mehrerer Kugeln zu merken und diese daher allmählich aus dem Verkehr ziehen müssen. Eine Zeit lang bin ich also jeden Nachmittag mit dem Rad ins Jugendheim gefahren, um dort mit mir selbst Billard zu spielen und darin dann auch eine gewisse Fertigkeit zu entwickeln.

Wer sich nun die Frage stellt, warum ich nicht die Mitgliedschaft in einem Fußballverein angestrebt habe, dem sei geantwortet, ich habe das zwar erwogen, aber nach gründlicher Überlegung nicht weiterverfolgt. Die Begründung ist einfach und schwierig zugleich. Mir war klar, dass man sich in einem Verein bestimmten Regularien zu unterziehen hatte, dass also die Ausübung von Rechten nur im Gegenzug von erfüllten Pflichten abhängig ist, ein Grundsatz, dem zunächst nicht viel entgegenzusetzen ist. Bei näherer Betrachtung fällt aber auf, dass Pflichten sehr genau beschrieben sind und wenig Spielraum zulassen, während die Rechte, insbesondere wenn Kindern sie geltend machen, gern relativiert, für momentan unzulässig erklärt oder gänzlich missachtet werden. Jedenfalls war es mir höchst verdächtig, mich einer Gruppe anzuschließen und deren Regeln zu übernehmen, ohne den Gegenwert zu kennen. Man kauft doch keine Katze im Sack oder? Ich konnte mich also nicht zum Beitritt in einen Fußballverein entschließen, nur um einmal pro Woche ein Trikot zu tragen, sich ansonsten aber täglich vor jemandem zu verbeugen, der sich für einen Fachmann hält. Aber jeden Sonntag habe ich die Fußballspiele auf dem benachbarten Platz verfolgt und dem TSC Friedenau die Daumen gedrückt. Das blau-gelbe Trikot habe ich nur übergestreift, wenn es um die Ehre meiner Schule, des Rheingau-Gymnasiums, ging. Dann allerdings wurde geackert bis zur Erschöpfung, und das bis zum Schluss. Meine Abneigung und meine Skepsis jedweden Vereinen gegenüber habe ich übrigens mein ganzes Leben lang nicht abgelegt, aus gutem Grund, wie ich zu wissen glaube.

Am Rande des Rüdesheimer Platzes befand sich ein kleines, unscheinbares Fahrradgeschäft. Der unfreundlich wirkende Besitzer, ein ebenso kleiner, älterer Mann mit halber Glatze und ölverschmiertem grauen Kittel erweckt stets den Eindruck, als störe man ihn bei einer wichtigen Beschäftigung. Ich fand allerdings, dass das stundenweise Ausleihen eines Kinderfahrrads Vorrang vor allen anderen Tätigkeiten haben müsste, vor allem, weil ich Melitta damit natürlich schwer zu imponieren glaubte. Das stellte sich als Irrtum heraus, der nicht der letzte meiner Versuche sein sollte, die Geheimnisse des anderen Geschlechts zu enträtseln. Das Interesse an Melitta ist dem Fahrrad gewichen. So bin ich für die Mietzeit im und um den Rüdesheimer Platz herumgefahren, habe mich an dem Gefühl erfreut, den Fahrtwind in Gesicht und Haaren zu spüren und Möglichkeiten der Wiederholung ersonnen. Diese stellten sich zunächst als äußerst begrenzt heraus. Kümmerlicher Ersatz bestand in einem Roller, der zwar aus Stahlrohr geformt und mit Gummirädern versehen einen modernen

Anspruch erfüllte, aber am Ende immer noch ein Roller war, daher als Prestigesymbol nur zeitlich begrenzt Verwendung fand. Wollte man sich standesgemäß weiterentwickeln, musste alsbald ein richtiges Fahrrad her.

Meine Mutter spielte aber nicht so mit, wie ich mir das vorgestellt hatte. Sie machte tatsächlich den Kauf eines richtigen, also eines Fahrrads für Heran- und Ausgewachsene von einem Führerschein abhängig. So musste ich mit einer besonderen Prüfung den Nachweis erbringen, dass ich den Anforderungen des Straßenverkehrs gewachsen bin. Die Prüfung bestand aus einem theoretischen, wie auch einem praktischen Teil: Hintereinander herfahren, Arm raushalten vor dem Abbiegen, Klingeln bei drohender Gefahr, Anhalten am Zebrastreifen und solche lächerlichen Übungen, die allesamt schon auf dem Verkehrskindergarten, einem umzäunten Gelände mit kleinen Straßen und Schildern, trainiert wurden. Das Aushändigen des Fahrradführerscheins bewirkte aber noch etwas anderes: Zum einen hatte ich die erste Prüfung meines Lebens gemeistert, was schon einen gewissen Stolz ausgelöst hat, zum anderen hat es ein offizielles Stückchen Karton mit Stempel und Unterschrift vermocht, einen Status zu dokumentieren, der nicht jedem zuteil wurde. Inwieweit sich dadurch aber irgendetwas geändert hätte, bleibt Spekulation, ist aber richtungweisend für alle weiteren Vorgänge in unserem Alltagsleben bis hin zum Abiturzeugnis und zur Approbationsurkunde. So wird mit geradezu inflationärer Häufigkeit der Eindruck erweckt, dass allein die Existenz eines Dokuments Rückschlüsse auf die inhaltliche Befähigung gestattet, ein weitreichender Irrtum, wie täglich bewiesen wird. Denn der Besitz eines Führerscheins belegt bestenfalls den Beginn der Legitimation und somit den Anfang einer lebenslangen Erfahrungskette. Mit anderen Worten: Wer einen Führerschein besitzt, kann noch lange nicht Auto fahren. Eine Aussage über die Inhalte ist demzufolge unmöglich, wird aber trotzdem nach allgemeingültiger Konvention vorausgesetzt. Wer demnach sein medizinisches Staatsexamen erfolgreich absolviert, also bestimmte Fragen zufriedenstellend beantwortet, dem wird Erfolg bescheinigt. Die Öffentlichkeit hingegen erwartet eine bestimmte inhaltliche Qualifikation. Das Tragische an dieser Diskrepanz besteht darin, dass häufig die Absolventen selbst diesem Irrtum von ausreichender Form und fehlendem Inhalt aufgesessen sind, sich also höher einschätzen als in Wahrheit möglich ist. Zur ständigen Bestätigung dieser Annahme schauen sich dann diese Menschen ihre eigene Urkunde mehrmals täglich an, als ob sie es nicht glauben können, was sie da vollbracht haben und verkennen dabei, dass es sich nur um ein Stück Papier handelt. So festigen sich gesellschaftliche Illusionen. So erklärt sich aber auch, warum es gute, weniger gute oder einfach nur schlechte Ärzte, Lehrer, Väter oder Elektriker gibt.

Nun, in jedem Fall hatte ich mein Fahrrad in Besitz genommen, zog immer größere Kreise von Zuhause und erkundete damit die weiteren Regionen meiner Umgebung. Dies war nun wesentlich leichter möglich als zuvor mittels Roller oder gar zu Fuß, was allein dem Tempo zuzuschreiben war, mit dem Entfernungen zurückgelegt werden konnten. Das Fahrrad, ein 28-Zoll großes Herrenfahrrad erfüllte durchaus höhere Ansprüche, war es doch nach aktuellem Standard mit Dreigangschaltung, Freilauf und Backenbremsen ausgestattet und meiner Körpergröße angemessen.

Oma fuhr samstags immer in den Osten zum Einkaufen, wie sie es nannte, und benötigte dazu natürlich Geld, genau genommen Ostgeld. Dies habe ich ihr in einer Wechselstube am Breitenbachplatz besorgt. Dort waren mehrere kleine Behelfslädchen in einer geordneten Reihe zu finden, Strümpfe, Kurzwaren, Lotto-Annahmestelle, Eisdiele und mittendrin die Wechselstube. So bin ich mit dem Fahrrad und zehn Mark West hin- und mit vierzig Mark Ost wieder zurückgefahren. Das Ganze hat nicht länger als zehn Minuten gedauert und war allgemein zumutbar, insbesondere bei Nutzung eines Fahrrades für den knappen Kilometer.

So ein Fahrrad bringt eine gewisse Mobilität und frische Luft mit sich. Selbst wenn man kein klares Ziel vor Augen hat, so kann man doch schier endlos auf der Straße diversen Beschäftigungen nachgehen, und das alles in Bewegung.

Eines Tages hatte ich das Gefühl, ein mir unbekannter Knabe wollte mir mein Revier streitig machen. So jedenfalls war mein Eindruck, als ich einen etwa gleichaltrigen auf der Straße zwischen Kirche und Kino kennen lernte, Hans-Jürgen, der ebenfalls draußen am Bergheimer Platz, wo die mächtige St. Marien–Kirche noch Raum für Kinderspiele gewährte, mit seinem Fahrrad unterwegs war, Gummispuren hinterließ, und Klingel spielte. Dazu wurde der Deckel einer Fahrradklingel abgeschraubt und in der Straßenmitte platziert. Abwechselnd fuhren die Kontrahenten mit ihren Rädern über die Kante des Klingeldeckels, so dass dieser Richtung Bordstein sprang. Gewonnen hatte der, dessen Klingel zuerst den Bordstein erreicht hatte. Nachdem ich viermal in Folge verloren hatte, habe ich Hans-Jürgen nur noch Hansi genannt, eine Anrede, die ich die nächsten fünfzig Jahre beibehalten sollte und das wurde, was man seinen besten Freund nennen durfte.

Hansi wohnte in der Ahrweiler Str. 16 samt Vater, Mutter und zwei Schwestern. Das erschwerte das ungestörte Zusammenkommen für gemeinsame Aktivitäten ungemein. So war es nicht weiter verwunderlich, dass wir uns bevorzugt draußen auf neutralem Gelände aufhielten, zumeist der Bank einer kleinen Grünfläche, die argwöhnisch vom Küster der St. Marien-Kirche bewacht wurde, als wäre es der heilige Rasen von Wembley. Dem Küster war – vermutlich als Kriegsfolge - ein Arm abhandengekommen, was ihn aber nicht groß daran hinderte, uns Kinder und Jugendliche vom Grund und Boden der Mutter Kirche zu vertreiben. Gelegentliche Jagdszenen blieben dabei nicht aus, verliefen aber stets zu Küsters Ungunsten. Jugendliche Frische und Überzahl sorgten für einen ungleichen Wettbewerb. Der Einarmige – wie er bald genannt wurde – konnte nur mit List und Tücke Erfolg haben. Dazu bediente er sich einer Überraschungsstrategie: Er tauchte urplötzlich aus einem der vielen Nebeneingänge auf und nutzte sein unerwartetes Erscheinen, um Spielgeräte zu beschlagnahmen. Auf diese Art und Weise haben einige Bälle den Besitzer gewechselt.

Wollte man den Ball zurückbekommen, war das nur mit zähen Verhandlungen zu erreichen, dem Versprechen, sich eine andere Spielstätte als die Kirchenmauer zu suchen und auf weitere, die klerikale Andacht störende Ereignisse zu verzichten. Nun lag es nicht in meiner Absicht, den Dreißigjährigen Krieg wieder aufzunehmen. Es muss aber darauf hingewiesen werden, dass die Kirche eine katholische war, die meisten der Kinder aber Protestanten. Insofern bestand hier von vornherein eine unterschiedliche Interessenlage. Und obwohl ich in früheren Jahren meine Neugier nicht zügeln konnte und ich mich dem Inneren der Kirche genähert habe, wurde ich von Oma sofort zurückgepfiffen mit den Worten: „Da hast du nichts zu suchen, das ist nur für Katholiken!" So nahm die Diskriminierung in Glaubensfragen ihren Anfang. Schnell wurde auch klar, dass die vier gewaltigen Glocken der Kirche mehrmals am Tag für ein unwillkommenes musikalisches Unterhaltungsprogramm sorgen sollten. Die katholischen Gemeindemitglieder wurden bereits zwischen sechs und sieben Uhr in der Früh zum Besuch der Messe aufgefordert. Protestanten hingegen wurden gratis geweckt und konnten sich auf diese Weise den Wecker sparen. Sonntags allerdings wurde der Glockenklang häufig von Pferdegetrappel begleitet. Ich bestaunte dann die prächtigen weißen Kutschen mitsamt den vier Schimmeln, die die frisch Vermählten in die erhoffte glückstrunkene Zukunft befördern sollten. Unter dem Aspekt der Ausstattung hatten die Katholiken den Protestanten schon einiges voraus.

Hansi und ich haben uns oft auf den „Roten" zurückgezogen, der seinen Namen von dem roten Ascheboden bezog, mit dem der ganze Schulsportplatz bedeckt war. Dort waren wir in den Nachmittagsstunden meist ungestört und konnten uns die Bälle um die Ohren schießen. Wenn die Sommerhitze zu groß wurde, war der Grunewald und somit auch der Teufelssee oder die Havel mit dem Rad schnell erreicht und stellte angemessene Rahmenbedingungen für das entspannte Leben eines Jugendlichen bereit.

Mitten in diese Zeit voller körperlicher Störungen kam dann noch eine weitere unvermeidliche Störung hinzu: Das Aufblühen von Hormonen, Barthaaren und Pickeln kündigte das Ende der Kindheit an, unklar war hingegen noch, welche Zeitdauer das in Anspruch nehmen würde und was stattdessen an deren Stelle treten würde. Auch ohne genauen Plan folgte ich den aktuellen Bedürfnissen, wie sie sich quasi automatisch einstellten. Hansi war in einer durchaus ähnlichen Situation und, so haben wir uns gegenseitig dabei unterstützt, diese Zeit mit diversen Ablenkungsmanövern zu überbrücken.

An einem Sonntag im nächsten März sollte sich ein Ereignis abspielen, dessen Folgen für etliche Jahre seine Schatten voraussenden sollten. Eigentlich eine vergleichsweise harmlose Angelegenheit: Gegen Ende des durchaus schmackhaften Sonntagsmenus, bei der die von meiner Oma auf deren unbeschreibliche Weise zubereitete Hähnchenkeule auf einem Strom von Rotkohl, Kartoffeln und Soße den vorbestimmten Weg in den Schlund finden sollte, machte sich in meiner Mundhöhle ein plötzlich einsetzender, dafür aber äußerst unangenehmer Schmerz bemerkbar. Ursache dafür war ein Abszess, der sich gewissermaßen aus dem Nichts in Zahnfleischhöhe entwickelt hatte und nun auf Gegenmaßnahmen hoffte. Diese wurden dann auch von dem eilig hinzugezogenen zahnärztlichen Notdienst mit dem Skalpell in die Wege geleitet. Selbst wenn es gelingt, den Abszess breit zu eröffnen, damit das Entzündungssubstrat abfließen kann, so wird damit zumeist keine Ursachenbehandlung ausgelöst. Wäre auch schlecht möglich gewesen, da es sich – wie sich später noch herausstellen sollte – um eine angeborene Fehlstellung des Schneidezahnes handelt. Dieser hat sich also widerspenstig verhalten und nicht das gemacht, wozu er aufgrund seines Bauplans verpflichtet wäre. Die Korrektur einer Lageanomalie ist so einfach nun auch nicht, wie es sich vielleicht anhört. Immerhin bedarf es dazu eines Planes und auch ein bisschen Glück, damit der Plan auch klappt. Nun, dieser hat nicht geklappt, jedenfalls nicht auf Anhieb. Genau genommen, waren in den kommenden vier Monaten drei weitere Operationen erforderlich, wobei die Anforderungen stets gesunken sind. Was anfänglich nach einer bloßen akademischen Herausforderung aussah, entpuppte sich mehr und mehr als Frage des grundsätzlich Möglichen. Den ersten Eingriff in örtlicher Betäubung habe ich noch relativ locker betrachtet, obwohl mir die auf der Kopfseite des Operationssaals angebrachte Normaluhr den zeitlichen Fortgang des Verfahrens auf die Minute ermöglichte. Nach Ablauf einer Stunde war dann meine Widerstandsfähigkeit erloschen gewissermaßen zeitgleich mit dem Ende der Operation. Diese hatte zum Ziel, den irregeleiteten Zahn mechanisch mithilfe eines Gummibandes in seine korrekte Lage zu manövrieren. Viel schwerer dürfte das Treffen des Zentrums beim Dart auch nicht sein, allerdings weitaus schmerzfreier. Soll ein Objekt einen anderen Platz einnehmen als zuvor, so geht das zumeist nicht ohne Krafteinsatz vonstatten, am menschlichen Körper also verbunden mit Schmerzen, die unterschiedliche Grade erreichten, von heftig bis unerträglich, wechselnd stark bis dauerhaft.

Das erstaunlich pragmatische Ende des gescheiterten akademischen Lehrstücks bestand dann in einer gezielten Aufräumarbeit, also dem Entfernen aller unbrauchbaren organischen Bestandteile aus dem Kiefer und dem zweckmäßigen Ersetzen durch angemessene Prothetik. Was mir also widerfahren ist, nämlich eine sichtbare Zahnlücke, erwartet einen normalerweise nicht vor Beginn des Rentenalters. Bei mir ereignete sich das zu Beginn der Pubertät und hat diese nicht unwesentlich beeinflusst.

Es folgte eine Zeit, die man getrost als persönliche wie auch politische Epoche der Polarisierung bezeichnen kann. Während sich Willy Brandt als Regierender Bürgermeister von Berlin über das Radio bei der Bevölkerung erkundigte, „wo uns der Schuh drückt“ und mehr oder weniger geglückte Gegenmaßnahmen präsentierte, als ob er sie im Alleingang hätte lösen können, machten sich die politischen Gegner auf, die anstehende Wahl für sich zu entscheiden. Die polarisierende Frage, die die Bevölkerung alle fünfzig Meter auf Wahlplakaten bedrängte, lautete also schlicht; Brandt oder Amrehn, rot oder schwarz, heiß oder kalt, schwarz oder weiß. Die ganze Welt schien in zwei Lager gespalten zu sein: Ost oder West, Chruschtschow oder Kennedy. Selbst im Sport fanden sich deutliche Gegensätze wieder. Bei der Tour de France, dem französischen Nationalereignis, stritten Anquetil und Poulidor um die Gunst der Massen und die Krone des Radsports. Während Poulidor diesen Sympathiewettstreit regelmäßig für sich entscheiden konnte, hat sein Kontrahent Anquetil den rein sportlichen Part viermal in Folge gewonnen.

Wer keine Extremposition vertritt, dem droht das Mittelmaß. Was daran eigentlich so schlimm sein soll, erklärt sich mir nicht. Die Kernfrage lautet eigentlich: Die Mehrheit der Menschen legt sich offensichtlich eher fest, für diese oder auch jene Seite Partei zu ergreifen, als sich einer eigenen differenzierten Betrachtung hinzugeben. Es scheint leichter, eine Meinung zu übernehmen als sich eine eigene zu bilden. Die Täuschung beruht auf der Scheinalternative, zwischen Pest und Cholera ja schließlich frei und unabhängig wählen zu können. Wenn ich mich aber nicht zwischen Pest und Cholera entscheiden kann oder will, weil nach eigener Erkenntnis beide Alternativen inakzeptabel sind, muss ich mir auch keine Entscheidung abringen lassen. Soweit die Lage. Und die hat sich nicht verändert. Wer gefragt wird, ob er lieber griechisch oder italienisch Essen geht, denkt vielleicht nicht darüber nach, ob er überhaupt Hunger hat. So gesehen, ist „keine Wahl" eigentlich keine eigene freie Entscheidung, sondern ein auf Nötigung beruhendes Zwangsverfahren. Kann man also überhaupt neutral oder unparteiisch zu sein? Ist der Inbegriff der Neutralität, die Schweiz, wirklich so neutral wie sie sich gibt? Oder muss man nicht über kurz oder lang eine Position beziehen, die eine eindeutige Zuordnung ermöglicht? Und falls ja, wie lange hält eine diesbezügliche Entscheidung wohl an?

Diese Form der Polarisierung vollzog sich überall: Während der kapitalistische Westen auf einen neuen US-Präsidenten wartete, versuchte nach dem natürlichen Ausscheiden des sowjetischen Führers

Stalin dessen Nachfolger Chruschtschow Punkte zu sammeln, um seine Position zu festigen. Dazu erschien die umstrittene Existenz Berlins geradezu ideal. Was war passiert? Wie so oft verbindet ein gemeinsamer Feind - aber nur, solange der Feind existiert. Ist er beseitigt, offenbaren sich Differenzen, die zwar schon bestanden, aber von übergeordneten Interessen überdeckt wurden. Jetzt hingegen eskalieren die ideologischen Unterschiede bis hin zur Unvereinbarkeit. So war das mit dem Vier-Mächte-Abkommen für Berlin, das sich in kurzer Zeit de facto zu einem Drei-Mächte-Abkommen wandelte. Die Positionen waren klar: Den Russen steckte West-Berlin wie ein Stachel im sozialistischen Fell, die federführenden US-Amerikaner als Speerspitze der Westmächte wollten eine weitere Ausdehnung der Russen nach Westen auf jeden Fall verhindern und brauchten dazu eine letzte Bastion, gewissermaßen die Alamo-Stellung gegen den verhassten Bolschewismus. Soweit die Ausgangslage, als Chruschtschow mit seinem Berlin-Ultimatum, also die Umwandlung von West-Berlin in ein neutrales Gebilde, ein neues Kapitel des Kalten Krieges eröffnete.

Der Regierende Bürgermeister Willy Brandt und sein damaliger RIAS-Chefkommentator Egon Bahr haben unmissverständlich gegenüber der internationalen Presse erklärt, dass die Berliner nicht im Traum daran denken, sich von Russen oder Ostdeutschen vereinnahmen zu lassen, als was auch immer das politische Gebilde bezeichnet werden sollte. Das hat Willy Brandt auch sofort eingesehen und einen entsprechenden Gegenvorschlag gemacht. Der wurde dann zwar immer noch nicht akzeptiert, allerdings war das Ultimatum erst mal vom Tisch, und der Status quo wiederhergestellt. Fragt sich nur, für wie lange. Später wurde daraus dann das Modell „Wandel durch Annäherung", was eine Wende in der Ostpolitik einläutete.

Offenbar glaubte man in Moskau, der neugewählte Präsident Kennedy sei ein Weichei, ein verzogenes Jüngelchen aus gutem Hause, eine willkommene Marionette kapitalistischer Hintermänner. Den müsse man doch irgendwie beeindrucken können, glaubte Chruschtschow und rückte den Amis in Kuba auf den Pelz. Und so wurde aus der Berlin-Krise die Kuba-Krise mit allerdings wesentlich größeren Konsequenzen, fühlte sich doch ganz Amerika bedroht, nicht nur eine kleine, vielleicht unbedeutende Gemeinde in der Mitte des ohnehin besiegten Deutschlands. Als allerdings an der Berliner Friedrichstraße kampfbereite sowjetische Panzer den amerikanischen auf Steinwurflänge feindselig wie wutschnaubende Drachen gegenüberstanden, war jedem klar, das wird eng. Und in der Tat ist die Welt – und wir zuallererst - nur denkbar knapp an einer militärischen Katastrophe vorbeigeschlittert. Damit wurde mehr als deutlich, wie verletzlich die Bedingungen in und um Berlin tatsächlich sind und dass die Lunte an diesem Pulverfass schon lange glimmt und jederzeit hochgehen kann. Nur welche Folgen drohen nun? Was kann man tun? Die Anspannung hat sich nicht gelegt. Oma ist dem ganzen Treiben mit einer stoischen Gelassenheit begegnet, wie es auch unter der Bevölkerung weit weniger Unruhe gab, als im Nachhinein erzählt wird. Der Alltag ging unbeirrt weiter. Wer jahrelangen Bombenangriffen standgehalten hat, ist auch anderen Attacken nicht hilflos ausgeliefert. So jedenfalls die allgemeine Stimmung.

Entgegen allen anderslautenden Berichten haben wir – die „Guten“ - später über Herbert Kundler, den damaligen RIAS-Chef, Kontakt zu Kennedy hergestellt, ihn gebeten, „doch mal vorbeizukommen und für eine dauerhafte Regelung zu sorgen.“ Es sei doch nun wirklich nicht schön, den ständigen Schikanen und Repressalien durch die DDR ausgesetzt zu sein, ohne dem etwas entgegensetzen zu können. Wahrscheinlich würde eine klare Aussage schon viel helfen. „Ist gut“, ließ Kennedy ausrichten, hat sich aber trotzdem noch ein bisschen Zeit gelassen.

Allerdings sollten sich im Herbst 1963 dramatische Ereignisse von historischem Ausmaß abspielen, die für uns Berliner von existenzieller Bedeutung waren. Während des amerikanischen Wahlkampfes fiel der US-Präsident Kennedy einem Attentat zum Opfer. Obwohl dieser in weiten Teilen der westlichen Welt ungeheuer populär war, gelang es ihm dennoch nicht, im eigenen Land eine mehrheitsfähige Gesinnung zu vertreten, die ihm eine Wiederwahl im nächsten Jahr sicherte. Mit anderen Worten: So beliebt Kennedy auch in Europa und ganz besonders in Deutschland – und da wiederum ganz besonders in Berlin war, so umstritten war er in den USA und da ganz besonders in den Südstaaten. In jedem Fall bereitete der gezielte Kopfschuss von Lee Harvey Oswald Kennedys Leben ein vorzeitiges Ende. Obwohl sich um dessen Tod seither vielfache Theorien ranken, liegen die tatsächlichen Verhältnisse noch im Dunkeln. Für die Mehrzahl der Berliner schien die Zeit stehenzubleiben, die Verbundenheit zu Amerika nahm eine neue Dimension ein, nicht erst seit dem historischen Ausspruch „Ich bin ein Berliner". Bis der unselige Vietnamkrieg in die Köpfe der Berliner vorgedrungen war, blieb das Entsetzen über das Attentat im Vordergrund bestehen nur wenige Tage nach meiner Omas siebzigsten Geburtstag.

Derweil habe ich mein Taschengeld aufgebessert. Das Aufstellen von Kegeln in einer dafür vorgesehenen Einrichtung namens „Ratsschänke" gegenüber dem Rathaus Friedenau hatte ich eine Weile ausgeübt, schien mir aber nicht mehr so richtig geeignet. Ungünstige Zeiten, die bis weit in die Abendstunden reichten, dünnes Salär, was auch dadurch nicht an Substanz gewann, dass zusätzlich noch Naturalien in Form von Freibier gereicht wurde. Das übelste war eigentlich das Verhalten der Kegelbrüder, die gegen Ende des Abends bei fortgeschrittener Stunde, als schon reichlich Bier und anderer Alkohol die Kehlen passiert hatte. Diese haben sich einen Spaß mit den Kegeljungs und Jagd auf deren Waden gemacht, indem sie bereits vor dem vollständigen Aufstellen weitergespielt haben und somit häufig Schienbeine statt Kegel getroffen haben. Da weder Gewerkschaft noch Berufsgenossenschaft beteiligt war, habe ich keinen Sinn mehr darin gesehen, mir nur noch blaue Flecken abzuholen. Da war die Tätigkeit beim RIAS schon wesentlich angenehmer. Gut, ich musste dazu zwar eine gehörige Strecke mit dem Siebzehner bis zum Studio nach

Lankwitz fahren, hatte aber dort mit dem Umblättern von Noten einen vergleichsweise ruhigen Job. Ursprünglich bestand die gesamte Anlage aus einer prachtvollen Residenz im Stil des Historismus. Das Herzstück der nach seinem späteren Eigentümer benannten Siemensvilla fand sich in einem Konzertsaal, der Platz für etwa vierhundert Personen bot und gelegentlich auch für solche Anlässe genutzt wurde. Unter meiner Mitwirkung fanden allerdings nur kleinteilige Stücke statt, zumeist Gesang mit Pianobegleitung wie das Strauss-Lied „Zueignung". Einzig beim Seitenwechsel konnte sich eine unerwünschte Verzögerung ergeben. Und da kam ich als Notenumblätterer ins Spiel.

Meine Aufgabe bestand also schlicht darin, dem Pianisten rechtzeitig die richtige Seite der Noten zu präsentieren. Gottlob konnte ich Noten lesen, die einzige Voraussetzung für den Job. Normalerweise geht eine solche Studioaufnahme nach einem festen Ablauf vor sich. Wenn der Sänger nicht heiser ist, der Pianist Herr aller seiner Finger ist, ein Notenumblätterer anwesend und die Regiezelle mit Toningenieur und Aufnahmeleiter besetzt ist, kann eigentlich nichts mehr schiefgehen.

Da die Komponisten meistens schon lange tot sind, lässt sich das Musikstück selbst nicht mehr korrigieren, es ist endgültig, was durchaus gewisse Vorteile mit sich bringt. So war es immer, fast immer, mit einer Ausnahme: Einmal lebte die greise Komponistin eines Gesangstücks noch, hatte – sehr zum Leidwesen des Aufnahmeleiters – auf ihrer Anwesenheit während der Tonaufnahme bestanden und fügte ihrer eigenen Originalfassung nach jeder Aufnahme noch eigene Korrekturen bei. Der Aufnahmeleiter näherte sich bedrohlich einem Nervenzusammenbruch, der Toningenieur versuchte mit allen verfügbaren technischen Tricks, die Aufnahme zu retten. Es nutzte alles nichts, die Urheberin dieses Lieds für weiblichen Gesang und begleitendes Klavier kritzelte noch einige Korrekturen in die Partitur, die kurz vor der Unleserlichkeit nach einigen Stunden ihrer endgültigen Bestimmung entgegensah. So nahm das Ganze doch noch alsbald ein wohlverdientes Ende.

Nachdem sich der Segen meiner Einsegnung vollzogen hat und ich sozusagen in die Welt der Erwachsenen vorgedrungen bin, habe ich mich ein Stückchen emanzipiert, bin allein über die Osterferien nach Wülpke gefahren und habe auch sonst jede Gelegenheit wahrgenommen, meine eigenen Vorstellungen zu realisieren. Zunächst habe ich mich der klassischen Musik geöffnet, indem ich meinen Vater regelmäßig bei Klavierkonzerten begleitet habe. Das war schon ein bisschen privilegiert, ließ doch der Balkon des Konzertsaals einen freien Ausblick auf die Darbietung zu. Insbesondere Pianisten wie Cherkassky, Richter und Vasary haben mich nachhaltig beeindruckt wie die Klaviermusik der Romantik von Schumann, Chopin und Liszt. Somit habe ich meine Lieblingskomponisten und deren Werke nachgespielt, so gut ich es konnte und mich an diesem Wollen mehr erfreut als am Können.

In dieser Zeit habe ich auch erste Neigungen zum Musiktheater entwickelt. Das Lebendige einer Opernaufführung lässt sich an der Verbindung von einer Geschichte und deren musikalischer Komponente ablesen. Das kann man als sehr gelungen bezeichnen. Wenn in der Welt der Oper allerdings regelmäßig die Hauptdarsteller wegsterben, kann man eigentlich froh sein, die gleiche Besetzung am nächsten Tag noch zu erleben. Carmen, Aida, Othello haben vor dem Ende des Werks das Zeitliche gesegnet, während der Freischütz, Lohngrien, Hänsel und Grete und andere Protagonisten der „Komischen Oper" viele Aufführungen - meist unbeschadet – überstanden haben. Nicht alle Bühnenwerke mündeten in den Tod. Viele haben sich jedoch nicht auf ein differenziertes Ende eingelassen, sondern das Shakespeare'sche Finale bevorzugt, einhergehend mit planmäßigem Massensterben. Erst später fiel mir auf, dass es häufig um existenzielle Probleme geht, dass also Musik im Allgemeinen und Opern im Speziellen kein Gegenstand von Bildung sind, sondern sich vielmehr in der Bereitschaft äußern, ob man offen gegenüber kulturellen Erlebnissen ist oder vielleicht auch nicht. Erstaunlich, dass es offensichtlich Menschen gibt, die überhaupt kein Interesse haben und auch keine Neigung verspüren, diesem Defizit abzuhelfen. Mir war jedenfalls nicht bewusst, dass man sich gewohnheitsmäßig an den Dingen orientiert, die Teil der eigenen Sozialisation sind, ohne sich dem fortwährend bewusst zu sein.

Wie zu jener Zeit nicht unüblich, wurden Heranwachsende einem Verfahren unterzogen, das ihnen den Einstieg in die Welt der Erwachsenen erleichtert. Das nannte man Tanzschule und beschränkte sich nicht allein auf die kunstvolle Schrittfolge von Walzer und Foxtrott. Zunächst war auch ein gepflegtes Äußeres erwünscht. Gottlob war da noch der Konfirmationsanzug im Schrank, ein Umstand, auf den man heute getrost verzichten kann. Eigentlich unglaublich, wie sich innerhalb von zwei Generationen das gesellschaftliche Selbstverständnis wandelt, aus dem, was funktioniert, wird das, was als verpönt betrachtet und gesellschaftlich missachtet wird und – merkwürdigerweise – auch umgekehrt.

Vier Bubis aus der Oberstufe der Rheingauschule haben sich in der Tanzschule Sommer bemüht, den Abstand zur Welt der Erwachsenen nicht zu groß werden zu lassen, sich also gesittet und ordentlich zu benehmen und die Spielregeln der Zukunft zu berücksichtigen. Meist hat das geklappt. Es gab aber auch Ausnahmen. Samstagnachmittag fand die Übungsstunde auf dem Parkett statt und war am frühen Abend zu Ende. Zu früh, um nach Hause zu eilen, zu spät, um neue Ziele anzusteuern. Also haben wir das bekannte Muster der nächstgelegenen Wohnung gewählt. Die Tanzschule Sommer lag im Nobelbezirk Grunewald, die Wohnung vom Klassenkameraden Hirschberg im benachbarten Schmargendorf, zu Fuß leicht zu erreichen, Somit blieb am Samstagabend die Wahl zwischen Fernsehen oder Skatspielen, wahrlich nicht der Gipfel an Unterhaltung. Erstmals habe ich die emotionale Wirkung von Musik in Verbindung mit einem Film bemerkt: Tschaikowskys Fantasie-Ouvertüre „Romeo und Julia“ diente dem Produzenten eines amerikanischen Dramas um die unerfüllte Liebe zweier Antipoden der Nachkriegszeit und hat seine Wirkung nicht verfehlt: Tränen. Peinlich, aber nur schwer zu bändigen.

Als fast-Erwachsener haben wir uns aber mehr an der wachsenden Freiheit erfreut, als unter Einschränkungen zu leiden. Der Abschlussball der Tanzschule läutete den Beginn des Zeitalters ein, in dem fortan die Mädchen eine größere Rolle einnahmen, als ihnen bisher zugestanden wurde. Das war durchaus nicht unangenehm, hatte aber einige Folgen, die bislang auf keiner Rechnung auftauchten, Eifersucht, eine reine Übungssache.

KAPITEL 16

ZWEI COUSINEN

In den Sechzigern weilte meine Oma des Öfteren bei ihrer Cousine Emmi Günther, meiner lebenslustigen, stets gut gelaunten Großtante, die mich immer mit einem langgezogenen „Ja Thoooooooooooooooomas" begrüßte, vermutlich ein Relikt aus der Zeit meiner Kindheit, in der ich – einschlägigen Berichten zufolge mit einem blonden Lockenkopf ausgestattet - besonderen Eindruck gerade bei der Damenwelt hinterlassen haben soll.

Emmi betrieb vor den großen Kriegen, von denen man nicht wusste, dass man sie später der Übersicht halber würde nummerieren müssen, im damaligen Schneidemühl ein Fuhrgeschäft. Nach den Neuregelungen, die Polen in Westpreußen zu dauerhaften Gebietsansprüchen berechtigten, wurde nicht nur die Grenze, sondern auch die Bevölkerung neu sortiert. Die meisten deutschstämmigen wurden über die Westgrenze des sogenannten Polnischen Korridors gescheucht und mussten sich und ihre Familien eine neue Heimat suchen. Daran haben auch die nationalsozialistischen Korrekturversuche Jahre später nichts zu ändern vermocht.

Meine Oma hatte während dieser Flucht zwei kleine Kinder zu versorgen, nämlich meine Mutter (*1918) und meinen Onkel (*1917), was nicht so ganz einfach war und man sich heute kaum richtig vorstellen kann. Die nächste Niederlassungsgelegenheit für die großmütterliche Familie fand sich dann in Berlin, heute wie damals runde sechzig Kilometer von der polnischen Westgrenze entfernt.

Emmi musste eine andere schicksalhafte Herausforderung meistern. Deren Kinder entstammten nämlich den Bemühungen mehrerer Väter, wobei sich dadurch naturgemäß eine normale Familienstruktur nicht so richtig ausgebildet hat. Die dadurch zwangsläufige inhomogene Verteilung der Emmifamilie ließ sich nicht mehr rückgängig machen. Im Gegenteil. In der Folge der Nachkriegswirren, von den politischen Ereignissen um die Machtübernahme der Kommunisten begünstigt, verteilten sich Emmis Nachkommen gewissermaßen über ganz Deutschland.

Da war Dieter, der handwerkliche Alleskönner, der alle Motoren zum Laufen bringen, der aus jedem Stück Holz ein Regal machen konnte, aber nicht wusste, wie er die Frau, die er abgöttisch liebte, an den Geschmack der westlichen Freiheit gewöhnen konnte, ohne dass diese jedes Maß und letztendlich auch ihn verliert.

Da war Heinz aus Brandenburg an der Havel, der sich des Öfteren bei uns aufhielt, und Ehefrau Marianne, dessen Augen stets das lebendige Funkeln im Blick seiner Mutter widerspiegelten, aber auch eine gewisse Melancholie offenbarten, vermutlich als Folge ungeklärter familiärer Verhältnisse. Da sei dessen Sohn Olaf kurz erwähnt, der sich nach erfolgreichem Medizinstudium in den Westen absetzte, um vom Arbeiter- und Bauernarzt zum kapitalistischen Großverdiener zu mutieren. Nur schade, dass ich nichtsahnend die Metamorphose dieses Früchtchens unterstützt habe, indem ich ihm freie Kost und Logis gewährte, in meine Familie aufnahm und ihm eine Stelle als Narkosearzt im Krankenhaus vermittelt habe. Die Chance, sich zu revanchieren, hat Olaf glänzend verspielt, viel wäre dazu allerdings nicht nötig gewesen. Aber das ist ein anderes Kapitel.

Emmi selbst lebte bis zu ihrem Tod in einer für Ostflüchtlinge erstellten Neubausiedlung im Außenbezirk von Osnabrück. Die vom

Staat nach dem Lastenausgleichsgesetz zugebilligte finanzielle Entschädigung bescherte Emmi ein relativ sorgenfreies Leben in bescheidenem Wohlstand.

Manchmal erlauben sich familiäre Wurzeln ähnlich wie Gilch beträchtliche Umwege, bevor sie in vertrauten Bahnen verlaufen. So erging es meinem Großonkel aus Finsterwalde.

Finsterwalde ist ein kleiner Ort südöstlich von Berlin. Ziemlich weit für den, der sich mit der S-Bahn nähert und ein Kleinkind mit sich führt. Nah genug für einen Wochenendausflug über ein paar Tage. Hier besitzt Onkel Albert nebst Tante Käthe ein Domizil, und hat uns eingeladen. Wir, das sind Oma, meine Mutter und ich, Thomas, zweieinhalb Jahre alt, aus Berlin-Moabit.

Die Grundstücke in der Schrebergartenkolonie sind mit zahlreichen Obstbäumen und Sträuchern bestückt und sollen den Besitzern entspannte Wochenenden und Obst zum Einmachen bescheren. Ein in der Mitte gelegenes Häuschen aus gemauertem Stein verleiht dem Ganzen den notwendigen Schutz. Mein Großonkel Albert bemüht sich rührend, mir die Vorzüge des Gartenlebens näher zu bringen. So ist festzustellen, dass meine Fähigkeiten, ein Fahrrad zu bedienen, denen eines zweieinhalbjährigen Kleinkindes entsprechen, das ich schließlich auch bin. Also lasse ich mich mit meinen windelgepolsterten Spielhosen von Albert auf dem Rad hin und her schieben und lerne dabei alles kennen, was ein Garten so zu bieten hat. Schließlich bevorzuge ich aber doch, mich auf eigenen Beinen zu bewegen und mich mit dem Gartenschlauch zu beschäftigen. Immerhin bin ich in der Lage, diesem die Richtung vorzugeben, in die sein Inhalt zu gelangen hat. Das regelmäßige Auf und Ab, mal nach rechts, mal nach links, eröffnet mir die Aussicht, zu spielen und doch etwas Nützliches zu tun. Bevor es mir gelingt, den ganzen Garten in eine Sumpflandschaft zu verwandeln, schreitet Oma ein und erklärt mir den Umgang mit Gartengeräten. Nach einem kurzen Testlauf mit Rechen und Harke kehre ich dann doch wieder zu dem Gartenschlauch zurück, dessen Verwendbarkeit mir in der Zwischenzeit geläufig ist und der auf weitere Experimente wartet. Oma leitet einen untauglichen Versuch ein, mich mit lächerlichem Kinderkram wie Förmchen und Schippe abzulenken. Vielleicht will sie mich dezent darauf hinweisen, dass Förmchen und Schippe das angemessene Werkzeug für einen zweieinhalbjährigen sind, der seinen vorübergehenden Aufenthaltsort im Sandkasten festgelegt hat. Dabei gibt es bei Albert und Käthe gar keinen Sandkasten. Als Provisorium dient der zum Haus führende Sandweg, ein mäßiger, vielleicht sogar schlechter Ersatz für eine Buddelkiste. Nun habe ich mir noch nie viel aus Buddelkisten gemacht. Als sehr störend empfinde ich doch immer wieder die Sandkörner zwischen den Fingern, teilweise unter den Nägeln und manchmal sogar im Gesicht. Ich frage mich schon, worin der Reiz besteht, Kindern aller Altersgruppen an den Stränden von Nordsee, Ostsee oder Wannsee das Formen von Sandburgen und Herstellen von ungenießbarem Sandkuchen schmackhaft zu machen.

Das erste Gewitter meines Lebens – soweit mein Bewusstsein reicht - hat mir wirklich Angst gemacht. Regen, Blitz und Donner wechseln sich regelmäßig ab und sorgen in der waldreichen Umgebung von Finsterwalde für eine bedrohliche Atmosphäre. Ein am Tage einsetzendes Gewitter hat den erheblichen Nachteil, dass man das Unheil kommen sieht. Anfangs rutschen die Regentropfen geradezu gemächlich an den Scheiben herunter, wie sich von Innen gut verfolgen lässt, wird dann aber im weiteren Verlauf immer stärker, bis die Konturen der Außenwelt hinter dem prasselnden Staccato des Regens verschwunden sind. Mit zaghaftem Donner beginnt das Unwetter, entwickelt sich alsbald zu einem furiosen Crescendo von plötzlich einsetzenden Einschlägen, die an Artillerie aus Kriegszeiten erinnern. So jedenfalls empfindet es mein erwachsener Beistand bestehend aus Mutter, Großmutter sowie Großtante und Großonkel. Obwohl mitten am Tage verdunkelt sich der Himmel zusehend. Nur Blitze führen zu einer kurzen, aber heftigen Aufhellung. Nach einer halben Stunde ist alles vorbei, aber der abklingende Donner – manchmal auch unerwartet heftig - erinnert noch an das erste Sommergewitter meines Lebens.

Cousinen sind Menschen mit einem bestimmten Verwandtschaftsverhältnis, im eigentlichen Sinn handelt es sich um die Kinder von Onkel oder Tanten, also Menschen, die eine gemeinsame Großmutter haben. Das kann gelegentlich zu erstaunlichen Ähnlichkeiten führen, manchmal lässt sich ein gemeinsamer Stammbaum nur ahnen, zuweilen sind diese gemeinsamen Wurzeln überhaupt nicht erkennbar.

Wahrscheinlich hat jeder Mensch schon mal solche oder ähnliche Erfahrungen gemacht, muss deshalb aber nicht ins Grübeln kommen. Wer sich wem gegenüber als Cousin oder Cousine präsentiert, hängt vermutlich weniger vom äußeren Erscheinungsbild als vielmehr von der Nähe ab, die zwei Menschen füreinander empfinden. Sicherlich sind Beziehungen, die von unverändert lebenslangem Bestand gekennzeichnet sind, eher die Ausnahme. Viel zu groß sind die Ereignisse, die jedes individuelle Leben bestimmen oder in bestimmte Bahnen lenken. Dennoch vermag eine einmal gefestigte Beziehung durchaus wieder in eine aktive Form zurückgeführt werden, wenn, ja wenn sich beide auf ihre gemeinsamen Wurzeln besinnen.

So gibt es auch hier in dieser Lebensbeschreibung zahlreiche Geschehnisse, die sich auf gemeinsame biochemische Strukturen gründen, aber durchaus unterschiedliche Verläufe nehmen. Mit manchen Vettern und Basen verbindet mich eine durchaus schöne Vergangenheit, die gelegentlich auch durch gemeinsame Erinnerungen aufgefrischt wird. Manch andere hingegen reichen über die Bedeutung längst vergilbter Fotos aus der Grundschulzeit nicht hinaus. Und so bleibt festzuhalten, dass die Enkel wenig und deren Kinder kaum noch eine konkrete Vorstellung von den gemeinsamen Wurzeln haben, denen die Besonderheit familiären Ursprungs zu eigen ist. Eigentlich schade oder? Was ist dran an dem Baum, dessen Zweige in entgegengesetzte Richtungen wachsen, sich nie berühren, ja nicht einmal sehen und doch voneinander wissen? Wie lautet die Formel, wie klingt das reine Lied von Leben und Liebe, die jedes Lebewesen zu erfüllen mag? Macht diese Kenntnis für den Baum einen Unterschied aus?

KAPITEL 17

EIN WÜRSTCHEN KOMMT SELTEN ALLEIN

Solange ich denken kann, betrieb Onkel Karl, der Vetter meines Vaters, einen Fleischerladen in der Martin-Opitz-Straße im Wedding, was ihm nicht sonderlich schwerfiel, hatte er doch das Fleischerhandwerk gelernt. Ihm eilte sogar der Ruf voraus, besonders schmackhafte Würstchen herzustellen, was ihm neben einem ordentlichen Ruf bei der Innung auch ein kleines Vermögen bescherte. Allerdings verdankte er diesen Erfolg nicht nur seinem handwerklichen Geschick, sondern in nicht unbeträchtlichem Ausmaß auch dem Geschäftssinn seiner hinter dem Ladentisch agierenden Frau Gertrud, meiner Patentante. Unter den Stammkunden fanden sich so renommierte Namen wie die „Zooterrassen" und die Hotels Berlin, Hilton und Kempinski. Im Laufe der Jahre erwarb Karl somit zwei große Mietshäuser. In einem von denen – nämlich in der Holsteinischen Straße in Wilmersdorf – habe ich 1972 eine Drei-Zimmer-Wohnung angemietet und diese mit eigenen Mitteln und Möglichkeiten in ein behagliches Domizil umgewandelt oder das, was ich mir als ein solches vorstellte. Die dabei erworbenen Kenntnisse und Fähigkeiten sollten mir in Zukunft noch sehr zugutekommen. Immerhin haben sich in den nächsten Jahren noch neun weitere Wohnungs- und Ortswechsel ereignet.

Während meiner Schulzeit bestand meine familiäre Aufgabe darin, alljährlich nach Weihnachten einen mit Neujahrssymbolen wie Schornsteinfeger und Glücksschwein verzierten Blumentopf als Grußbotschaft in der Fleischerei von Karl und Gertrud abzugeben und dafür – quasi im Gegenzug – ein stattliches Wurstpaket in Empfang zu nehmen. Den Würstchen stand dann noch eine knapp einstündige Busfahrt mit der Linie 16 bevor, bevor diese an ihrem endgültigen Bestimmungsort, nämlich in Omas Küche, gelandet sind. „Natürlich wieder nur Würstchen, die hätten ja auch mal ein bisschen Wurst und Schinken einpacken können". Mit diesen oder ähnlichen Worten pflegte Oma das Ergebnis meines Beutezuges zu quittieren. Zu Gertruds Ehrenrettung sei bemerkt, dass im Laden zumeist ein reges Treiben herrschte, so dass das eilig zusammengestellte Wurstpaket nur von der Frage begleitet wurde „Na, Thomas, wie geht's?" Bei ruhigem Geschäftsbetrieb schloss sich dann eine Nachfrage nach dem Befinden meines Vaters an, während Karl im Fleischerkeller massenhaft Würstchen produzierte und sich mit Klarem erwärmte, zumindest zeigten seine blass-blauen Hände und das rosa Gesicht deutliche Zeichen einer chronischen Blutumlaufstörung. Der blutverschmierte weiße Kittel und die Alkoholfahne veranlasste Gertrud regelmäßig, Karl aus dem Verkaufsraum zu verbannen und ihn den Blicken der Kundschaft zu entziehen.

Als meine Patentante Gertrud Mitte der Sechziger von einem fulminanten Krebsleiden dahingerafft wurde, stand für Karl zunächst einmal die Welt still. Wie so oft hat er den Verlust mittels Schnaps auszugleichen versucht, eine Methode, die in den seltensten Fällen von Erfolg gekrönt ist. Seine langjährige Lebensgefährtin half ihm dabei, das Witwerdasein erträglich zu gestalten, das über Jahre mittels Würstchen erwirtschaftete Vermögen hat zügellose Leidenschaften begünstigt.

Mein Vater, der mit der Devise „Über Geld spricht man nicht, das hat man" in seiner Umgebung zu punkten trachtete, hat ein ums andere Mal versucht, Onkel Karl anzupumpen. So auch vor dem angestrebten Erwerb einer Autographie von Johann Sebastian Bach. Karl hingegen, der Inbegriff eines realistischen Geschäftsmanns, war längst nicht so einfältig wie gewünscht und entgegnete meinem sichtlich enttäuschten Vater: „Was denn, Gerhard, für beschriebenes Papier? Das lass mal schön sein!“

Karls Tochter, die hübsche, aber neurotische Jutta, bemühte sich nach Leibeskräften, sich dem Einfluss meines Vaters zu entziehen. Dieser war wie immer der Ansicht, dass nur ihm die Deutungshoheit für die Ungereimtheiten dieser Welt zustünde, und nur er besäße die Autorität, davon auch Gebrauch zu machen. Zwar gäbe es noch eine Reihe anderer Menschen mit ähnlichen Ambitionen, doch nur wenigen Auserwählten seien befugt, Recht zu haben. Er aber gehöre dazu. So hat er auch nie Zweifel darüber erlaubt, dass nicht etwa der Vater, nämlich der Fleischermeister Karl, die Entscheidung über den Werdegang seiner Tochter Jutta zu befinden hätte. Der war in den Augen meines Vaters denkbar ungeeignet. Aber das macht ja nichts, solange man ihn zu allen Ausbildungs- und Lebensfragen hinzuzieht. So wurde Jutta nolens volens einem Hochschulstudium ausgesetzt, und obwohl es keiner wirtschaftlichen Not bedurfte, wurde doch Nationalökonomie studiert, weil mein Vater es für richtig hielt. Ob sie damit gut beraten war, wird sich wohl nie klären lassen, welche Motive ausschlaggebend waren. Horst Lehmann hieß der Auserwählte, den Jutta an der Uni aufgegabelt hatte, und sollte es für den Rest des Lebens bleiben, Volkswirtschaft hin oder her.

Auch in Zukunft hat sich mein Vater im Kreise seiner Familie stets in regelmäßige Erinnerung gebracht und sei es mittels spontaner Besuche zur Nachmittagszeit. So hat er seine Nichten Jutta und Bärbel, seine Cousine Irma, seinen Schwager Kurt und seine Tante Erna des Öfteren heimgesucht und mit Geschichten aus der Rubrik „kurz und uninteressant“ gelangweilt. Dennoch wurde ihm nie der Zugang verwehrt, ja es wurde stets der Eindruck eines unerwarteten und dennoch willkommenen Besuchs erweckt. Selbst meine Oma, die in der Reihe der regelmäßigen Stationen nicht fehlen durfte, hat seine Spontanvisiten mehr als plötzliches Naturereignis wahrgenommen, das so schnell vergeht, wie es gekommen ist. Und auf diese Weise wurde der Nachrichtenfluss aufrechterhalten, mein Vater als Sprecher und Redakteur in Personalunion stets auf der Suche nach Neuigkeiten, die er auch selbst hervorbringen konnte. Die Statisten waren zahlreich und illuster: Ehemalige Schul-, Kriegs- und Klassenkameraden, Schulfreunde, Kollegen, Familienangehörige. Nur aus dem Bereich des Sports und der Popmusik waren keine Personen wahrzunehmen, die es in den Augen meines Vaters verdient hätten, von ihm erwähnt zu werden. Ein jeder der Stichwortgeber war für eine Anekdote gut, nur hat das niemanden unter der Zuhörerschaft interessiert. Meinen Vater hat das allerdings auch nicht gekümmert. Rücksichtslos hat er seine eigenen Themen verfolgt. Wenn sich diese erschöpft hatten, hat er sich verabschiedet. So sind über Jahre Begriffe wie „mein Freund Levi" und „Freund Lingsch" in den allgemeinen Sprachgebrauch als Metapher für eine sinnfreie Aussage übergegangen.

Ein Freund ist jemand mit einer inneren Bindung, für den es keine Tabus gibt. Nach dieser Definition hatte mein Vater allerdings keinen einzigen Freund, noch war er seinerseits niemandes Freund. Eigentlich ein armes Schwein, sofern er sich dessen bewusst war. Aber war er das? Im Zweifel verkürzt der abendliche Schnaps die Zeit vom Nachdenken bis zum Einschlafen.

KAPITEL 18

TRENNLINIEN

Dass das Ganze mehr als nur die Summe seiner Teile ist, glauben wir seit Aristoteles zu wissen. Gleichwohl hat uns der griechische Philosoph verschwiegen, dass auch der Teil eines abstrakten Ganzen sehr wohl als funktionsfähige Einheit taugen kann, wenn, ja wenn Dinge, die partout nicht zusammenpassen, gewaltsam oder per Beschluss zusammengefügt werden und darin auf Gedeih und Verderb ausharren, bis ebenfalls gewaltsam eine Trennung erfolgt. So ist das gelegentlich bei Eheschließung, so ist das bei Staaten oder bei Volksgruppen, ja selbst bei Nachbarn vermag eine Grenze Konflikte ungeheuren Ausmaßes auszulösen.

Es mag Zufall sein oder auch nicht, dass das Jahr, in dem ich das Licht der Welt erblickte, gleichzeitig das Geburtsjahr von Israel war. Die UNO hatte einem Teilungsplan für Palästina zugestimmt. Kurz zuvor hatte sich das ehemalige britische Kolonialreich in Indien und Pakistan gespalten. Beide Ereignisse sollten entgegen der ursprünglichen Absicht eine Lunte legen, die jahrzehntelange Kriege, Krisen und Konflikte auslöste. Und obwohl die Teilung des Deutschen Reiches von den Siegermächten bereits vor Kriegsende beschlossen wurde, haben sich dessen Folgen erst Jahre später ausgewirkt. Üblicherweise wird die Trennlinie zwischen zwei voneinander zu unterscheidenden Gebilden als Demarkationslinie oder Grenze bezeichnet. Diese kann

im Wesentlichen ordnungspolitischen, also formaljuristischen Zielen dienen, für die Bevölkerung aber funktionslos sein, ja oft genug überhaupt nicht wahrgenommen wird. So verlief beispielsweise die Berliner Grenze zwischen den Bezirken Wilmersdorf und Schöneberg an der Laubacher Straße völlig unauffällig, ja geradezu bedeutungslos, obwohl dort die amerikanische Besatzungsmacht auf die britische stieß. Ich habe während meiner dreizehn Schuljahre die Laubacher Straße mehrmals täglich überquert und dort nicht einen einzigen Uniformierten erblickt, der nach Geld, Ausweis oder Zollwaren gefragt, geschweige denn gesucht hätte. Ganz anders war die Situation an der 160 Kilometer langen Grenze zum Ostteil der Stadt, also zur von den Russen besetzten Zone. Hier war selbst eine durchlässige Grenze wie in den Fünfzigern bereits als Grenze zu erkennen. Und hier sollte der illegale Austausch von Waren, Menschen und Materialien kontrolliert werden, was nur zum Teil gelang.

Im August 1961 waren mein Vater und ich im neuen VW-Käfer auf einer Tour durch die nördlichen Provinzen von Holland unterwegs. Das Wetter war schlecht; regnerisch, windig und kühl. Also beschloss mein Vater – ich hatte wie immer kein Mitspracherecht –, den Urlaub zu verkürzen und über Hamburg nach Berlin zurückzukehren. Nach einem Kurzaufenthalt am Hafen sollte das restliche Gepäck aus der Pension im Auto verstaut werden. Da überraschte die Nachricht, die Grenze sei dicht. Und weiter: Reisende von und nach Berlin müssen mit erheblichen Verzögerungen rechnen, da die Grenzorgane der DDR die Grenze geschlossen haben, so die offizielle Verlautbarung. Später war dann zu erfahren, dass die Vopos, wie die Volkspolizisten der DDR umgangssprachlich genannt wurden, West-Berlin mittels Mauer und Stacheldraht isoliert hätten. Die haben uns eingemauert, war dann die erste Reaktion. Erinnerungen an Aida, eine kürzlich erlebte Verdi-Oper wurden in mir wach, die ebenfalls mit der Einmauerung der beiden Protagonisten endet. Nun ließ sich allerdings die Rückfahrt nicht dauerhaft verhindern, ohne den Viermächtestatus – also die Vereinbarung von allen Besatzungsmächten über ganz Berlin – zu gefährden und somit eine militärische Intervention heraufzubeschwören. Aber manchmal reicht es aus, Dinge, die man nicht verhindern kann, so zu erschweren, dass den Menschen schlichtweg die Lust vergeht. Nun war das Befahren der drei Landwege, die man als Transitstrecken bezeichnete, nämlich nach Süden, Westen und Nordwesten zu keiner Zeit eine reine Freude. Das lag im Wesentlichen an der Rechtsunsicherheit, der sich jeder Reisende ausgesetzt sah, man kann es auch Willkür nennen. Die Ordnungshüter der DDR sahen sich imstande, einen gewissen Ermessungsspielraum einzusetzen, um diesem Gefühl der Willkür Vorschub zu leisten. Der weniger sympathische Ausdruck für dieses Verfahren ist Schikane. Demzufolge waren die Wartezeiten an den Grenzübergängen mal lang, mal weniger lang, mal ganz lang, je nachdem, wie die Vopos gelaunt waren, so schien es zumindest.

Nachdem einige Wochen zuvor der DDR-Staatsratsvorsitzende Walter Ulbricht die klassische Lüge von der Mauer, die niemand zu bauen beabsichtigt, verbreitet hatte, war plötzlich der ganzen Welt klar, welchem Wert derartige Aussagen beizumessen sind. Dabei wusste eigentlich jeder einschließlich aller politischen Instanzen und dem Weihnachtsmann, dass dem ständigen Aderlass von Menschen Richtung Westen entgegengewirkt werden musste. „Hätten Sie denn Verständnis für eine Maßnahme, die den massiven Abstrom von Menschen aus der DDR verhindert?“ wurde noch Anfang August Richtung Bundesregierung gefragt. Die Antwort war schlicht „Ja“ und die Hoffnung auf ein Ende des Flüchtlingsstroms. Und somit waren zwar Empörungen jeder Art und Herkunft zu erwarten, aber keine Aktivitäten. Die Empörung beschränkte sich allerdings im Wesentlichen auf die Westberliner Bevölkerung. Der Westen reagierte insgesamt sehr gelassen, wir fühlten uns allein gelassen abgesehen vom Austausch einiger diplomatischer Protestnoten. Der Adenauerregierung in Bonn wurde später noch ein willkommener Anlass unterstellt, West-Berlin loszuwerden und damit millionenfache Unterstützungsgelder einzusparen. Und so sollte sich für die nächsten achtundzwanzig Jahre das Schicksal Berlins in das einreihen, was sich bereits in Nikosia, der Hauptstadt Zyperns und in Jerusalem, der Hauptstadt Palästinas angedeutet und vollzogen hatte, die Teilung einer organisch gewachsenen Stadt in unterschiedliche, ja geradezu gegensätzliche Interessensphären. Wir sind jedenfalls irgendwann nach stundenlanger Warterei wieder im heimatlichen Berlin gelandet und haben diese wie auch weitere Schikane unbeschadet, aber genervt überstanden. Nicht so gut überstanden hat das ganze Gemetzel um illegale Grenzübertritte Peter Fechter, der ungefähr ein Jahr nach Mauerbau bei einem Fluchtversuch an der Zimmerstraße von DDR-Grenzsoldaten angeschossen wurde und im sogenannten Todesstreifen verblutet ist. Die empörte Menschenmenge auf Westberliner Seite musste das Drama tatenlos mitansehen. DDR-Chefideologe Carl-Eduard von Schnitzler kommentierte das Ereignis im DDR-Fernsehen mit gewohntem Zynismus: „Wer unsere Grenze nicht verletzt, kommt auch nicht zu Schaden." Meiner journalistischen Neigung entsprechend habe ich zwei Tage später die Stelle an der Mauer fotografiert, die heute natürlich längst verschwunden ist und einem grenzübergreifenden Neubau aus Beton und Glas Platz gemacht hat. Verschwindend klein sind die übriggebliebenen Hinweise auf Gemetzel, wie sie aufgrund unterschiedlicher Gesetzeslage immer wieder geschehen sind.

Währenddessen erfreute sich ein großer Teil Amerikas an seinem neuen Präsidenten Kennedy, dem allerdings einige Startschwierigkeiten nicht erspart blieben. Das militärische Fiasko in der Schweinebucht von Kuba dient als historisches Beispiel für amerikanische Unzulänglichkeiten. Die Russen feierten noch immer den ersten Menschen, den sie in einer Raumkapsel ins All geschossen hatten und der im Gegensatz zu seinem tierischen Vorgänger, der Hündin Laika, wieder wohlbehalten auf der Erde gelandet ist. Inspiriert von dem sowjetischen Weltraumerfolg des Kosmonauten Juri Gagarin haben sich bundesdeutsche Schlagerproduzenten einen Titel ausgedacht, der wochenlang die Hitparaden beherrschte: Gus Backus, ein gebürtiger Amerikaner mit zweifelhaften deutschen Sprachkenntnissen trällerte vergnügt den „Mann im Mond“. Und überhaupt machte die deutsche Unterhaltungsbranche mit ausgefallenen Texten auf sich aufmerksam. Da war von Bauchtänzern die Rede, weil sich nun einmal auf „Zuckerpuppe“ ganz gut „Bauchtanzgruppe“ reimt. Dem sprachlichen Schwachsinn trat ein österreichischer Sänger entgegen, der sich gern als „Singender Seemann“ präsentierte und von Herz, Schmerz, Heimweh und Sehnsüchten zu erzählen wusste. Mir war das Bedürfnis nach solcher auf Wiedergutmachung angelegten Stimmung fremd, hatte ich doch nicht das Gefühl, sowohl für die Vorkriegs-, noch für die Nachkriegsgeschehnisse verantwortlich zu sein. Überhaupt ist das mit der Verantwortung so eine Sache. Wer sollte wohl wofür wie lange verantwortlich sein? Eine Frage, die sich vermutlich nie abschließend beantworten lässt. Dennoch habe ich diese Schlager ihrem musikalischen Gehalt nach Stück für Stück verkonsumiert und mich dabei

– wen wundert's – keineswegs schlecht gefühlt. Außerdem haben wir uns reichlich dem Radioprogramm hingegeben und dabei alsbald die neue Situation nach dem Bau der Mauer ignoriert. Wie sagte einst Ernst Reuter zu meinem Geburtstag 1948: „Ihr Völker der Welt, ihr Völker in Amerika, in England, in Frankreich, in Italien! Schaut auf diese Stadt und erkennt, dass ihr diese Stadt und dieses Volk nicht preisgeben dürft und nicht preisgeben könnt!“ An dieser klaren Ansage konnte auch der „Antifaschistische Schutzwall“ – wie die Mauer im offiziellen Sprachgebrauch der

DDR genannt wurde – nichts ändern. Mir fällt dazu Mark Twain ein, der sich über den Unsinn von Mauern im Allgemeinen und Friedhofsmauern im speziellen so äußert: „Die einen können nicht mehr raus, und die anderen wollen nicht hinein." So ähnlich haben sich die Berliner im abgeschlossenen Teil der Stadt gefühlt. Keiner wollte doch tatsächlich in die DDR flüchten, aber tausende haben ab den Fünfzigern den umgekehrten Weg eingeschlagen.

Gleichwohl haben es auch die immer subtileren Methoden der Grenzsicherung nicht vermocht, waghalsige, verzweifelte oder auch todesmutige Menschen von dem Versuch der „Republikflucht" abzuhalten. Das, was früher von untergeordneter Bedeutung war, nämlich die Grenze zwischen zwei Berliner Bezirken, wurde über Nacht zur schwer bewachten Staatsgrenze, der Trennlinie zweien unversöhnlich gegenüberstehenden Gesellschaftssystemen.

Kuriose Grenzverläufe wurden plötzlich real: Das Ufer gehört zum Westen, das Wasser zum Osten. Da bekommt das sprichwörtliche „rettende Ufer" eine ganz neue Bedeutung, wenn beim nächtlichen Überqueren eines Wasserwegs auf den letzten Metern plötzlich Schüsse fallen und die westlichen Hilfskräfte tatenlos der Treibjagd zuschauen müssen. Das Wohnhaus liegt im Osten, der Gehweg im Westen. So sprangen Menschen aus Fenstern im Osten, wohl wissend, dass sie im Westen landen würden, wenn, ja wenn sie lebend unten ankommen würden. So haben sich Menschen quasi zu Maulwürfen verwandelt und über hunderte von Metern unterirdische Tunnel gegraben, mit gepanzerten Lkws gewaltsame Grenzdurchbrüche unternommen, das eigene Schicksal selbstgebastelten Heißluftballons anvertraut, die des Öfteren zu Fahrten ins Ungewisse wurden.

Der Erfindungsreichtum der zur Flucht entschlossenen kannte keine Grenzen und wurde allein aufgrund der Originalität immer wieder gern von der Westpresse aufgegriffen, während die Ostpresse keinen Versuch unterließ, den Westen der fortgesetzten Agitation und Aggression zu bezichtigen. Umso wichtiger war es dem Osten, die Republikflucht als Straftat zu deklarieren und unter Strafe zu stellen, wenn nötig auch mit dem Verlust von Leib und Leben zu ahnden. So kam der Schießbefehl zustande, also die Verpflichtung der Grenzsoldaten, einen Flüchtigen mit allen Mitteln an seinem Vorhaben zu hindern. Das ist öfters geschehen als bekannt wurde, insbesondere wenn ein Gewässer überquert werden musste. Die im Wasser befindlichen wurden kurzerhand abgeschossen, und wer unterging, für den war die Flucht zu Ende, nicht selten in völliger Anonymität. Der Grenzverlauf in der Mitte von Teltowkanal oder Glienicker See machte es der einen Seite unmöglich zu helfen, die andere Seite hingegen hatte kein Interesse an einer Klärung. Gluck, gluck, weg war er, lautete das zynische Resultat, als ob es sich um ein zufällig ertrunkenes Entenküken handelte.

Das Programm der Insulaner erlebte nach dem Mauerbau eine neue Dimension. Der Kalte Krieg gab die Richtung vor. Scharfzüngig und pointiert war das Kabarett zwar noch immer, die frühere Leichtigkeit war aber irgendwie abhandengekommen. Die Sache schien sich zuzuspitzen. Ein neues Medium hatte nämlich seinen Siegeszug eingeleitet, ein kleiner Holzkasten mit einer zentralen Verglasung, aus der eine oder mehrere Personen zu Menschen sprachen, die sie selbst nicht sehen oder hören konnten. Insofern ist der Begriff des „Fernsehens" ein bisschen missverständlich, zumindest aber einseitig, schließt er doch eine Gegenseitigkeit von vorn herein aus. Das wurde auch im Osten sofort erkannt, wenngleich dort die flächendeckende Versorgung mit Fernsehgeräten weit schleppender voranging als im Westen. Und so wurde – wen kann das überraschen – der Kalte Krieg im Fernsehen fortgesetzt und dort zur höchsten Vollendung entwickelt. Was auf der einen Seite der gelernte Antikommunist Gerd Löwenthal war, der DDR-Hofberichterstatter Karl-Eduard von Schnitzler wusste es allemal besser, hatte er doch die Deutungshoheit für alle Fragen der Menschheit gepachtet. Er blieb keine Antwort schuldig und überraschte immer wieder mit hanebüchenen Erklärungen, die dem Grunde nach nur schwerstes Kopfschütteln und andere neurologische

Symptome auslösten, aber dennoch offiziell waren. So kam auch eine besondere Art der Sprachregelung zustande, wie sie bisher nur aus der NS-Zeit bekannt war. Wer ein Auto lenken wollte, brauchte im Westen einen Führerschein, im Osten hingegen eine Fahrerlaubnis. Im Osten galt alles als verpönt, was mit dem Begriff „Führer" zusammenhängt. Das brachte gelegentlich zum Schmunzeln verführende Stilblüten hervor. Demnach gab es keine „Führungsschicht" mehr, die einen „Führungsanspruch" geltend machen würde, auch konnte niemand mehr „abgeführt" werden. Verballhornungen waren an der Tagesordnung. So antwortete der Schaffner eines BVG-Busses auf die Frage: „Fährt hier der Vierer?" – gemeint war ein Bus der Linie 4 – in astreinem Berliner Jargon „Nee, der Führer is tot!"

Wir hörten abends immer noch Radio und zwar ausnahmslos den RIAS, dort wurde nach wie vor das beste Programm geliefert. „Pension Spreewitz", kleine Geschichten aus dem großen Berlin, wie der Untertitel lautet, die „Schlager der Woche" oder auch der Hörspielkrimi „Es geschah in Berlin" waren die auditiven Höhepunkte einer Normalität, die sich erstaunlich schnell nach dem Mauerbau einstellen sollte. Der Berliner an sich scheint sich eine hohe Toleranz gegenüber jenen Umständen anzueignen, die außerhalb seiner Einflussnahme liegt, ein Gemüt wie ein Fleischerhund. So jedenfalls muss man den Alltag der frühen Sechziger deuten.

Ich habe mich trotz intensivem Radiohören nicht ganz vom Einfluss des neuen Mediums TV befreien können, dazu war die magnetische Wirkung zu groß. Hinter Francis Durbridge und seinen Fernsehkrimis in vier Teilen mussten auch die Bemühungen der DDR-Führung zurückstehen, irgendein politisches Ziel zu platzieren. So entstand der Begriff des „Straßenfegers". Die Reichweite vom RIAS sowie auch später die der Fernsehsender waren übrigens so bemessen, dass sie fast überall in der DDR empfangen werden konnten mit der kleinen Ausnahme, dem „Tal der Ahnungslosen", wie es im Volksmund bald hieß, einem kleinen Abschnitt des Elbtals in Ostsachsen nahe der tschechischen Grenze. Hier gab es keine kapitalistischen Einflüsse, hier gab es keine Westpropaganda, hier konnte der Staat noch in jungfräulicher Umgebung wirken.

Meine früheste Berührung mit dem Medium Fernsehen ist Frau Behr zu verdanken, die mit uns im gleichen Haus, aber im dritten Stock wohnte. Ihr kleiner, pummeliger Körperbau war für ihre Beine offensichtlich wenig geeignet. Sie war im gesamten Bewegungsablauf langsam wie eine Schildkröte, so dass ich beim Klingeln an ihrer Wohnungstür häufig Zweifel an ihrer Anwesenheit hatte. Wenn sich dann doch nach endlosem Warten die Türe öffnete, wackelte die arme Frau Behr wie in Zeitlupe ungelenk von einem auf das andere Bein gestützt bis zu ihrem Sofa zurück, von dem sie den besten Blick auf ihren Fernseher hatte und dennoch liegen konnte. Auf diese Art habe ich abends zwischen halb sieben und acht die Programme regelmäßig verfolgt. Allerdings Ostfernsehen wurde bei Frau Behr nicht eingeschaltet, es lohnte eigentlich auch nicht, es sei denn, man war an der Sportberichterstattung des DDR-Vorzeigereporters Heinz Florian Oertel, einem Altkommunisten im Onkel-Pelle-Kostüm, interessiert. So blieb exklusiv die vom Sender Freies Berlin produzierte „Berliner Abendschau", ein Regionalmagazin für ganz Berlin und Umgebung sowie zahlreiche Unterhaltungssendungen mit höchst unterschiedlichem Niveau, was mich aber nicht gestört hat. Besonderen Beifall hat dann immer auch das Telebärchen gefunden, das Werbespots getrennt und ein gewisses Lokalkolorit verbreitet hat. Die Protagonisten der „Abendschau" haben es verstanden, die Stimmung unter der Berliner Bevölkerung in einer Ausgewogenheit aus Humor und Gelassenheit zu halten, gewürzt mit dem, was man innerhalb Berlins liebevoll, außerhalb vielfach abwertend „Berliner Schnauze" nennt und die sprichwörtliche Schlagfertigkeit zum Ausdruck bringen soll.

Derweil erfreute sich die Welt – mich eingeschlossen – an dem Zeitgeist folgenden großkalibrigen Hollywood-Produktionen. Ich habe keinen Film versäumt, je spektakulärer, umso besser. Es war schon beeindruckend, wenn Charlton Heston als El Cid die bösen Mauren von der spanischen Küste zurück ins Meer jagte, Paul Newman als Ari Ben Canaan in „Exodus" den Juden eine neue Heimat in Palästina verschaffte oder Gregory Peck, nachdem er sich schon brillant gegen verfeindete Familien in der trockenen Steppe von „Weites Land" behauptete, nun auch noch die „Kanonen von Navarone" außer Gefecht setzte. Jedenfalls waren mir die Filme am liebsten, in denen ein wenn auch verzerrtes Bild von geschichtlichen Abläufen dargestellt wurde. Tendenziöse Drehbücher haben mich bereits in den Fünfzigern nicht davon abgehalten, jeden Sonntagmittag die Jugendvorstellung im Rheingau-Kino zu besuchen. Dabei kam mir sehr gelegen, dass das Kino schräg gegenüber am Bergheimer Platz lag und die Kassiererin offensichtlich ein Herz für Kinder hatte. So war der Eintritt für mich immer frei, wenn man nur an der Kasse mit einem freundlichen und hörbaren „Guten Tag, Frau Schulz" vorbeiging.

Zumeist liefen dort vom Verfallsdatum bedrohte Filme mit Charlie Chaplin, Laurel & Hardy, aber auch viele Wild-West-Filme, die ein einseitiges Bild auf die amerikanische Pionierzeit lieferten. Mich hat merkwürdigerweise nicht sonderlich gekümmert, dass vorzugsweise die Indianer stets als anonyme Wilde dargestellt wurden, von denen man sich, wenn nötig auch gewaltsam befreien müsste. Aber so ist das nun mal mit der kindlichen Entwicklung. Zunächst bedarf es einer klaren Abgrenzung, damit es leichtfällt, zwischen Schwarz und Weiß, zwischen Gut und Böse, zwischen Richtig und Falsch zu unterscheiden. Erst allmählich wächst das Bedürfnis nach Differenzierung, nach Abwägen, nach Relativierung. Wir erkennen, dass die Dinge nicht immer so eindeutig sind, wie wir sie als Kinder in unserem vereinfachten Denkschema empfunden haben. Wir sprechen dann von Diskriminierungsfähigkeit, ein furchtbares Wort für die simple Tatsache des Vermögens, Dinge aufgrund eigener Wahrnehmung voneinander unterscheiden, also abgrenzen zu können. Das kann dauern. Hilfreich ist allerdings, sich überhaupt mit solchen Dingen zu beschäftigen. Ich habe das in den folgenden Jahren regelmäßig getan und mir auf diese Weise eine ausgewogene Betrachtung zu eigen gemacht. Der David-Lean-Film „Lawrence von Arabien" ist dafür das beste Beispiel: Der vorsätzliche Betrug an den Arabern mit dem Sykes-Picot-Vertrag hat schließlich zu dem Dauerkonflikt geführt, der uns in der Nah-Ost-Region, ja weltweit noch heute beschäftigt, und das ist bekanntlich schon über hundert Jahre her. So habe ich es aber bereits damals empfunden, und das hat meine Einstellung maßgeblich beeinflusst. Solange aber der Zweck die Mittel heiligt, wie uns die Kultur des Abendlandes stets weismachen will, solange also das über uns befindliche Netz aus Anstand und Moral zugunsten einem undurchdringlichen Dschungel aus Gesetzen, Verordnungen und Bestimmungen außer Kraft gesetzt wurde, solange wird sich das archaische Prinzip vom Recht des Stärkeren und der Macht des Möglichen nicht ändern. Meine Oma sagte in diesem Fall stets: „Junge, das macht man aber nicht!" oder schlicht „Das gehört sich nicht!" Recht hat sie gehabt.

Ungeachtet aller angewandter und vermuteter Drehbuchverfälschungen hatte man in den Ländern mit Einfluss auf die nationale Filmindustrie eine Möglichkeit gefunden, die ohnehin nicht heldenhaften Taten der Protagonisten im Nachhinein noch zu beschönigen, so dass aus depperten Leinwandidioten noch edle Helden werden. Hauptsache, die Quoten stimmen. Mit dieser Prämisse wird so manche Absurdität gerechtfertigt. So ist zu erklären, dass sich die menschliche Wahrnehmung an Dingen orientiert, die die Mehrheit oder der Mainstream als Objektivität bezeichnet. Dabei hilft aber ganz gewaltig der Glaube nach, der Glaube, dass es so etwas wie Objektivität überhaupt gibt, was sich natürlich als überaus schwierig darstellt, dieses Phänomen zu objektivieren. Sehr entgegen steht uns dabei die bekanntermaßen subjektive Form der Wahrnehmung, die wir nicht selten als unsere Form der eigenen Objektivität fehlinterpretieren.

KAPITEL 19

POST AUS OST FRIEDCHEN

Als ich von der Schule nach Hause kam, fanden sich häufig Briefe aus der Zone, wie die DDR damals im allgemeinen Sprachgebrauch genannt wurde. Diese Briefe waren handgeschrieben und mehrseitig und enthielten Nachrichten unserer Verwandtschaft aus Halle an der Saale. Der Autor dieser Briefe war mir als mein Onkel Hans bekannt, der samt Frau Hilde und seiner beiden Kinder Helga und Peter ein angepasstes sozialistisches Leben bei einem Chemie-Unternehmen in Halle führte. Diese Unternehmen nannte man im Osten Kombinat. Was da eigentlich miteinander kombiniert wurde, habe ich nie ergründet. Mich haben besonders die großen, bunten Briefmarken interessiert, die das Kuvert fast vollständig bedeckten, so dass oft kaum noch Platz für die Adresse blieb. Ich habe dann nach Omas Hinweisen die Marken sorgfältig vom Umschlag entfernt, dazu vorschriftsmäßig eine kleine Schüssel mit Wasser benutzt, in die ich die papiernen Rückstände des real existierenden Sozialismus eingeweicht und anschließend auf Löschpapier getrocknet habe. Die Ergebnisse konnten sich auf Anhieb nicht so sehen lassen, wie man nach der Schilderung vermuten kann. Zuweilen verklebten die Marken auf der Unterlage, dann begann die ganze Prozedur von vorn. Ja, Briefmarken sammeln ist nicht ganz so einfach, wie man denkt, habe ich mir daraufhin gesagt. Vor allem dann, wenn sich keine fachmännische Anleitung finden lässt. Oma händigte mir dann irgendwann die einzige Hinterlassenschaft meines Großvaters aus, die die mehrfachen Brandanschläge der alliierten Bombengeschwader überlebt hatte, ein verschlissenes, notdürftig geklebtes Briefmarkenalbum. Der schmutzig-olivgrüne Leineneinband lässt nur ungenaue Vermutungen über die Originalfarbe zu, ist allerdings von einem zentralen Motiv aus der Kaiserzeit verziert, das ein mächtiges Dampfschiff mit vier Schornsteinen zeigt, ein eindeutiger Hinweis auf das Alter. Mich wundert, dass manche Marken nur einmal vorkommen, andere wiederum als ganze Briefbögen vorliegen. Ebenfalls überrascht mich, dass man offensichtlich damals keine Vorstellung vom Nennwert einer Briefmarke hatte. Sonst hätte man ja wohl kaum den ursprünglichen Wert von wenigen Pfennigen nachträglich mit gigantischen Summen von Millionen und Milliarden überdrucken müssen. Oma erklärt mir, was Inflation ist und dass sie selbst sehr unter dieser Geldentwertung gelitten hat. Diese nahm vielfach Formen an, die sich nur mit einer galoppierenden Schwindsucht vergleichen ließ. Seither herrscht das Schreckgespenst der Inflation in vielen Köpfen, besonders in deutschen. Und seither weiß ich auch, dass eine Inflation schlecht, eine Währungsreform hingegen gut ist. Also besteht kein Zweifel, dass die D-Mark gut, die Ost-Mark hingegen nicht das Papier oder die Pappe wert ist, die zu ihrer Herstellung verwendet wird. Wer das nicht glaubt, kann mit eigenen Zähnen das Material prüfen: Mit gesundem Gebiss lässt sich einem Ost-Markstück eine neue Form verleihen, manchmal sogar der pappene Inhalt freilegen. Zumindest erklärt sich damit das leichte Gewicht, sozusagen eine leichte Währung, die auch so wahrgenommen wurde. Bei Briefmarken ist das ein bisschen anders. Hier wird der Wert nach Belieben aufgedruckt und kann somit allen staatlichen Bedürfnissen von Postgebühren entsprechen.

Meine Briefmarkensammlung wächst seither mäßig, aber regelmäßig, meine Kenntnisse wachsen mit. Erstaunlich, was man alles aus einem Stückchen bedruckten Papier entnehmen kann, das nicht viel größer ist als ein Quadratzentimeter: Länder, die es gar nicht mehr gibt, unbekannte Sprachen, nachträgliche Aufdrucke, die Zeugnis ablegen von einer längst vergangenen Zeit, die von manchen Zeitgenossen herbeigesehnt, von anderen vehement abgelehnt werden. Naturgemäß stammen Großvaters Briefmarken bevorzugt aus den zwanziger und dreißiger Jahren. So kannte ich also schon die Köpfe von Ebert, Hindenburg oder Hitler bereits, als ich mit diesen Namen noch keine konkrete Vorstellung verbinden konnte, was sich in Bälde ändern sollte. Nun werden auf Briefmarken nicht nur bekannte Köpfe abgebildet, sondern auch bedeutende Bauwerke, sofern sie für den Staat von Bedeutung und für die Menschen mit Wiedererkennungswert verbunden sind. Ich habe das nicht hinterfragt, aber gesammelt, gesammelt und jedes Detail aufgegriffen. So haben sich historische Bauwerke wie der Kölner Dom, das Brandenburger Tor in Berlin oder das Holsten Tor in Lübeck auch außerhalb dieser Städte eines steigenden Bekanntheitsgrades erfreut. Mir fiel bei der Gelegenheit auf, dass Briefmarken seit ihrer Erfindung die mit Abstand wirkungsvollsten Werbeträger der Neuzeit sein müssen.

Da regelmäßig Post aus Halle kam, auf die Oma recht zügig antwortete, gelegentlich auch Päckchen zu Weihnachten auf die Reise schickte, angefüllt mit für Ostler unerreichbaren Leckereien wie Schokolade, Bohnenkaffee, Seife und Parfum, sauber voneinander getrennt, nur eine Frage der Zeit, mehr über diesen Zweig der Familie in Erfahrung zu bringen, der allein schon durch Namen und Wohnort deutliche Unterschiede signalisierte. Oma war in ihrer Schilderung durchaus nicht so gesprächig, wie ich sie kannte. Es waren hier also Geheimnisse zu vermuten, die vielleicht nicht gelüftet werden sollten.

Vor Beginn der kriegerischen Auseinandersetzung, die ganz Europa und die halbe Welt für den Rest des Jahrhunderts in Unordnung bringen sollte, war Oma der glücklichste Mensch auf Erden: Sie war jung, mit ihren rotblonden Haaren sehr attraktiv und die Zierde der Konditorei, in der sie als Verkäuferin beschäftigt war. Beliebt bei Kollegen und freundlich zur Kundschaft. Nur, wer attraktiv ist, weckt Begehrlichkeiten, besonders beim anderen Geschlecht. Und so musste sich Oma der Avancen eines schmucken Gardeoffiziers erwehren, der in der Garnisonsstadt Posen seinen Militärdienst versah und die standesgemäße Absicht verfolgte, die örtliche Damenwelt zu beglücken. Vermutlich war es Omas eigener Naivität zu verdanken, dass sie nichtsahnend eine Einladung zum Maskenball annahm und sich als einziger Gast dem stürmischen Liebhaber gegenübersah, der ganz nach Tradition des Kaiserreichs seine Position ausnutzte und Oma schwängerte. Gegenwehr war – falls überhaupt spürbar – weder erwünscht, noch wirksam. Nicht nur Omas Schwangerschaft beendete ihre Kaffeehauskarriere, auch der Beginn des bereits erwähnten Krieges führte verständlicherweise zu einer feindseligen Grundhaltung der einheimischen, meist polnischen Bevölkerung, die ihrerseits jahrzehntelang mal unter der deutschen, mal unter der russischen Besatzung gelitten hatte und nun die Gunst der Stunde zur Revanche zu nutzen gedachte. Da war eine schwangere, aber ledige junge Frau Anfang zwanzig leichtes Opfer. In diesen unruhigen, von Verfolgung und Vertreibung geprägten Zeiten hat sich ein Ehepaar namens Hoffmann angeboten, das Neugeborene aufzunehmen; denn eine biologisch verwertbare Alternative stellte sich im deutschen Kaiserreich für alleinerziehende Frauen nicht einmal ansatzweise.

Ich höre Omas Erzählungen aufmerksam zu, bin beeindruckt und gleichzeitig ungläubig, fehlt mir doch die Vorstellung, was es heißt, ein eigenes kleines Kind abzugeben, um ihm bessere Überlebenschancen einzuräumen. „Ich wollte den Hans ja später, wenn sich alles beruhigt hätte, wieder zu mir holen", beschwichtigt sich Oma eher selbst als mich. Allein die wechselvollen Lebensumstände waren dagegen. Nicht nur, dass Omas innig geliebter Vater, also mein mir unbekannter Urgroßvater, zu einem Zeitpunkt verstarb, als um ihn herum Chaos und Anarchie herrschte, es war auch die Zeit einer beginnenden weltweiten Reiselust, der sich offensichtlich niemand entziehen konnte oder wollte: Egal ob in Gruppen oder einzeln, jeder wollte irgendwo hin, wo er noch nicht war, gleichgültig ob er willkommen war oder nicht.

Amerikaner haben sich zu tausenden in spezielle Anzüge gequält, um dem alten Europa einen Gemeinschaftsbesuch abzustatten. Russen haben sich zunächst gen Westen orientiert, dann aber schnell die Orientierung verloren und sind wieder umgekehrt, vermutlich auch deshalb, weil zu Hause inzwischen die Führungsmannschaft ausgetauscht wurde. Die Franzosen und Belgier waren mit eigenen Aufräumarbeiten beschäftigt und konnten sich der allgemeinen Reiselust nicht anschließen. Die Engländer haben das gemacht, wofür sie schon seit Jahrhunderten eine spezielle Begabung entwickelt haben: Sie schauten mal auf dem Kontinent kurz nach dem Rechten und verschwanden dann, als es unangenehm wurde, wieder auf ihre Insel. Österreicher und Deutsche mussten sich hingegen nicht ganz freiwillig auf einen Dauerurlaub einrichten, weil ihre bisherigen Aufenthaltsorte nicht mehr in Gänze zur Verfügung standen. Einige Pauschalreisende gab es auch, insbesondere grenzüberschreitend. So hat ein gewisser Herr Uljanow seinen langjährigen Kuraufenthalt in der Schweiz abgebrochen, eine abenteuerliche Zugfahrt durch halb Europa angetreten, um im heimatlichen St. Petersburg an einem Nachmittag im Oktober mal eben eine Revolution vom Zaun zu brechen, an deren Folgen die Welt noch einige Jahrzehnte zu knabbern haben sollte.

Oma hatte durch den plötzlichen Tod ihres Vaters einen wesentlichen Halt in ihrem Leben eingebüßt. Da kam die Bekanntschaft zu Bruno wie gerufen. Dieser hatte nämlich gleichzeitig Pech und Glück: Glück, weil er mit einer harmlosen Schussverletzung aus vaterländischen Pflichten entlassen wurde; Pech, weil die Hand getroffen wurde, mit der er seiner Erwerbstätigkeit als Violinist nachgehen wollte. Das Geigenspiel hat er nicht an den Nagel hängen müssen, die Solistenkarriere war indes beendet. Zum Orchestermusiker hat es aber noch gereicht. Bruno hat sich also in einer Zeit des Umbruchs um Oma gekümmert, der dieser ein Maß an Sicherheit verschafft hat, wie sie sie brauchte. Diese Verlässlichkeit hat vermutlich den Ausschlag für die lange Dauer dieser großelterlichen Verbindung gegeben, die erst schicksalhaft mit dem Eintritt meines Lebens enden sollte. Doch davon später mehr. Schnell stellte sich Nachwuchs in Gestalt von meinem Onkel Kurt und dessen Schwester Käthe, meiner Mutter, ein. Den allgemeinen Bedarf an Musikern muss man damals im westlichen Polen als überschaubar betrachten. Da Bruno aber über keine weiteren ökonomisch verwertbaren Fähigkeiten verfügte, konnte nur ein ultimativer Ortswechsel die existenziellen Probleme beseitigen. Und so kam die junge Familie Anfang der zwanziger Jahre nach Berlin, Bruno auf der Suche nach einem Engagement, Oma als Aushilfe in der Gastronomie.

Bruno, der Geigenspieler, stammt aus Seelow, einem kleinen Nest im östlichen Brandenburg nahe der polnischen Grenze, das seine gesamte und traurige Berühmtheit den gleichnamigen Höhen verdankt, die während des letzten vergangenen Krieges zum Zankapfel der verfeindeten Parteien wurde. Vierzig Jahre vorher wächst Bruno dort zusammen mit seinem ebenfalls dem Geigespielen verfallenem Bruder Albert auf sowie seiner Schwester Frieda, die sich ihr ganzes Leben nicht von der Verniedlichungsform „Friedchen" trennen konnte als Anspielung auf ihre geringe Körpergröße, ein genetisch determiniertes Alleinstellungsmerkmal der Familie Wendlandt bis in die aktuelle Generation.

So friedlich, wie es der Name verheißt, war es dann mit Friedchen doch wohl nicht, zumindest nach überlieferten Berichten. Friedchens Mann, ein überzeugter Nationalsozialist namens Paul hatte in den dreißiger Jahren eine blitzsaubere Karriere als Blockwart hingelegt und alsbald das äußere Erscheinungsbild eines typischen Braunhemds erfolgreich nachgeahmt. Viereckiger Schädel, kurzrasiertes Schläfen- und Scheitelbein, Nickelbrille, kleines Hitlerbärtchen, fertig ist das Duplikat von Heinrich Himmler, dem Reichsführer-SS. Überflüssig zu erwähnen, wem Onkel Paul zumindest bis zum Kriegsende die Treue hielt. Viel weiter als bis zur Hälfte der Fünfziger Jahre sollte Pauls Andenken aber auch nicht reichen, dann sollte er von seinem Recht auf Ableben Gebrauch machen. Zweifelhafte Ereignisse fordern zweifelhafte Erklärungen und - wie so häufig - ist der Wunsch der Vater des Gedankens: Paul und Friedchen sind verheiratet, haben aber keine Kinder. Der Grund für den fehlenden Nachwuchs ist nicht hinreichend bekannt, dem nachzugehen, ist aber auch weder üblich, noch im Nachgang möglich. Kinder fallen außer als Wunsch im Wesentlichen als Nebenprodukt von Liebesabenteuern an, nicht erwünscht, aber auch nicht konsequent vermieden. In Ermangelung eigener Kinder haben Paul und Friedchen ihr Hauptaugenmerk auf die Eckkneipe gelegt, die ihnen ein sicheres, wenn auch kein luxuriöses Einkommen bescheren sollte. Die klassische Berliner Eckkneipe liegt namensgebend genau auf der Ecke eines Hauses. Genau genommen können also an einer normalen Straßenkreuzung vier Eckkneipen oder - etwas vornehmer ausgedrückt - vier Gaststätten untergebracht werden. Selbst bei sorgfältiger Suche über Jahre hinweg ist mir keine Kreuzung mit vier Kneipen in Erinnerung, drei allerdings schon und auch keine Seltenheit. Im Wedding, genauer im afrikanischen Viertel, wo sich die Lüderitz- mit der Transvaalstraße kreuzt, lädt eine schmucklose Eckgaststätte diverse Hobbysportler und solche, deren sportlicher Ehrgeiz über den regelmäßigen Besuch beim sonntäglichen Frühschoppen nicht hinauskommt, zum kollektiven Bierkonsum ein. Vis-à-vis der Kneipe befindet sich der für diese Zwecke unverzichtbare, von typischem, drei Meter hohem Maschendrahtzaun umgebene Sportplatz, auf dem besonders am Wochenende ein starker Andrang herrschte und den Umsatz der Kneipe in die Gewinnzone katapultierte.

Der obligatorische Kneipenhund in Gestalt der Boxerhündin Anka verlieh dem ganzen Arrangement etwas Typisches für den Bezirk Wedding und das Nachkriegsberlin. Anka war ein ausgesprochen ruhiger, aber respekteinflößender Vierbeiner, jedenfalls in den Augen eines neunjährigen Buben, der zum alljährlichen Anstandsbesuch bei Tante Friedchen aufkreuzte, um das obligatorische Neujahrgeschenk in Form einer geruchlosen Topfpflanze gegen einen Zwanzig-Markschein einzutauschen. Obwohl also zwischen Friedchen und Oma eine dauerhafte Feindschaft herrschte, wurde ich doch als kleiner

Steppke regelmäßig daran gewöhnt, was sich gehörte und was nicht. Und so war es undenkbar, dass der Ehrentag eines Familienmitglieds übersehen oder gar vorsätzlich missachtet wurde.

Ursache für die Fehde war das folgende Ereignis, was alle Beteiligten nicht etwa geklärt, sondern mit ins Grab genommen haben. Oma hat sich in den kargen Nachkriegsjahren als Servierhilfe in Pauls und Friedchens Kneipe betätigt und sah sich neben dem knappen Salär für diese Dienste auch noch Intrigen und Verleumdungen ausgesetzt. Paul hatte nämlich durchaus Interesse an meiner Oma. Diese war kein Kind von Traurigkeit, was dem Umsatz durchaus förderlich war. Eine Gratisnutzung des Personals war davon jedoch nicht eingeschlossen. Friedchen trat dauerhaft mit schmuddelig-weißem Kittel in Erscheinung. Im Übrigen war sie von kleiner, ja unscheinbarer Gestalt, was sie mit ihrer großen Klappe wettzumachen trachtete. Friedchen hat meine Oma als Rivalin betrachtet, die es auf Pauls „Unschuld" abgesehen hat, eine ungünstige Voraussetzung für ein Arbeitsverhältnis. Daran hat sich auch nach Pauls Dahinscheiden nichts geändert. Das Verhältnis zwischen den beiden Frauen kann man getrost als gestört bezeichnen. Man vermied den direkten Kontakt, wann immer er sich drohend abzeichnete. So hat Friedchen ihre Kneipe irgendwann verkauft und bis zum Ende ihrer Tage eine kleine Wohnung in der Friedenauer Bornstraße bezogen. Ich glaube mich an einen einzigen Besuch zu erinnern. Kurze Zeit später endet das Kapitel mit dem schlichten und geräuscharmen Hinscheiden von Friedchen Lange, geborener Wendlandt.

Zurückkommend auf den Beginn meiner Vorliebe für Briefmarken und dem stetigen perspektivischen Wechsel zwischen Ost und West beabsichtige ich nun über die Begebenheiten zu berichten, die sich zwischen dem Ende der fünfziger Jahre bis zum Bau der Berliner Mauer und noch ein bisschen darüber hinaus ereigneten.

Gegen Ende der fünfziger Jahre musste sich die Staatsführung des ersten Arbeiter- und Bauernstaates auf deutschem Boden ernsthafte

Gedanken machen, wie die tausendfache Abwanderung der eigenen Bevölkerung Richtung westlichem Klassenfeind verhindert werden konnte. Angesichts zahlreicher missglückter Revolten in Osteuropa ein hoffnungsloses Unterfangen. Mit Gewalt lässt sich auf Dauer kein tyrannisches System am Leben halten, wie die Geschichte bereits vielfach in der Vergangenheit gezeigt hat. Der Versuch gewaltsamer Unterdrückung findet dennoch statt, selbst wenn nur eine kurze Hoffnung auf Besserung besteht. So war damals das Regime auf die massive Unterstützung zahlreich offizieller, aber auch inoffizieller Mitarbeiter angewiesen. Die nannte man dann der Einfachheit halber Informanten. Spitzel wäre zutreffender gewesen. Dieser Begriff war aber wegen inflationärer Übernutzung ungeeignet. Hauptgeeignet waren die zigtausenden von Informanden, die ihrerseits erpresst oder genötigt wurden oder denen eine einmalige Vergünstigung bevorstand, die sie nicht missen wollten.

Wer Freunden, Bekannten und Verwandten Botschaften mitteilen will, muss schreiben, braucht also die gute alte Post und deren Briefmarken. So plötzlich sich mit Beton und Stacheldraht die Teilung durch Berlin und Mitteldeutschland von der Ostsee bis zum Erzgebirge vollstrecken ließ, so sollte es noch über achtundzwanzig Jahre bis zur formalen Einheit dauern. Aber selbst diese war dann nicht organisch gewachsen, sondern durch politischen Willen verordnet. Als treibende Kraft hat sich einmal mehr das Volk herausgestellt, dem schon in früheren Zeiten der Drang nach Mallorca und Ikea, Coca-Cola und dem endlos laufenden Volkswagen das Schicksal ein Beinchen gestellt hat. Nicht jeder Wunsch geht nämlich in Erfüllung, Beharrlichkeit garantiert keinen Erfolg. Vielfach folgt dann das böse Erwachen. Eine glänzende Betrugskampagne wird der >Treuhand< nachgesagt, einem spätkapitalistischen Auswuchs der Regierung Kohl, der bekanntlich der Münchhausenlüge von „blühenden Landschaften" neuen Auftrieb verschaffte. Die einzige Aufgabe bestand darin, alle Firmen der ehemaligen Landwirtschaftlichen Produktionsgenossenschaften (LPG) oder von Volkseigenen Betrieben (VEB) zu Tiefstpreisen zu verscherbeln. Je größer die Lüge, umso eher wird sie geglaubt, wie einige Jahrzehnte zuvor ein anderer, nicht minder bekannter deutscher Kanzler behauptet hatte. Wen Zweifel an der Seriosität des Verfahrens überkommen, den sei an das Konkursrecht erinnert, dem man bekanntlich auch künstlich nachhelfen kann. So sind viele von einer infektiösen Reiselust befallen worden, die erst dann allmählich abflaute, als es keine neuen Urlaubsziele zu entdecken gab, kein Prospekt mehr „Südseeparadies für den kleinen Geldbeutel" versprach. Manch einer hat leicht vor lauter Sonne und Sand, Palmen und Strand den Überblick verloren. Auch die selbst angefertigten Fotos bringen keine Klarheit. Ist das nun der mallorquinische „Ballermann" oder der Strand von Phuket in Thailand, wo Frischfleisch besonders eindeutig angepriesen wird gegen harte D-Mark, versteht sich? Man weiß es nicht genau, vieles geht im Detail unter, wird allerdings auch später beharrlich bestritten.

Persönliche Kontakte sind zwar nach 1961 noch möglich, aber in leitender Funktion wie bei Onkel Hans nur schwer durchzusetzen, will er seine eigene Position nicht gefährden. Ihm eilt der Ruf eines hundertprozentigen SED-Bonzen voraus. Zumindest im offiziellen Leben hat Hans keinen Zweifel an seiner parteipolitischen Gesinnung aufkommen lassen. Bis zur Passierscheinregelung bleibt nur die Post, aber selbst danach sind die Kontakte eher spärlich. So glaubten unsere DDR-Verwandten, mit inflationär entarteten Dagobert-Duck-Maßnahmen wie im Café Moskau die Mängel aus der Vergangenheit aufwiegen zu können, wobei dieser eher für seinen Geiz als für seine Großmut bekannt war. Hier war es eher umgekehrt. Da wird dann über Stunden eimerweise Kaffee verkonsumiert, unbekannte Fremde argwöhnisch beäugt, begonnene Gespräche bei Anwesenheit von Dienstpersonal abrupt beendet, insgesamt eine Situation, bei der kaum entspannte Gelassenheit aufkommt, wie bei einer familiären Zusammenkunft für gewöhnlich zu erwarten ist. Erstaunlich, wie wenig davon heute noch zu spüren ist, andererseits aber auch nicht; denn in fünfzig Jahren geschehen auch andernorts historische Dinge, die dann ihrerseits häufig wieder in Vergessenheit geraten. Es sei denn, es ist ihnen ein phänomenaler Seltenheitswert zu eigen wie die Fistelstimme des ehemaligen Staatsratsvorsitzenden Walter Ulbricht, der noch Anfang August 1961 öffentlich erklärte: „Niemand hat die Absicht, eine Mauer zu bauen." Man lernt: Politiker müssen mit einem Lügen-Gen ausgestattet sein, zumindest ist die Veränderung der menschlichen DNA für eine erfolgreiche Politikerkarriere unabdingbar. Anders lässt sich die kollektive Unmoral dieser Kaste nicht erklären.

KAPITEL 20

UMZUG UND SCHULZEIT

Der Große Stern ist ein Verkehrsknotenpunkt in parkähnlicher Umgebung und zentraler Lage im Berliner Tiergarten, ausgestattet mit einem säulenartigen Baudenkmal, welches auf über sechzig Metern Höhe die ganze Herrlichkeit preußischer Glanz und Glorie ausdrucken und an siegreiche Heldentaten erinnern soll. An der Spitze der Siegessäule zeigt die Viktoria oder die „Gold-Else" – wie sie von den Berlinern zärtlich genannt wird - ihr wallendes Gewand und hält triumphierend eine Art Adventskranz in der Hand. Den linken Arm stützt sie auf ein Feldzeichen, das eher an den Stiel einer Harke erinnert als an das Eiserne Kreuz, dem es nachempfunden ist. Immerhin wiegt die ganze Skulptur über dreißig Tonnen und ist damit Berlins weitaus schwerste Dame. Die weit ausladenden Flügel verleihen der Siegesgöttin die mystische Erscheinung einer Mischung aus Batman und Spiderman. Auf dem quadratischen Sockel befindet sich ein Säulenrondell, das dem ganzen Arrangement eine zugige Belüftung verleiht.

Spree und Siegessäule sollten einen Großteil meiner Vorschulzeit bestimmen. Den Sonntagskuchen haben wir von der Konditorei Marquardt bezogen, der einzigen Bäckerei im Spreebogen am Hansa-Ufer. Diese waren neben den unmittelbaren Straßen der Nachbarschaft wie dem Wikingerufer, der Wullenweberstraße und der Agricolastraße in dem namensgebenden Spreebogenviertel anzutreffen und haben erstmals in mir so etwas wie Heimatgefühl ausgelöst. Spätestens, als ich mit einer Anzahl gleichgesinnter Kinder aus dem Kiez Urlaub in Bayern machte - wir Berliner Kinder wurden vom deutschen Rest als besonders notleidend betrachtet - wohl als Folge der Blockadezeit, habe ich mir bei einer waghalsigen Aktion den Knöchel verstaucht und war für ein paar Tage zur relativen Passivität verurteilt.

Eine der letzten Ereignisse vor dem Umzug hatte lebendige Züge: Bei meiner Mutter war an ihrem Bürofenster im Rias ein kleiner Piepmatz, der damals beliebte Wellensittich, notgelandet und hatte sich offensichtlich zum Verweilen entschlossen, zumindest machte er keine Anstalten, das Weite zu suchen und war durchaus mit dem Behelfsquartier zufrieden, das ihm meine Mutter zur Verfügung stellte, einem Schuhkarton mit sorgfältig angelegten Luftlöchern. Nicht ahnend, was das Schicksal für das kleine, gelb-grüne Sittichleben noch bereitgestellt hat, musste er sich kurze Zeit nach erfolgreicher Eingewöhnung schon wieder an eine neue Umgebung anpassen. Uns stand nämlich der Umzug vom Moabiter Spreebogenkiez in das gutbürgerliche Rheingauviertel bevor, das knapp an der Grenze zum ebenfalls gutbürgerlichen Friedenau lag, ganz in der Nähe der Stubenrauchstraße in der Wohnung meines Vaters. Ob hier Absicht oder Zufall Pate standen, vermag ich rückblickend nicht mit Sicherheit zu sagen. Fest steht jedoch, dass mein Vater seine Unterhaltsverpflichtungen mit der Mietzahlung für die neue Wohnung erfüllt sah. Und so ist er der Alimentierung, verbunden mit einer persönlichen Aufwartung, einmal im Monat nachgekommen, sehr zum Leidwesen meiner Mutter, die mit dem Vater ihres Kindes so wenig wie möglich zu tun haben wollte. Ganz ließ sich der Kontakt indes nicht vermeiden. Insbesondere verstand es mein Vater vortrefflich, Sonderregelungen geltend zu machen, die ihm zwar keinen offensichtlichen Vorteil verschafften, ihn aber im Spiel ließen und es ihm ermöglichten, nach eigenem Gutdünken auf- und wieder abzutauchen.

Die neue Umgebung lud mich zu täglichen Erkundungsgängen ein. Von Streifzügen zu sprechen, ist dann gerechtfertigt, wenn mehrere Jungens aus dem gleichen Revier eine gemeinsame Absicht verfolgten. Man nannte das dann „Spielen“ und weist eine gemeinsame aushäusige Aktivität aus, von der eigentlich niemand zu Beginn so richtig wusste, wie sie wohl enden mag. Das ergibt sich vor allem aus der Gruppe selbst: Das Gemeinschaftsgefühl – einst wie heute - entwickelt sich aus dem bekannten und somit vertrauten Wohnort, also vom Haus mit mehreren Mietparteien über den Häuserblock bis hin zu Straßenzügen und gemeinsamen Treffpunkten wie Kino oder Kirche. Im geographischen Mittelpunkt – gewissermaßen im sozialen Zentrum gelegen – liegt der Bergheimer Platz, benannt nach der gleichnamigen Straße, die wiederum ihren Namen der Stadt in der Nähe von Köln verdankt. Nach kurzer Zeit konnte man feststellen, dass die Straßennamen der Umgebung einer gewissen Regelmäßigkeit folgten. Irgendwie, wenn auch manchmal etwas versteckt, war dem Ganzen ein System nicht abzusprechen. Erst viele Jahre später sollte ich merken, dass die Wilmersdorfer Straße nicht so heißt, weil sie in Wilmersdorf liegt, sondern weil sie nach Wilmersdorf führt, also wo anders, nämlich außerhalb liegt. Nun sind Ortbezeichnungen ein durchaus häufiges Mittel, Dingen einen Namen zu geben. Insoweit waren Wiederholungen diese Art öfters zu beobachten und haben meinen Sinn für geographische Zusammenhänge vermutlich geschärft.

Wie es sich anlässlich des kurze Zeit später beginnenden Raumlehreunterrichts bestätigen sollte, hat sich das übliche Leben in einer Ansammlung aus Linien und Punkten abgespielt, die zuweilen miteinander in Verbindung standen, mitunter ineinander übergingen, zumindest aber war eine Beziehung zueinander offensichtlich. Der breite, mit einer Mittelpromenade und mächtigen Platanen ausgestattete Südwestkorso wirkt wie eine natürliche Allee zwischen all den winzigen Menschen und deren kostbaren Errungenschaften, den Autos, und bildet in langgestreckter, geschwungener Linienführung die Verbindung zwischen dem Bundesplatz im Norden, der einige Jahre zuvor noch Kaiserplatz hieß, obwohl es weder dem einen, noch dem anderen zuzuschreiben ist, hier für großartige Taten gesorgt zu haben. Im Süden endet der Südwestkorso am Breitenbachplatz. Dort hingegen hat der letzte deutsche Kaiser mit dem Bau der U-Bahn ein Stück

Unsterblichkeit hinterlassen, von der allerdings heute kaum jemand etwas wissen will. Dennoch liegen in dessen weiteren Verlauf die schönsten, noch erhaltenen Bahnhöfe, und das nun schon seit über hundert Jahren. Später diente mir der U-Bahnhof Rüdesheimer Platz als Ausgangspunkt für zahlreiche Ausflüge ins Kino, zu Sportveranstaltungen im Olympiastadion oder auch zu Ausstellungen am Funkturm. Da war ständig irgendwas los! Hin und wieder war es sinnvoller, mit der S-Bahn oder dem Bus zu fahren. Der nächste S-Bahnhof lag am anderen Ende vom Südwestkorso, dem Bundesplatz und wartete – wie die gesamte Reichsbahn als einziges, im Westen verbliebenes Relikt des DDR-Klassenkampfes – auf das Ende des kalten Krieges und auf den Abriss von Mauer und Stacheldraht. Da sollte aber noch einige Zeit vergehen. Einzig zwischen Südwestkorso und Friedenau war keine Straßenbahn vertreten, im Grunde auch für Heranwachsende und auf Erkundung angelegte Kinder wie für mich viel zu langsam.

Die neue Wohnung in der Bergheimer Straße hatte gegenüber der alten einige unübersehbare Vorteile: Zunächst war die Lage im Erdgeschoß zwar etwas dunkler als zuvor im vierten Stock, dafür aber erheblich leichter zu erreichen auch ohne Fahrstuhl. Des Weiteren entfiel das mühselige Heizen, warm wurde es von allein in den unter den Fenstern liegenden Heizkörpern, zumindest im Winter. Auch floss stets warmes Wasser aus den dafür vorgesehenen Armaturen von Küche und Bad, eine wahrlich komfortable Ausstattung, an die sich zu gewöhnen nicht schwerfiel.

Mir wurde ein kleiner Raum zugeteilt, das sogenannte Kinderzimmer. Das erste Mal, dass ich ein eigenes Zimmer besaß, obwohl ich nicht genau wusste, ob ich mich darüber freuen sollte. Viel Möbel gab es nicht, die unterzubringen waren. Ein Bett, ein Tisch, ein Stuhl, damit waren die zwölf Quadratmeter im Nu ausgefüllt, aber immerhin, Zuwachs war möglich. Meine Oma hatte sich im Schlafzimmer eingerichtet, für meine Mutter blieb nur das Wohnzimmer, das nachts zu ihrem Schlafraum umgerüstet wurde und tagsüber allen als Gemeinschaftsraum diente. Daran sollte sich auch in den kommenden Jahren bis zum Ende meiner Schulzeit nichts ändern.

In der Bergheimer Straße herrschte eine abgeschlossene Stimmung. Die wurde vermutlich ausgelöst durch die begrenzende Wirkung von Südwestkorso und Laubacher Straße, die ihrerseits eine verkehrsreiche Linie darstellten und für Kinder nicht leicht zu passieren waren, was normalerweise auch keinen Sinn gibt, da sich alle wichtigen Spielkameraden im diesseitigen Territorium aufhielten. Die Bergheimer Straße war unterteilt in sieben Hausnummern mit jeweils zehn Mietparteien auf vier Stockwerken. Allen Wohnungen war eine knapp kalkulierte Wohnfläche zu eigen, so dass sich allein das Vorhandensein von Kindern bei einigen, vornehmlich älteren, alleinstehenden Damen negativ bemerkbar machte. Dabei hatte ich das Glück der Parterrewohnung und somit keine Gelegenheit, meine Sprungkraft an der Treppe unter Beweis zu stellen. Das hat mir viel Schimpfe, aber auch viel Spaß erspart.

In der kleinen, rund sechzig Meter langen Straße parkten recht sparsam einige Autos und - vermutlich seit Baubeginn in den zwanziger Jahren - einige imposante Linden, die im Frühjahr zum Leidwesen der Automobilbesitzer ihre klebrigen Blüten auf Autodächern verteilten. Pünktlich hat Herr Baumgart, der Borgward-Besitzer von Haus Nr. vier, sein Auto jeden Samstag einer vollständigen Grundreinigung unterzogen. Die vollbusige Tochter Marita ging ihm dabei fleißig zur Hand und assistierte mit Schwamm und einem Eimer Wasser. Für frisch Pubertierende, zu denen ich mich erst Jahre später zählen durfte, ein packendes Schauspiel.

Die Bergheimer Straße mündet heute wie damals in den gleichnamigen Platz, der wiederum von der Sankt-Marien-Kirche und ihrem vierstimmigen Glockenspiel beherrscht wurde. Was wäre eine katholische Gemeinde ohne einen großzügigen Gemeindesaal? Ganz gleich welche ursprüngliche Bestimmung vorgesehen war, in den Fünfziger fanden dort gewöhnliche Filmvorführungen unter dem Namen Rheingau-Kino statt. Sehr zu meiner Freude wurden sonntägliche Jugendvorstellungen unter der regelmäßigen Beteiligung von Fuzzy und Dick und Doof vorgeführt, später wurden dann die Filme von Hollywoodstars wie Tarzan und Burt Lancaster, Humphrey Bogart und Kirk Douglas präsentiert. Mir erschien das Kinoprogramm weit lohnenswerter als unsinnige Veranstaltungen aus dem Leben einer katholischen Gemeinde, sondern auch die schlichte Erzählweise - Weiße sind gut, Indianer sind böse – lässt keinen Zweifel an Recht und Ordnung zu, wobei Indianer - anonymisiert verpackt - beliebt waren als Gegenpart für Sandkastenspiele. Insoweit waren wir Kinder beizeiten mit dem amerikanischen Pfad der Tugend vertraut. Dass in dieser Zeit der US-Senator McCarthy seine eigenen Regeln aufstellte, sei nur am Rande erwähnt, das habe ich erst viele Jahre später erkannt. Einige Schaukästen vor dem Kinoeingang nährten sowohl Ahnungen wie auch Hoffnungen auf künftige Leinwandereignisse im Kino selbst, konnte ich mir doch anhand der Fotografien lebhaft ausmalen, mit welchen Inhalten bei dem einen oder anderen Film zu rechnen war. Während „Der Rote Korsar" eindeutige Prognosen versprach, erschien mir die Ankündigung der „Oberen Zehntausend" wenig aufregend, zumal die Standbilder keine erkennbare Aktivität verströmten, kurzum wenig interessant. Ein Ereignis hat dann aber doch für kurzfristige Verstörung gesorgt: In einer einzigen Nacht haben die Nachfahren der Vandalen den Innenraum des Kinos verwüstet, in dem die Polsterung aufgeschlitzt und mit Kerzenwachs beträufelt wurde. Heute würde es bestenfalls noch als Beitrag zur Kasseler Documenta durchgehen. Damals war es eine dreiste und sinnlose Zerstörung, vielleicht einer militanten katholischen Gruppe.

Üblicherweise beginnt die Schulzeit mit der Grundschule und endet – wie in meinem Fall – mit dem Gymnasium. Ebenfalls üblicherweise richtet sich der Ort der Schule nach dem Wohnort, also dem Bezirk Wilmersdorf. Das aber hätte bedeutet, dass der Schulweg ein wesentlich weiterer gewesen wäre als zur Grundschule in Friedenau, die lächerliche dreihundert Meter von unserer Wohnung entfernt war. Die für mich zuständige Schule, nämlich die am Rüdesheimer Platz, war noch nicht einmal im Rohbau fertig. An der geplanten Stelle befanden sich 1955 noch weitläufige Schrebergärten. Diese mussten dann dem Schulprojekt weichen. Ich hatte damit allerdings nichts mehr zu tun. Mein Vater hatte vorgegeben, dass ich bei ihm – also in Friedenau – leben würde. Somit war der Anspruch auf eine nahegelegene Schule gerechtfertigt und wurde realisiert. Der Schulweg hat sich mit diesem kleinen Trick auf die Hälfte reduziert, genauer gesagt, in den kommenden dreizehn Jahren. Die Schule selbst bestand aus einem vierstöckigen Altbau und machte einen überaus stabilen Gesamteindruck im Gegensatz zu den modernen Neubauten der Gegenwart.

Die erste Lehrerin, die ich zu Gesicht bekam, war die sogenannte Klassenlehrerin, also die Person, die mit der Leitung einer zweiunddreißigköpfigen Kinderschar betraut war. Ihr Name war Hundertmark, eine stramme Blondine mit Oberarmen, die wohl eher Beine werden sollten, vielleicht kam es mir aber nur so vor im direkten Vergleich zu meinen noch kindlichen Abmaßen. Ebenfalls wirkten die Innenräume sehr großzügig, um nicht zu sagen überdimensioniert. Wir sollten da erst reinwachsen, was aber erst im Laufe der Sternbergschule, also nach Ende der Grundschulzeit geschehen sollte. Wer aber groß und stark werden will, muss auch essen, wie ein großmütterlicher Standardspruch aus diesen Nachkriegszeiten lautete und war mit steter Regelmäßigkeit zu vernehmen. Dann durfte auch die „Schulspeisung" in Form eines Milchbrötchens mit einem Kakaotrunks in dem dafür vorgesehenen Henkelmann nicht fehlen. Hier wurde das Kochgeschirr ehemaliger Wehrmachtsbestände noch einer sinnvollen Resteverwertung zugeführt. Jedes Kind wartete in der Schlange stehend artig, bis die Reihe an ihm war. Die Küchenfrau - ihr krauses Haar lieblos unter einem Kopftuch versteckend - versenkte die Schöpfkelle in der unendlich scheinenden Tiefe der Gulaschkanone oder etwas Gleichwertigem, für das es früher vermutlich einmal gedacht war. Jetzt nunmehr diente es als monströses Behältnis für Grundschulkinderkakao, der in der großen Pause regelmäßig verteilt wurde. Der Pausenhof hatte die Größe eines halben Fußballplatzes, war allerdings nicht mit Rasen, sondern mit Schotter bedeckt. Wer also stürzte – und das kam schon mal vor – trug regelmäßig Schürfungen an Knien und Ellbogen davon.

Nach der Einschulungszeremonie mit Schultüte und ähnlichem Klimbim nahm dann der angekündigte „Ernst des Lebens“ Fahrt auf, ohne dass ich ihn je persönlich kennengelernt hätte. So schlimm wie angekündigt, war es dann allerdings auch nicht. Ja, in gewisser Weise hatte ich sogar Spaß an Schreiben, Rechnen und Lesen, vielleicht, weil es mir leichtgefallen ist, vielleicht hat mich auch die Wettbewerbssituation zu meinen Mitschülern inspiriert. Weit weniger hat mich Handarbeit interessiert, entweder mangels manuellen Geschicks oder weil ich eine Abneigung gegenüber Frauenarbeit verspürte, die ich nicht beherrscht habe. Ganz besondere Freude hat in mir hingegen ein Fach ausgelöst, das gewissermaßen zum Grundstein für spätere Neigungen werden sollte, nämlich die Heimatkunde. Da wurden Straßenverläufe abgezeichnet, also kleine Stadtpläne übertragen, die sahen anfänglich wie abstrakte Versuche des jungen Picasso aus. Allmählich wuchs das Terrain auf Normalgröße an, bis sich die vertrauten Seen, Flüsse und Hügel in eine Landschaft eingliederten, die sich als bekannt herausstellten. So hat sich innerhalb kürzester Zeit die Vorstellung vom kleinen Bereich eines Berliner Bezirks bis zu Brandenburger Regionen und Landschaften im Berliner Umland erweitert. Das hat enorm viel Spaß gemacht!

Interessant war die Heraldik der ehemaligen deutschen Ostgebiete wie Pommern und Schlesien, wobei sich der Begriff der Heraldik erst viel später eingestellt hat. Wir haben die Zuordnung bestimmter Wappen zu bestimmten Landschaften als Wappenkunde betrachtet Das führte geradewegs in das abenteuerliche Leben mittelalterlicher Burgen und Schlösser. Den meisten Wappen war ein Vogel gemein, der zwar namentlich als Adler bekannt war, aber für Stadtbubis real nicht wirklich in Erscheinung trat, der hatte auch mit meinem Wellensittich wenig gemein. Das beliebteste aller deutschen Haustiere, gewissermaßen das nationale „Wappentier“, war das halbe Hähnchen, das in den kommenden Jahren deutlich an Popularität gewinnen sollte. Einem unbestätigten Gerücht zufolge wurde dem Wechsel des

Berliner Wappentieres vom Bären zum halben Hähnchen dann doch seine parlamentarische Zustimmung verweigert. Immerhin hat sich die Keimzelle der Berliner Hähnchenbraterei innerhalb kürzester Zeit sehr rasch vervielfältig, was normalerweise nur Mikroben unter optimalen Bedingungen vergönnt ist. Mitte der Sechziger blinkte an jedem halbwegs renommierten Geschäftshaus der Name „Wienerwald". Um Verwechselungen mit Fischrestaurants oder aufkeimenden Burger-Buden zu vermeiden, wurde dem Namenszug „Wienerwald" noch ein stilisiertes aufrechtstehendes Hühnchen beigefügt.

Vom Brathendl zum Piepmatz ist es nur ein kleiner Schritt. Die innerstädtischen Spatzen, Tauben und Amseln gehörten zu den Nichtschwimmern unter den Vögeln im Berliner Stadtgebiet, Enten und Schwäne hingegen erfreuten sich und ihre menschlichen Besucher an zahlreichen Teichen und Tümpeln, Wellensittiche und Kanarienvögel sind da eher die Ausnahme.

Überhaupt hat die schulische Beschäftigung mit der natürlich gewachsenen Umgebung nicht nur ungeahnte Freude beschert, sondern auch den Blick dafür geschärft, was diese Welt alles bereit hält für Knirpse wie mich. Tiere haben mich von jeher fasziniert. Einen großen Anteil an diesem Erlebnisreichtum war Dumbo und Bambi zu verdanken, den Disney-Figuren mit einer außergewöhnlichen Strahlkraft, die besonders im Kino zum Ausdruck kamen, obwohl Dumbo im Gegensatz zu Bambi nicht sprechen konnte, was nicht auf eine Funktionsstörung seiner Stimmbänder zurückzuführen ist. Vielmehr war es im Hause Disney nicht vorgesehen, Dumbo mit Stimme auszustatten. Gleichwohl hat dieses knuddelige Elefantenbaby mit seiner anrührenden Gestalt auf mich eine Initialzündung ausgelöst, die noch heute anhält. Faszination einerseits aufgrund ihrer Größe, zum anderen verfügen sie trotz ihrer enormen Kraft über einen bemerkenswerten Feinsinn. Während ein mittelmäßig begabter Elefant ohne große Mühe mit seinem Rüssel einen kleinen Baum entwurzeln kann, vermag das gleiche Tier mit dem gleichen Rüssel und ohne weitere Hilfsmittel eine Stecknadel vom Boden aufzuheben. Diese und ähnliche Fähigkeiten müssen vermutlich auch Hannibal, den Chef der Karthager, dazu bewogen haben, im Jahr 220 vor unserer Zeitrechnung mit siebenunddreißig Elefanten die Alpen zu überqueren und damit den Römern, die ahnungslos in der Poebene die heimische Frühlingssonne genießen wollten, einen gewaltigen Schrecken eingejagt haben. Von dem sollten sie sich erst über die kommenden Jahre allmählich erholt haben. Ein Überraschungseffekt ist eben für eine Überraschung nur einmal gut.

Derweil hatte sich das Personal in der Stechlinsee-Schule geändert: An die Seite der neuen Klassenlehrerin Frau Reimann gesellte sich als Vertreter einer vorgezogenen Quotenregelung Herr Besser, ein Lehrer mittleren Alters mit spärlichem Haupthaar und schlesischen Wurzeln, dem man heute – ob nun zu Recht oder zu Unrecht – eine polnische Herkunft andichten würde. Herr Besser mühte sich redlich, uns seine Heimat rund ums Riesengebirge einschließlich der Sagengestalten wie Rübezahl und anderen Kommunalpolitiker näherzubringen. Dadurch hatten wir auch Berührung mit Volksliedern wie „Ich hatt‘ einen Kameraden“ und anderen Errungenschaften des deutschen Kulturgutes, was uns einen gewissen Nimbus der Unsterblichkeit verleihen sollte. Was allerdings alles noch dazugehörte, um völkisch unverdächtig zu erscheinen, war zu dieser Zeit noch nicht absehbar. Momentan erschien es laut Herrn Besser völlig ausreichend, das Wappen von Schlesien und Ostpreußen zu unterscheiden, eine Übung, die heute nur unverbesserliche Revanchisten mit sportlichem Ehrgeiz bestreiten können. Geschadet hat dieses Wissen nach meiner Kenntnis allerdings auch niemandem.

Das Wanderrechnen stand bei mir und meiner Mitschülerin Gudrun Schultz hoch in Kurs, vermutlich weil wir beide ganz gut damit zurechtkamen. Nur war das allerdings auch nicht sonderlich schwer: Zu Beginn der Kollektivaufgabe stand die ganze Klasse in ehrfürchtiger Erwartung kommender Rechenaufgaben, die allesamt im Kopf erledigt werden konnten und sollten, vor den Stühlen und durften sich erst nach erfüllter Aufgabe wieder setzen. Wer also ein bisschen unterbelichtet war im Umgang mit Zahlen, der durfte sich schnell wieder setzen. Wer hingegen den Aufgaben standhalten konnte, blieb lange stehen. So waren Gudrun und ich häufig die Kinder mit dem längsten Stehvermögen. Gelegentlich musste ich auch zum „Vorrechnen“ in die fünfte Klasse im ersten Stock, um denen zu demonstrieren, wie das geht. Was eigentlich als Auszeichnung gedacht war, entpuppte sich schnell als verräterische Tat zumindest in den Augen der älteren Schulkameraden. In der Tat war das Gefühl ein eher zwiegespaltenes oder was man darunter verstehen kann. Einerseits schwingt ein gewisser Stolz mit angesichts der Erwartungen in die eigenen Fähigkeiten, andererseits kommt auch eine Abkehr von Solidarität unter Gleichgesinnten zum Ausdruck, nämlich der Klassengemeinschaft. Damit fing die Ambivalenz an und sollte nie so ganz verschwinden, oder hat sich das eventuell erst später ergeben?

Im weiteren schulischen Ablauf haben sich bestimmte Dinge weiterentwickelt oder auch voneinander wegbewegt. So verhielt es sich mit dem Religionsunterricht. Da wurde das Leben und Sterben von Jesus, einem Zimmermann aus dem Nahen Osten geschildert. Obwohl er aus einfachen Verhältnissen stammte und bei seiner Geburt zu Weihnachten Stalltiere wie Esel und Rind als Taufpaten auftraten sowie einige Adelige aus dem Morgenland ihre Aufwartung machten, hat er sich doch recht schnell vom Handwerk ab- und dem Missionsdienst zugewandt. Dabei haben ihn einige Assistenten unterstützt, die man später „Jünger“ nannte, obwohl sie alle im mehr oder weniger gleichen Alter waren. Seine Missionstätigkeit war recht erfolgreich, so dass man ihn zum König gewählt hat, also ein recht ordentlicher Aufstieg. Aber wo Erfolg ist, sind auch Neid und Missgunst nicht fern. Und so haben ihm einige Glaubensgegner die Suppe versalzen, indem sie so lange Intrigen gesponnen haben, bis der oberste Gerichtshof ein Urteil verhängt hat: Zu Ostern sollte der arme Jesus an einem Holzbalken angetackert werden. Das hat sich mit seiner Atmung nicht gut vertragen, so dass er kurz darauf das Zeitliche gesegnet hat. Seine Kumpels haben dann einen Verein gegründet, der sich rasch und mit zahlreichen Ablegern weltweit verbreitet hat und heute noch in verschiedensten Formen existiert. Einige haben sich über Jahrhunderte so hartnäckig gehalten, dass sie heute noch als fester Bestandteil von verschiedenen Religionsrichtungen gelten und an Kindern im Schulalter eingesetzt werden, damit diese frühzeitig in die richtigen Bahnen gelenkt werden.

Ich habe dann als protestantischer Erstklässler festgestellt, dass die andere Hälfte der Klasse aus Andersgläubigen, den Katholiken, besteht. Deren Sichtweise unterschied sich allerdings kaum von der protestantischen, sieht man vielleicht von den Vorzeichen ab. Die katholische Abteilung des Christentums gründet sich schlicht und ergreifend auf ihre Originalität. Es kann doch also nicht falsch sein, was deutlich länger Bestand hatte. Oder vielleicht doch? Ist es nicht vielleicht ein Zeichen von Anpassung und Erneuerung, wenn man einen Willen zur Reformation lebendig hält? So jedenfalls hat der Gründungsvater des Protestantismus und dessen Erster Vorsitzende Martin Luther, also gewissermaßen der Gegenpapst, seine Rolle gesehen und weltweit eine Spaltung des Christentums verursacht.

Wer nun Recht hat und wer Unrecht, kann auch nach Jahrhunderten nicht endgültig geklärt werden. Gelegentlich flackern noch kleine Grabenkämpfe auf, insbesondere wenn die Wahl des jeweiligen Vorsitzenden ansteht. Während auf der einen Seite ein Feuer mit weißem Rauch benötigt wird, kommt die andere Seite ganz offensichtlich ohne jede Art von Brand aus, verfügt allerdings auch nicht über die Strahlkraft einer Pop-Ikone wie mancher Papst der Vergangenheit.

Nun haben wir uns um das Leben und Wirken unseres Vorsitzenden Martin Luther gekümmert, der war allerdings schon lange tot. Insofern verfügen die Katholiken über einen Vorsitzenden, der nach Bedarf ständig erneuert wird, den Protestanten ist diese Vorgehensweise aufgrund langjähriger Beschlusslage untersagt. Ja, sie haben sich selbst diese Disziplin auferlegt. Häufig wird die Vermutung geäußert, dass die Wurzeln für Glaubensfragen jn der frühen Kindheit liegen. Dann hatte meine Oma eine unorthodoxe Art der Religionsausübung an sich.

Oma stammte aus der Gegend um Posen an der damaligen Grenze zum zaristischen Russland. Polen war seit Jahrhunderten überwiegend katholisch, zwischen dem deutschen und dem russischen Reich ordentlich aufgeteilt worden und somit formal nicht existent. Das sollte sich mit dem Ende des Ersten Weltkriegs dramatisch ändern, sehr zum Leidwesen der deutschen Bevölkerung, die allesamt in Panik ihre angestammte Heimat verlassen mussten. Oma ging es nicht viel besser, zudem hatte sie noch zwei kleine Kinder bei sich, nämlich meine Mutter und deren Bruder, was nicht so ganz leicht war, aber dann doch irgendwie geklappt hat, bis der ganze Treck endgültig - wie so viele Flüchtlinge aus dem Osten - in Berlin gestrandet ist.

Rund vierzig Jahre später machte derweil meine Grundschulzeit das, was so häufig zu beobachten ist, sie ging vorbei. Als sich das Ende ankündigte, wurde häufig über die Zukunft gesprochen, denn die Schule war mit der vierten Klasse noch nicht beendet.

Andere Wege sollten sich überraschend eröffnen, allerdings erwartungsgemäß nicht ohne Konflikte.

Zunächst aber fand für eine kurze Zeit und tatsächlich zum ersten und einzigen Mal im Leben ein gemeinsamer Aufenthalt von mir und meinen Eltern im holländischen Scheveningen statt. Diese haben sich allerdings nicht zu einem gemeinsamen Urlaub entschlossen, was auch nach Lage der Dinge mehr als sonderbar gewesen wäre, sondern meine Mutter hat sich für ein paar Tage den Graus aus Gelsenkirchen angeschlossen, während mein Vater auf seinem Weg nach England am holländischen Nordseestrand Station machte, wohl mit der Absicht, sich der Mutter seines Sohnes für einige Stunden unverfänglich zu nähern. Ob es ihm gelungen ist, mit langen Hosen am Strand von Scheveningen eine gute Figur zu machen, muss auch im Rückblick stark bezweifelt werden. Jedenfalls hat er unsere Bemühungen, eine standesgemäße Sandburg zu errichten, mit einschlägigen landessprachlichen Texten unterstützt und damit für viel Erheiterung unter den Einheimischen gesorgt. Man lernt daraus, dass der gute Wille allein nicht reicht, wenn zuweilen die Grundlagen fehlen.

Die Ferienzeremonie bei der Familie Grau wiederholte sich vereinbarungsgemäß auch in diesem Sommer, allerdings mit zarter Beteiligung meiner Mutter. Und somit hatte sich dann auch diese Verbindung auf Zeit sang- und klanglos verabschiedet. Danach war von Graus nichts mehr zu hören, vielleicht den weltpolitischen Ereignissen geschuldet, die zu Beginn des sechsten Jahrzehnts des zwanzigsten Jahrhunderts mit Urgewalt hereinzubrechen drohten. Mit meinen zwölf Jahren war ich nicht mehr klein genug, politische Veränderungen wahrzunehmen, insbesondere wenn sie mich selbst betrafen. Andererseits begann ich erst allmählich, größere Zusammenhänge zu erkennen. Als sehr hilfreich hat sich dabei der gute alte Volksempfänger, eine Erfindung des früheren NS-Chefstrategen Goebbels, erwiesen, die Vorstufe des Radios, die auch Menschen mit spärlichen Finanzmitteln in den Zustand versetzen sollten, das politische Geschehen zu verfolgen und sich von den jeweiligen Machtinhabern einlullen zu lassen. Dieser Volksempfänger also stand auf Omas Küchenschrank und lief solange, wie die Küche besetzt war, also regelmäßig über die täglichen Vormittagsstunden.

Der tägliche Bedarf an Klatsch und Tratsch aus Politik und Wirtschaft, wurde gedeckt von einer Zeitung, deren Titelseite aus einer großformatigen Schlagzeile und einem überdimensionalen Foto bestand. Damit war gewährleistet, dass man nicht mehr lesen musste als unbedingt notwendig und trotzdem vollständig informiert war, zumindest nach Auffassung des Verlegers. Wer also die neuesten Neuigkeiten von Soraya, Fabiola, Gracia Patricia und anderen weiblichen Vertretern europäischer Fürstenhäuser in Erfahrung bringen wollte, musste sich entweder regelmäßig zum Friseur begeben oder seine Zeit im Wartezimmer eines Arztes verbringen. Der Wahrheitsgehalt einer Zeitung sei keinesfalls anzuzweifeln, denn immerhin sei es ja eine Zeitung und somit gewissermaßen von Grund auf zur Wahrheit verpflichtet. Dass man dennoch einer vermeintlichen Wahrheit Nachdruck verleihen kann, indem man der Zeitung einen Suggestivnamen wie „Wahrheit“ gibt, ist meiner Oma nicht entgangen. Schließlich war sie sensibel genug, solch feine Unterschiede zu bemerken. Gleichwohl sollte in naher Zukunft die öffentliche Meinung hart umkämpft sein und für viele Jahre die Bevölkerung spalten, ja vereinzelt in bürgerkriegsähnliche Zustände münden.

Jedenfalls stellte sich in zunehmendem Maße die Frage nach der Sinnhaftigkeit, wenn es doch allem Anschein nach in dem Ermessen eines jeden zu liegen scheint, sich der Wahrheit gegenüber verpflichtet zu fühlen oder nicht. Ein heftiges Beispiel für diese praktizierte Scheinheiligkeit in nahezu allen Teilen der bürgerlichen Gesellschaft spiegelte sich im Religionsunterricht der Grundschule wider. Ich war zwar nicht grenzenlos überrascht, dass es neben dem geschlechtlichen Unterschied, den die Natur zwischen Mann und Frau eingerichtet hat, offensichtlich auch noch einen weiteren gab, der weniger offensichtlich, dafür aber wesentlich nachhaltiger in seinen Auswirkungen war. Wie von Geisterhand gesteuert, teilte sich die Klasse bereits nach kurzer Zeit zum „Religionsunterricht" auf Kommando, also nach Plan, genauer gesagt, nach Stundenplan. Während eine gewisse Kumpanei oder Solidarität unter Kindern gleicher Klassen üblich, zumindest aber nicht unerwünscht war, änderte sich dies für die Dauer von zwei Religionsstunden pro Woche schlagartig. Schnell entstand der Eindruck eines Geheimbundes oder ähnlichem, wenn die eine Hälfte in einen separaten Raum verschwand und nach einer knappen Stunde wieder erschien. Ein Unterschied war genau so wenig wahrzunehmen wie auf der anderen Seite.

Mir ist kein einziges Erlebnis erinnerlich, in dem ich mit meinen katholischen Schulfreunden über die Unterschiede im Religionsunterricht gesprochen hätte. Eigentlich merkwürdig, in gewisser Weise unerklärlich, gab es doch ansonsten kein Tabuthema für Jungens zwischen elf und vierzehn. Auch der Konfirmationsunterricht, eine außerschulische Weiterführung der Geschichten von Jesus und seinen Jüngern, sollte im vorpubertären Alter die bis dahin erworbene Reife unter Beweis stellen. Mit der im Katechismus zusammengefassten christlichen Glaubenslehre wurden wir Konfirmanden regelmäßig vertraut gemacht, was in einer wöchentlichen Andacht in der Kirche „Zum Guten Hirten" in Friedenau gipfelte. Der Pfarrer nahm seinen Lehrauftrag weit über das gebührliche Maß hinaus ernst, indem er das „Glaubensbekenntnis" wie eine Hymne verbreitete. Der Text sollte von jedermann verinnerlicht werden. Daher war er auswendig zu lernen und auf Verlangen zu repetieren: „Jedermann sei Untertan der Obrigkeit, die Gewalt über ihn hat." Mit anderen Worten, kein Widerspruch, allen Befehlen und Kommandos ist ohne Diskussion Folge zu leisten, also blinder Gehorsam war Pflicht. Gottlob wurde in der weltlichen Schule nach einem anderen Muster verfahren. Nach einem Jahr hatte der Spuk sein Ende gefunden mit der sogenannten Einsegnung oder Konfirmation. Der eigentliche Segen dieser Zeremonie bestand in dem Umstand, künftig nach eigenem Ermessen dem Religionsunterricht fernzubleiben oder auch weiter daran teilzunehmen. Eine erkennbare Logik erschloss sich mir nicht. Denn wenn man eine bestimmte Bildungsstufe erreicht hat, ist es doch selten dämlich, sie dann nicht auch auszunutzen. Man lernt doch nicht den Umgang mit Zahlen, um dann im restlichen Leben das Rechnen zu vermeiden.

So wurde also schon früh die Religionszugehörigkeit zur abendländischen Exklusivität hochstilisiert. Demnach lautet bis heute die Kernbotschaft: Es gibt gute und weniger gute Christen. Die guten Christen heißen Katholiken und sind der Überzeugung, der „allein selig machenden Kirche" anzugehören. Die weniger guten Christen haben sich vor mehreren Jahrhunderten vom wahren Glauben, dem Katholizismus, abgewandt und sich erst nach dreißig Jahren Krieg eine weitgehend unabhängige Position vom Vatikan und allen anderen päpstlichen Machenschaften erstritten. Sie nennen sich seither nach ihrer grundsätzlichen Weltanschauung Protestanten, oft wird bei amtlichen Angaben auch die Kurzform „ev." für evangelisch verwendet, was häufig zur Fehldeutung führt; denn ein „eingetragener Verein" ist die evangelisch-lutherische Kirche nur bei großzügiger Auslegung der Wortbedeutung.

Die erwachsenen Autoritäten dieser Welt haben offensichtlich erkannt, dass nützliche Mitglieder einer Gesellschaftsordnung nur dann zu erwarten sind, wenn sie beizeiten, also von Klein auf, in einem bestimmten Milieu leben und aufwachsen. Und so nimmt eine jede spezielle Religion für sich das alleinige Führungsrecht in Anspruch. Insbesondere werden zur Ausübung spezifischer Zeremonien bestimmte Räumlichkeiten benötigt, diese nennt man dann Kirchen oder Synagoge oder Moschee. Diese weisen für gewöhnlich typische Merkmale auf, die sie gegenüber den Mitbewerbern unverwechselbar machen, das sind dann die sogenannte Alleinstellungsmerkmale.

Ich habe das zu einer Zeit kennengelernt, als ich damit begann, dem täglichen Leben einige Regelmäßigkeiten abzugewinnen. Dazu zählte auch der Glauben, den ich bald in katholisch und evangelisch zu differenzieren vermochte, ohne dem eine strenge Bedeutung zuzuordnen. Dennoch habe ich die katholische Fraktion stets als etwas anderes, mysteriöses betrachtet, wahrscheinlich wegen geheimer Rituale wie der Beichte. Es erschien mir doch recht sonderbar, eine Verfehlung in den Augen der Kirche begangen zu haben und diese mit dem formalen Eingeständnis und mit dem Ausdruck größten Bedauerns ausgleichen zu können. Dass damit die Sache erledigt werden konnte, hat doch meine ethisch-moralischen Vorstellungen stark erschüttert. Mich überkamen schon als Grundschulkind erhebliche Zweifel an der Aufrichtigkeit dieser Lehre. Später musste ich allerdings feststellen, dass die Protestanten bezüglich ihrer Bigotterie auch ohne Beichte den Katholen in nichts nachstanden.

Seit Beginn meiner Schulzeit hatten wir uns in dem gut bürgerlichen Wilmersdorf eingerichtet. In unmittelbarer Nähe lag die katholische Pfarrgemeinde St. Marien. Die mächtigen Mauern und der hohe Kirchturm mit seinen imposanten, vierstimmigen Glocken haben schon früh den zweifelsfreien Ausdruck an Macht hinterlassen, die die Initiatoren offensichtlich beabsichtigen. Von kindlicher Neugier getrieben, habe ich mich in das Innere dieses Gotteshauses gewagt, im Grunde lediglich, um mit eigenen Augen zu sehen, welche Geheimnisse dieser Ort aufbewahrt. Da keine Andacht oder ähnliche öffentliche Veranstaltungen zu der Zeit meines Eindringens stattfanden, war es mucksmäuschenstill. Der mir unbekannte Beichtstuhl hatte mit einem herkömmlichen Stuhl wenig gemein und erinnerte bestenfalls an eine holzverkleidete Kajüte mit durchbrochenen Trennwänden, in der sich zwei Personen miteinander unterhalten konnten. Meine Schritte hallten mehrfach aus dem dunklen, aber prunkvollen Innenraum und sorgten für ein schnelles Entkommen, wie ich es mir vorgestellt hatte. Als ich Oma von meinem Ausflug berichtete, kommentierte sie mit den Worten: „Junge, das sind doch Katholiken. Da hast du nichts verloren." Damit war endgültig die Fortsetzung der Religionskriege beschlossen, wenn auch nicht militant, so doch zumindest auf geistiger Ebene. Ein Glaube ist eine Geisteshaltung, für deren Realität es keine Beweise gibt. Das gilt für jede Form des Glaubens, also auch für den Aberglauben und weiterführende Spielarten wie Ideologien oder politische Grundsatzerklärungen. Mir waren solche Prinzipien allein aufgrund ihrer Bestimmtheit stets verdächtigt, war aber als Kind der Argumentationskette nicht gewachsen. Im Laufe der kommenden Jahre wuchsen allmählich die Zweifel, ob die vermittelten Werte wohl zu Recht die einzig wahren sein sollten.

Weder in, noch außerhalb der Schule wurde ein Thema berührt, das ansonsten für viel Diskussionsstoff sorgen sollte: Das Judentum. Eigentlich in hohem Maße unverständlich, dass das Schicksal der Juden so wenig in der Familie zur Sprache gebracht wurde. Je weiter die schreckliche Zeit der Naziherrschaft zurückliegt, umso stärker scheint die Bereitschaft ausgeprägt, sich mit der Judenfrage erneut zu beschäftigen. Wir halten aber mal fest, dass es vermutlich auch in meiner Kindheit Juden gab, nur haben sich diese einer gewissen Zurückhaltung bedient, vermutlich aus gutem Grund, konnte man doch nicht sicher ein, ob die bösen Geister der Vergangenheit zur ewigen Ruhe gekommen waren oder nur eine kleine Verschnaufpause eingelegt hatten.

Das zweifellos angenehmste an der gesamten Konfirmationsveranstaltung liegt in dem Umstand begründet, dass offensichtlich nach Ansicht der überwiegenden Mehrheit die Kindheit nunmehr endgültig vorbei ist. Der Hauptbetroffene, nämlich ich selbst, spürte das an dem Anzug, in den er sich standesgemäß zu kleiden hat, sozusagen die Vorstufe der Erwachsenenkluft und neben einigen höchst unattraktiven Pickeln in Gesicht und Oberkörper machte sich ein zarter Flaum bemerkbar, der alsbald einem elektrischen Rasierapparat zum Opfer fällt. Ich will gerne einräumen, dass mir der neue Lebensabschnitt nicht ganz ungelegen kam, haben doch auch die Hormone ihre Wirkung hinterlassen.

Wer kein ausgeprägtes Eigenprofil besitzt, macht Anleihen bei anderen und kann sich an dem Zugewinn erfreuen. Die Lunte wurde von Menschen gelegt, die die Illustrierten ganzer Landstriche, also die naiven Märchenzeitungen von Friseuren und ärztlichen Wartezimmern bevölkerten und damit den Wunsch vieler Menschen bedienten, an den Schönen und Reichen dieser Welt teilzunehmen. In erster Linie war damit der Adel gemeint, also die Sorte von Menschen, die ohne eigenes Zutun, gewissermaßen aufgrund erblicher Regeln einer sorgenfreien Zukunft entgegensahen. Zeitungsredaktionen aus aller Welt haben untereinander Nachrichten, aber vor allem Fotos ausgetauscht und damit die eigene Auflage sprunghaft erhöht. Mich hat dieser Rummel um die gekrönten Häupter dieser Welt nie sonderlich interessiert, ja in gewisser Weise hat es mein Unverständnis ausgelöst, wie man sich pausenlos mit diesem Thema beschäftigen kann. Meine Sorge dagegen galt der Frage nach dem nächsten deutschen Fußballmeister oder nach anderen wichtigen Sportereignissen wie den Olympischen Spiele in Rom.

Der Schulsport und seine Folgeerscheinungen wie auch die außerschulischen Aktivitäten wie Fußballspielen und Radfahren haben zu Beginn der Sechziger einen Großteil meines Lebens bestimmt.

Unter anderem wurde kollektiv im Klassenverbund Schwimmen gelernt, wer es noch nicht konnte. Dazu diente der Samstagvormittag im Schwimmbad Schöneberg, das in einer knappen halben Stunde Busfahrt von der Schule erreichbar war. Nun führte auch in Bälde kein Weg mehr an der Erkenntnis vorbei, dass sich die Menschen – und somit auch die Klasse 6 der Sternbergschule, meiner damaligen Mittelschule – in Mädchen und Jungen aufteilen ließ. Das fiel insbesondere dadurch auf, dass eine peinlich genaue Ordnung in und während der Umkleidezeremonie herrschte. Diese durfte keinesfalls gestört werden. Reizvoll war aber das Unbekannte schon. Und versteckten Vermutungen durfte man sich zuweilen auch hingeben.

Ansonsten war das Schwimmen eigentlich ziemlich öde, weil es keine Überraschungen gab. Alles war recht militärisch angelegt und hat allein dadurch wenig Spaß gemacht. Dazu kam noch der lästige Chlorgeruch beziehungsweise Chlorgeschmack, der gar nicht vergehen wollte, war einmal versehentlich Wasser in die Nasengänge eingedrungen. Vom Einer-Brett springen, zwanzig Meter Streckentauchen, einen Fünf-Kilo-Stein vom Beckengrund aufheben, das waren die Höhepunkte einer Disziplin, für die in der Schule die Samstage des kompletten Winterhalbjahres leergeräumt wurden. Ein besonderes Vergnügen bereitete allerdings die Imbissbude an der Bushaltestelle. In derselben war ein kleiner Schießstand zu finden, in dem man vorbeiwandernde Kleintiere wie Hasen, Rebhühner und Zielscheiben zur Strecke bringen konnte, das Ganze natürlich rein virtuell, elektronisch gestützt und gegen Münzeinwurf. Spaß hat es trotzdem gemacht.

Als ich meinem Vater davon erzählte, hat er mit dem ihm eigenen Ernst darauf hingewiesen, dass ein guter Schütze bei der Wehrmacht mit großem Risiko verbunden ist. Ein Scharfschütze sei nämlich – so seine unabänderliche Meinung als Experte in militärischen Fragen – besonders gefährdet, seinerseits abgeschossen zu werden. Ich habe dem wenig Beachtung geschenkt, stand doch für mich das Spiel im Vordergrund und nicht so sehr der vermeintlich ernste Hintergrund der Waffengattung.

In der Dusche des Stadtbades Schöneberg ist mir dann ein, zweimal der Mitschüler Wolfgang Wegner zu nahegekommen und konnte nur mit einem gezielten Schlag auf die Zwölf – also mitten ins Gesicht – auf den korrekten Abstand hingewiesen werden. Leider habe ich auch einige Schläge abbekommen, so dass meine Oma fragte, wer mir denn das Veilchen verpasst hätte, das mein Auge zierte. Nachdem sich die erste jugendliche Leidenschaft zwischen den kleinen Jungbullen gelegt hatte, wurden dann Wolfgang und ich die besten Freunde. Wir tauschten benutzte Briefmarken aus und gingen ein paar Mal angeln, allerdings erfolglos, vermutlich aus Gründen der absoluten Ahnungslosigkeit. Wir hatten nämlich nicht die geringste Ahnung vom Angeln, wollten aber alles perfekt machen. Allein die Auswahl des Ortes und der Weg bis zu einer geeigneten Stelle an der Havel hat die meiste Zeit beansprucht. So zeigte sich recht schnell, dass alle Dinge im Leben ihren Preis haben und ihren Zeitaufwand benötigen, wenn es sich dann auch lohnen sollte. Dass der Wurm dem Fisch schmecken soll und nicht dem Angler, war den eifrigen Jungspunden noch nicht aufgefallen. Sie hielten unverdrossen ihre Bambusruten in die grauen Fluten der Havel und wunderten sich, dass nach Stunden noch kein Fisch angebissen hat. So stellt sich das ein, was man später – und das in ständig wiederholtem Maße – Erfahrung nennen sollte.

Einer besonderen Beliebtheit erfreuten sich die in wöchentlichem Rhythmus erscheinende Micky-Maus-Hefte, die die neuesten Geschichten der Entenfamilie Duck, bestehend aus den pfiffigen Neffen Tick, Trick und Track, dem Geizhals Onkel Dagobert sowie dem ständigen Verlierer Donald erzählten, ergänzt natürlich von der namensgebenden Micky Maus sowie Ede Wolf und den drei kleinen Schweinchen, wobei im Gegensatz zur heutigen Lesart das Leben der Schweinchen nie ernsthaft bedroht war. In der Heftmitte fand sich ein aus mehreren Seiten bestehender aktuellen Teil mit einem völlig anderen Inhalt, so beispielsweise Bilder von Sportlern von den olympischen Spielen in Rom, meine ersten, an denen ich bewusst teilgenommen habe, indem ich die Bildchen gesammelt und mir damit einen Überblick über die Teilnehmer verschafft habe.

Besondere Aufmerksamkeit habe ich den deutschen Teilnehmern gewidmet. Da sind die Namen Armin Hary, Charly Kaufmann und Martin Lauer in der Walhalla des Sports verewigt, deren Karriere ich längere Zeit verfolgt habe, bevor das Interesse erlahmt und anderen Zielen gewichen ist, nämlich den Größen der modernen Popmusik, wie den Beatles oder den Rolling Stones, wobei mir die Darbietungen der letztgenannten häufig missfallen hat. Zu atonal, wenig melodiös war das, was deren Erfinder Musik nannten. Eine immer stärkere Rolle nahm dann auch das andere Geschlecht ein, zumindest wurden da auch Sehnsüchte geweckt, die mir bis dahin noch nicht so richtig bewusst waren.

Unter den US-Leichtathleten hat mich Wilma Rudolph nachhaltig beeindruckt und das nicht nur wegen ihrem unnachahmlichen Laufstil, der ihr den Beinamen „schwarze Gazelle“ einbrachte, sondern auch weil sie als Kind eine Kinderlähmung überstanden hat. Davon war jetzt in Rom bei dem Endlauf über Hundert- und Zweihundertmeter nichts mehr zu spüren. Ich wusste nicht viel über Kinderlähmung, es war aber, wie der Name schon ahnen lässt, eine schlimme Krankheit, die vielfach zum Tode führte und erfolgreich mit einer „Schluckimpfung“ behandelt wurde. Davon wurde in Berliner Schulen hinreichend Gebrauch gemacht. In anderen Teilen der Welt allerdings durchaus seltener. Das hat schon früh den Begriff der Verfügbarkeit ins Spiel gebracht. Gerade wir Wirtschaftswunderkinder hatten doch das enorme Privileg, dass alles, was auf diesem Globus vorhanden war, für uns auch zur Verfügung stand, koste es, was es wolle. Eine Verknappung war weder vorgesehen, noch akzeptabel. Arzneimittel waren in unbegrenzter Menge vorrätig. In anderen Ecken dieser Welt ist das anders. Keineswegs selbstverständlich ist, dass allen Menschen auf diesem Globus die gleichen Heilmaßnahmen zur Verfügung stehen. Es zeigt sich, dass die wirtschaftlichen Unterschiede richtungsweisend für Gelingen oder Verderben von menschlichen Lebensumständen sind oder wie sich Tante Elli aus Wülpke anlässlich eines Waldspaziergangs äußerte: „Weil du arm bist, musst du sterben.“ Was sie damit genau meinte, habe ich nicht ergründet. Allein es hat sich nicht besonders gut angehört.

Im Alter jugendlicher Unbekümmertheit haben sich neue Aspekte eingestellt. Zum einen hat sich mein Vater einen VW-Käfer angeschafft und damit eine neue Dimension von Tourismus eingeläutet. Ausgehend von verschiedenen Stützpunkten haben wir in der Nähe, aber auch in weiterer Ferne Urlaubsziele ausfindig gemacht und im Laufe der kommenden Jahre angesteuert. Überflüssig zu sagen, dass mir dabei nicht im Entferntesten irgendein Mitspracherecht gewährt wurde. Ein beliebter, weil häufig angesteuerter Zielort war Wülpke im Wiehengebirge, allerdings wurde das noch von der angemieteten

Wohnung in der Marburger Georg-Voigt-Str. 74 übertroffen, einer kleinen, aber feinen Zweizimmer-Dachmansardenwohnung mit tollem Ausblick auf das Schloss. Die Wohnung war Teil eines Mehrfamilienhauses der Familie Althaus, der der Kriegsbeschädigte Heinrich Althaus für sich, seine Frau und die beiden Kinder Ende der fünfziger Jahre hat erbauen lassen und immerhin meinem Vater für runde fünfzehn Jahre eine westdeutsche Adresse verschafft hat. Eine weitere Unterkunft hat uns mehr als nur einmal Herbert Lingsch in München gewährt, ein Freund meines Vaters aus gemeinsamer Schulzeit, eine sonderbar emotionslose Erscheinung, nicht Fisch, nicht Fleisch. Eine normale Beziehung zum anderen Geschlecht war weder ihm, noch meinem Vater zuzuschreiben. Möglicherweise haben sich da verkappte homophobe Strukturen versteckt, die sich aber für mich im zarten Alter von zwölf Jahren nicht geäußert haben.

In München gab es viel zu sehen, das meiste war auch für mich von Interesse. So stand ein Besuch im Deutschen Museum an, in dem man nicht nur zahlreiche technische Einzelheiten bestaunen, sondern auch ausprobieren und auf seine Wirksamkeit untersuchen konnte. Es ließ also recht einfach prüfen, ob die Naturgesetze zu Recht bestanden oder ob sie schlicht eine ausgeklügelte Erfindung von Lehrern war. Elektrizität blitzt also nicht nur, sondern knallt auch zuweilen oder ist auf andere Weise wirksam.

Die Wohnung von Herbert Lingsch, eine für einen Alleinstehenden unanständig große Drei-Zimmerwohnung im Münchener Westen, lag nicht nur in unmittelbarer Nähe des Nobelvorortes Nymphenburg, sondern auch benachbart zum gleichnamigen Schloss, in dem vor geraumer Zeit die Wittelsbacher verkehrten. Mir eröffnete sich durch die örtliche Nähe die Gelegenheit zu ausgiebigen Erkundungsgängen und Streifzügen in der großzügigen Parkanlage und zwar ganz ohne väterliche Kontrolle. So war ich über Stunden mit meinem Fotoapparat allein und auf der Suche nach Motiven kultureller Hinterlassenschaften. Wasserspiele, Skulpturen, Statuen, Gottheiten aller Art, nichts war vor mir und meinem Fotoapparat sicher.

Das Angebot an Gärten ist in München durchaus üppig. Neben dem

Englischen mit seiner Pagode ist der botanische Garten zu erwähnen, ein beliebtes Ausflugsziel, in dem ich auch des Öfteren gelustwandelt bin. Der Flughafen Riem war damals durchaus eine Attraktion, konnte man doch die zweimotorigen Flugzeuge bis auf Steinwurfnähe beim Starten und auch beim Landen beobachten. Außerdem war es lohnenswert, im Café einen Kaffee oder – wie in meinem Fall – ein Fürst-Pückler-Eis einzunehmen.

Der Sommer hält auch in Bayern einige schöne Ecken bereit. Wenn dann auch noch die Sonne scheint, ist alles für ein perfektes Ferienensemble bereit. So oder so ähnlich habe ich die Schlösser von Ludwig, dem bayerischen Märchenprinzen, erlebt. Der Chiemsee ist einerseits der größte See Bayerns, andererseits mit Inseln ausgestattet, die ihm seine Sonderstellung ermöglichen. Aus Berlin ist mir die Stern- und Kreisschifffahrt bekannt, die mit ihren zahlreichen Schiffen auf Havel und Spree für endlose Sommervergnügen gesorgt haben. Am Chiemsee waren solche Wasserfahrzeuge auch vorhanden. Sie beschränkten sich allerdings auf den Zielort, die Insel Herrenchiemsee, pendelten also regelmäßig zwischen Schloss und Festland, um den Touristen den Weg zu Ludwigs Residenz zu erleichtern. Mit einem feinen Sinn für Quotenregelung wurde bereits in frühbajuvarischen Zeiten der Insel Herrenchiemsee das weibliche Pendant Frauenchiemsee hinzugefügt, allerdings ausschließlich in seiner Eigenschaft als Nonnenkloster und bekannt für seine Likörspezialität.

Nach mehreren vergeblichen Versuchen, meinen Vater zu einem Besuch des Königssees einschließlich der schmucken Kapelle St. Bartholomä zu bewegen, hat es dann irgendwie doch geklappt: Ich bin zwar nicht der begeisterte Kirchgänger wie mein Vater, diese kleine Kapelle am Fuße des Watzmanns hat es mir aber doch irgendwie angetan. Vermutlich in der natürlichen Vollkommenheit zwischen kristallklarem Wasser, schneebedeckten Gipfeln und dem roten Kuppeldach der Wallfahrtskirche. Das alles verhalf dem bekannten Ausflugsort zu einer idyllischen Gesamterscheinung, dem ich mich auch nicht so recht entziehen konnte, was vermutlich auch von der Werbung beabsichtigt ist. Wir haben den Königssee zwar erreicht, St. Bartholomä hat sich nur in meine Erinnerung gegraben in Form einer großformatigen Ansichtskarte. Der Königssee und der darüber thronende Watzmann haben dem Ausflug seinen Reiz verliehen, insbesondere hatte ich das Gefühl, meinen Wunsch erfüllt zu sehen. Noch schöner wäre es allerdings gewesen, hätte sich der Höhepunkt des Ausflugs in einer Bootsfahrt nach St. Bartholomä wiedergefunden. So war es ähnlich wie Schuberts Unvollendete, schön, aber es fehlte etwas.

Mein Vater hat eine besondere Vorliebe dafür entwickelt, Bekannte an deren Urlaubsort aufzusuchen. Inwieweit ich als Alibi diente, mag ich nicht sagen. Ich fürchte allerdings, dass der Begriff „Alibi" nicht fehlgedeutet ist, zumal ich mich nicht an ein einziges Ereignis erinnern kann, wo mein Vorschlag akzeptiert wurde. Ein besonderer Fall vollzog sich in Gestalt von Valeska Burgstaller, einer Kollegin meines Vaters aus unrühmlicher Vergangenheit der Berliner Musikhochschule, in der es üblich war, aus Musik urdeutsche Untertöne hervorzukitzeln. Dazu bedurfte es nicht immer der Weisung aus dem Goebbelschen Propagandaministerium, vielfach wurde auch dem neuen Zeitgeist entsprochen und in vorauseilendem Gehorsam eine artige Verbeugung unternommen. In den frühen Sechzigern war natürlich von derart unerfreulichen Dingen der Vergangenheit keine Rede mehr. Es galt in erster Linie, das Zurückliegende, soweit es unverfänglich erschien, auf den Komposthaufen der Geschichte zu verbannen und dort zu verscharren. Jeder, der dabei mitwirkte, war willkommen, umgekehrt war jeder unerwünscht, der alte Konflikte wieder aufrührte. Und so hat sich bisweilen eine merkwürdige Dialogpraxis eingestellt, die darauf abzielte, in wohltemperierten Andeutungen zu sprechen. Ich kann nicht sagen, dass ich diese Gesprächsführung durchschaut hätte. Allein dem zu folgen, war mir nicht möglich. Und so habe ich so reagiert, wie es mir angebracht erschien, gelangweilt.

Ein weiteres illustres Erlebnis lieferte mir der ehemalige Posaunist aus den Reihen der Berliner Philharmoniker, der so manchem Studierwilligen gezeigt hat, wie Blasmusik klingt. Mein Vater hat gern von einem „Kollegen" gesprochen, wenn es darum ging, gegenseitige Verdienste aufzurechnen. Die Pension hat Alfred Jacobs, der gedrungene, kleine Musiker mit schlohweißem Haar, dessen ganzer Körper nur dem einen Zwecke zu dienen schien, einer Posaune höchst beachtliche Töne abzuringen, im idyllischen Niederaudorf am Inn verprasst. Jacobs war ein leidenschaftlicher Skatspieler wie vor ihm der berühmte Komponist Richard Strauss, mit dem er des Öfteren Karten gespielt hat. Und dieser Jacobs, der weißhaarige Posaunenpensionär, wollte mit mir Skatspielen. Also habe ich ihm den Gefallen getan und reizte Herrn Jacobs auf übliche Art und Weise mit Buben zum Karow ohne Zweien. Mir fiel das nicht schwer, war ich mit diesem Kartenspiel schon seit zartem Knabenalter sehr vertraut, ja ich übertreibe nicht, wenn ich sage, dass ich das Skatspiel beherrschte. Herrn Jacobs ist das wohl auch schnell aufgefallen. Er hatte vermutlich erwartet, dass ich ein geeignetes Opfer seiner Spiellaune abgeben würde. Somit ist sein Interesse rasch geschmolzen wie ein Vanille-Eis in der Augustsonne.

Nach dem Intermezzo des nachhaltigen Skatspiels mit einem humorlosen Kartenspieler namens Alfred Jacobs, übrigens keine günstige Voraussetzung für ein Spiel schlechthin, egal welches Spiel man spielt, haben wir uns der kürzeren bayerischen Geschichte hingegeben. Hier hat der Zweite Ludwig, bekannt als Märchenkönig und Mäzen von Richard Wagner, dessen aufwändigen Lebensstil ebenso finanziert wie auch seine üppigen Opern, die er typischerweise Bühnenweihfestspiele oder Musikdramen nannte. Besonders beeindruckend war ein Schloss mit dem imposanten Namen Neuschwanstein, das auf einem Felsvorsprung errichtet wurde und sowohl in Gänze wie auch im Detail ein treffliches Beispiel für die maßlose Verschwendungssucht des Königs liefert. Kein Wunder, dass ihm mit zunehmendem Alter sein Verstand weitgehend abhanden kam und er schließlich den Rest seines königlich-bayerischen Lebens unter staatliche Aufsicht am Starnberger See fristen musste. Zu meiner Zeit war der Aufstieg zum Schloss von sommerlicher Hitze geprägt sowie von touristischer Vielfalt. Es sammelten sich hier wie dort Touristen aus aller Herren Länder, besonders beliebt bei Japanern mit ihren Bonsai-Fotoapparaten und Amerikanern, die glaubten, die Hinterlassenschaft der Wittelsbacher Monarchen als Teil ihrer Kriegsbeute betrachtet zu können.

Sehr beliebt bei amerikanischen Touristen war - vermutlich auch wegen dem edlen Bezug zum gerade besiegten Dritten Reich – die architektonisch imposante Komposition von Walhalla, der Götterburg und Sammelstätte nationaler Berühmtheiten mit deutschen Wurzeln. Niemand durfte da im Zeitalter des wieder erstarkten Nationalismus fehlen außer Otto Waalkes und Dieter Bohlen. Aber die zu Ehren gekommenen Vertreter des Deutschtums mussten bereits tot sein, um ihre Büste zu hinterlassen. Der Höhepunkt dieses Abstechers in die Gegend von Regensburg lag in dem Quartier: Hier hat sich meines Vaters Bekanntschaft für mich gelohnt. Familie Zielinski bestand aus Eltern und fünf Kindern, von denen die jüngeren nicht nur weiblich waren, sondern auch in mein Beuteschema passten. Der kleinen Wiltrud standen noch einige Jahre an körperlicher Reifung bevor, dennoch waren ihr Reize gegeben, die man getrost als das gewisse Etwas beschreiben könnte. Ihre ältere Schwester war zwar weiterentwickelt, dafür aber ziemlich fad, was die Wirkung auf meine Person betraf. Trotzdem habe ich mich mit den beiden Grazien einen ganzen Tag an der Stelle zum Baden aufgehalten, wo Naab und Regen die Donau verdünnen und mir dabei den schlimmsten Sonnenband meines Lebens zugezogen. Wahrscheinlich hat mich die wachsende Weiblichkeit der beiden Mädchen so abgelenkt, dass ich den Brand erst bemerkt habe, als sich die Haut von Rücken und Oberschenkeln in ein kräftiges Krebsrot verwandelte. Da war es schon zu spät. Die Mädels waren es aber wert.

Der nördliche Teil Bayerns hat einen eigenen Namen, nämlich Franken. In Franken haben wir uns auch aufgehalten, nicht nur in Nürnberg, der Stadt von Hans Sachs, dem Herr Wagner eine ganze Oper, nämlich die gleichnamigen Meistersinger, gewidmet hat, sondern auch dem außerordentlichen Vertreter der deutschen Renaissance, dem Maler und Kupferstecher Albrecht Dürer, auf dessen Vorlage unsere Kenntnis von Hasen und Nashörnern beruht. Und der hat im Übrigen mit seinem Selbstbildnis im Pelzmantel den Rasterlocken zu neuem Ansehen verholfen. Einige Kilometer weiter nördlich hat dann der schon erwähnte Richard Wagner, der Autor bekannter Musikdramen wie Lohngrien und Tannhäuser, in Bayreuth sein Domizil aufgeschlagen. Unter dem doppelbödigen Namen „Wahnfried" hat er eines der ersten Einfamilienhäuser erstellen lassen, allerdings im Namen und Auftrag seines Gönners, des bayerischen Königs Ludwig. Wer solch außergewöhnliche Opern wie Tristan und Parsival verfasst, der muss auch diese Ereignisse in einem eigenen Festspielhaus würdigen. Mir kam das Gebäude wie eine Brauerei vor, ein Backsteinbau mit wenig festlichem Flair. Sogleich hatte ich auch Gelegenheit, mich von dem Innenleben des Festspielhauses zu überzeugen. Anlass war eine Aufführung der Oper „Siegfried", der einen Drachen tötet und sich dann mit dessen Blut unverwundbar macht. Allerdings nützt ihm das nicht so viel, denn durch seinen Widersacher Hagen wird er dann am Ende doch noch gemeuchelt. Das geschieht aber dank der Wagnerschen Vorsehung erst zu Ende der Götterdämmerung, der letzten Oper des Vierteilers.

Mir wurde dankenswerterweise ein Stühlchen mitten unter die Musiker im Orchestergraben gestellt, von dem ich die ganze Vorstellung verfolgen konnte. Der Nachteil liegt darin, dass man die auf der Bühne stattfindende Handlung nicht miterleben kann. Dafür sieht man die Musiker, wie sie den Weisungen des Dirigenten nachkommen. In der sich über eine Stunde hinziehenden Pause konnten sich die Besucher aller möglichen Ablenkungen unterziehen. Ich habe mich auf dem Parkplatz mit exquisiten Autos beschäftigt. Mein besonderes Augenmerk galt einem grünen Jaguar E, wie ich ihn aus den Geschichten vom FBI-Agenten und G-Man Jerry Cotton kannte, allerdings in Rot, gemeint ist das Automobil, nicht die südamerikanische Raubkatze. Ansonsten stand das Spektakel in angemessenem Verhältnis zu seinem Schöpfer: Neben dem schon erwähnten Drachen kam noch ein weiteres Tier vor, der Waldvogel, der sich mit dem Drachentöter Siegfried einen lockeren Plausch lieferte. Zu guter Letzt muss auch noch Alberich erwähnt werden, der Zwergenkönig der Nibelungen, der der Oper ihren Namen verlieh und einige Besonderheiten aufwies. So beispielsweise eine Tarnkappe, also ein Kleidungsstück, das eine Person unsichtbar macht. Wie das genau funktionieren soll, darüber hat sich Herr Wagner nicht geäußert. Es hätte auch sicherlich zu einem formidablen Patentschutzverfahren geführt. Ferner hat der Zwergenkönig in seiner Eigenschaft als genialer Waffenschmied ein bemerkenswertes Schwert angefertigt, dessen außergewöhnliche Eigenschaften die Drachentötung durch Siegfried überhaupt erst ermöglichten. Wie in alten Zeiten üblich wurde dem Schwert ein Name verliehen, der über Jahrhunderte nicht nur Bestand hatte, sondern auch ein Mysterium ausgelöst hat, nämlich Nothung, ähnlich dem aus der Artussage bekannten Schaschlickspieß namens Excalibur.

Ähnliches spielte sich dann im folgenden Jahr ab, nur wurde der Kulturbeitrag nicht von Wagner bestimmt, sondern von unseren westlichen Nachbarn, den Franzosen. Wie passend, dass die französische Sprache mittlerweile auch im Schulunterricht dank Dr. Velder, der einen Großteil seines bisherigen Lebens in Indochina verbracht hat, einen festen Bestandteil eingenommen hat.

Ausgangspunkt der Reise ins für mich Unbekannte war ein kleiner Ort im Taunus mit dem wohlklingenden Namen Falkenstein und einem Einfamilienhaus älteren Baujahrs, das Gisela Schröder samt Tochter Cordelia geerbt hatte. Und wie es sich auch immer fügte, diente die Schrödersche Immobilie der nächtlichen Unterkunft, für mich war in der Bibliothek ein geeigneter Schlafplatz zu finden. Wie praktisch, dass sich die Vertrautheit unter den Protagonisten bereits im fernen Berlin angebahnt hatte und über Jahre stabil geblieben ist.

Der zum Besuch einladende Drachenfels wurde nicht verschmäht, hatte allerdings auch im Gegensatz zur vermuteten Namensgebung keine Reptilien im Allgemeinen, schon gar nicht Drachen im speziellen zu bieten. Beizeiten machten wir uns dann auf den Weg zur weiteren Erkundungstour in das Elsass. Nun ist Elsass-Lothringen keineswegs so unumstritten, wie es die Geschichte vermuten lässt. Schon seit ewigen Zeiten war das Gebiet zwischen dem deutschen Schwarzwald und den französischen Vogesen umkämpft und je nach Schlachtenglück mal dieser, mal jener Seite zugefallen. Eines war allerdings immer gleich, die Unbeständigkeit des Augenblicks.

In Straßburg, der ersten Station unserer eigenen Tour de France, findet sich das Quartier des Tenneurs, das Gerberviertel. Typischerweise liegen hier, dicht an dicht, zahlreiche Fachwerkhäuser in einem Netz an Wasserwegen, die untereinander allesamt mit Brücken, Stegen und Schleusen verbunden sind. Man bekommt hier sehr schnell einen Eindruck von der französischen Lebensart, die uns Deutschen bedauerlicherweise so fremd ist und sich mit dem Genuss von Froschschenkeln in Knoblauchsoße und Austern nur unvollkommen beschreiben lässt. Im „Maison des Tenneur", dem Haus der Gerber; werden noch heute zahlreiche kulinarische Köstlichkeiten serviert und stellen einen kulturellen Gegensatz dar zu Currywurst mit Fritten, wahlweise mit Dosenbier oder alternativ Frikadellen mit Sauerkraut. Wo könnte sich die Überlegenheit der germanischen Rasse besser manifestieren als in der Speisekarte? Wer mag das glauben?

Jedenfalls stellt das Gerberviertel in Straßburg ein touristisches Kleinod dar. Es erinnert mit seinen Schleusen und Stegen an eine Miniaturausgabe der Lagunenstadt Venedig. Das habe ich mir so schön nicht vorgestellt.

Im Sommer macht alles viel mehr Spaß, selbst wenn man nicht jeden Tag baden geht. Wer sich aber wie eine Vielzahl von Reisenden zufällig in Colmar aufhält, der kann sich an dem schönen Kloster erfreuen wie auch an dem märchenhaften Stadtbild. Bootsfahrten durch die ruhigen Wasserstraßen verleihen dem verzückten Besucher einen Eindruck in eine längst vergangene Zeit, in der sich aber manch märchenhafte Relikte noch bewahrt haben. Herrschaftliche Häuser zeugen mit ihren glänzenden Dächern von einer bewegten ruhmreichen Vergangenheit. Auch heute zeigt sich der bürgerliche Wohlstand in zahlreichen Prachtbauten. Und dort zwischen Himmel und Erde, da hat der liebe Gott oder einer seiner Stellvertreter Platz gelassen für ein bemerkenswertes Kunstwerk aus der Zeit der niederländischen Renaissance, nämlich den Isenheimer Altar von Matthias Grünewald. So wurden bereits vor einigen hundert Jahren Begehrlichkeiten der herrschenden Kasten geweckt. Und so lässt sich ahnen, welche Kräfte entfesselt werden, wenn es um reine Macht und deren Erhalt geht. Die Geschichte und besonders die Glaubenskriege legen ein erschütterndes Zeugnis darüber ab.

Nun denn, es wird alsbald die Fahrt Richtung Paris wieder aufgenommen. Mein Vater gibt eigentlich als VW-Käferfahrer gar keine schlechte Figur ab. Zumindest sind keine größeren Störungen wie Autounfälle oder ähnliche Katastrophen zu vermelden. In einem Ort namens Lunéville empfängt uns nicht nur ein wolkenlos stahlblauer Himmel, sondern auch ein martialisch dreinblickendes Reiterstandbild vom Husarengeneral Lasalle, der sich in den Napoleonischen Krieges redlich, aber vergeblich bemühte, dem Soldatentod bei Wagram zu entgehen. Dafür steht er nunmehr als unerschrockener Vertreter der postnapoleonischen Ära mitten auf dem Schlossplatz in Lunéville und weist den zahlreichen Touristen den rechten Weg nach Paris.

Paris wird oft als die Stadt der Liebe bezeichnet. Ob das auch auf einen vierzehnjährigen zutrifft, der in Begleitung seines Erzeugers erstmalig in der Stadt an der Seine weilt, muss selbst für Experten stark bezweifelt werden. Zunächst wurde in einer kleinen, schlichten Pension in einer winzigen Gasse nahe der Kathedrale Notre-Dame Quartier bezogen. Da hörte ich erstmals den Begriff des „Französischen Betts", in dem ich zusammen mit meinem Vater nächtigen sollte. Schmaler als ein Doppelbett und breiter als ein Einzelbett, so lautete die schlichte Beschreibung. Vermutlich stammt die Bezeichnung von der regelmäßigen Nutzung als Liebesnest, bei der man häufiger über- als nebeneinander liegt. Nun habe ich mit meinem Vater diesbezügliche Übungen nicht abgehalten. Vielmehr lag der eigentliche Zweck in der dicht gedrängten Besichtigungstour der üblichen Sehenswürdigkeiten. Diese habe ich dann aber lieber selbst zu Fuß unternommen, losgelöst von meinem Vater. Zu dieser Zeit habe ich meine ersten Erfahrungen mit Zigaretten gemacht und wollte meinem Vater, selbst ein starker Raucher, jedwede Konflikte ersparen. So habe ich mich also auf Entdeckungstour begeben, begleitet von meinem Fotoapparat und dem Ehrgeiz, alle berühmten Pariser Baudenkmäler auf Zelluloid zu verewigen.

Gleich nebenan ragen die Steinfiguren von Notre-Dame in den Himmel. Man fühlt sich automatisch an Victor Hugos Geschichte vom Glöckner Quasimodo und dessen unglückliche Liebe zum Zigeunermädchen Esmeralda erinnert. Das kurze Zeit vorher einsetzende Gewitter verlieh dem Ganzen eine kunstvolle Erscheinung, wie man es von einer üppigen Opernaufführung erwartet. Fünfundfünfzig Jahre später sollte die seit dem Mittelalter bestehende Kathedrale Notre Dame, die Stätte des katholischen Christentums, einer verheerenden Brandkatastrophe anheimfallen, zumindest ist das meiste des eichenen Dachstuhls durch die Flammen zerstört worden und bis in die heutige Zeit nicht wieder hergestellt. Es mag noch kommen…

Am Fuß von Notre-Dame zieht die Seine ihre Mäander durch die Stadt und teilt diese in einen rechten und einen linken Abschnitt. Die mächtigen Befestigungsanlagen der Uferpromenaden erinnern mich an die Spree meiner Heimat, wobei ich keinem von beiden einen eindeutigen Vorzug zuerkennen möchte.

Wendet man sich an der Seine in westlicher Richtung, stößt man dabei unvermeidlich auf den Eiffelturm, der dort, wo sich die Seine dazu entschließt, nach Süden zu fließen, seit über hundert Jahren auf dem Marsfeld steht und nicht die geringste Neigung erkennen lässt umzukippen oder einen sonstigen Schaden zu erleiden. Gegenüber vom Eiffelturm steht der kümmerliche Rest des Trocadéro, einem für die Weltausstellung errichteten und dann wieder rückgängig gemachten musealen Bauwerk im Zuckerbäckerstil. Heute deutet der Trocadéro seine Bedeutung früherer Zeiten bestenfalls nur noch an. Der Eiffelturm erinnert mich irgendwie auch an den Berliner Funkturm, wenngleich dieser deutlich kleiner ausfällt als sein französisches Vorbild.

Das typische Frühstück in einer französischen Herberge bestand üblicherweise in einem riesigen Pott Kaffee mit zur Hälfte Milch, dazu mit Weißbrot angereichert, so dass im Grunde das ganze französische Frühstück in einem einzigen Gefäß gereicht wurde, gewöhnungsbedürftig, aber wem es gefällt, der kann dauerhaft zufrieden sein und überlebt auch einen Urlaub in Frankreich.

Eine weitere Besonderheit bestand in den französischen Toiletten. Das, was wir an dem typischen Bestandteil der Verrichtung einer Notdurft betrachten und auch aufsuchen, nämlich ein Gefäß, fehlt in Frankreich völlig. Als Ersatz dienen auf dem Lande zwei Ziegelsteine als Standfläche für die Füße. Der Raum dazwischen ist für die menschliche Hinterlassenschaft gedacht und bietet für gewöhnlich auch genug Platz für dieselbe.

Am Nachmittag galt es, das Palais du Luxembourg und dessen sehenswerte Parkanlage aufzusuchen, bevor ein drohendes Unwetter sich anschickte, den Himmel mit Urgewalt zu eröffnen. Der schlossähnliche Aufenthaltsort von diversen Bourbonenhäuptern diente etliche Zeit als bescheidene Hütte von Louis, dem Soundsovielten und seinen Nachkommen. Auch heute hat der Prachtbau von seiner ehemaligen Herrlichkeit wenig bis gar nichts eingebüßt. Mir fällt dabei auf, dass es den Franzosen wert zu sein scheint, all ihre Parkanlagen mit reichlich Sitzbänken und Stühlen auszustatten, so dass an Sitzgelegenheiten kein Mangel herrscht. Das plötzlich einsetzende Gewitter hat sich genauso schnell verzogen, wie es gekommen ist und hinterlässt eine wohltuende Frische, wie sie in einem heißen Sommertag willkommen ist. Irgendwie lässt mich das Gefühl nicht los, jederzeit würden die Musketiere zwischen den Büschen auftauchen und sich mit den Schergen von Kardinal Richelieu heftige Säbelgefechte liefern.

Um wieder auf die andere, die rechte Seite der Seine, zu gelangen, brauche ich weder ein Boot, noch riskiere ich nasse Füße. Rund alle hundert Meter verbindet eine Brücke das rechte mit dem linken Ufer und damit zwei Hälften zu einem Ganzen. Und ich sorge mit meinem Fotoapparat für die entsprechende Bebilderung. Geradewegs stehe ich vor dem Louvre, dem bedeutenden Ort künstlerischen Schaffens. Gleich daneben, so als ob es von vornherein dazu bestimmt wäre, finden sich die Tuilerien, ein etwas überdimensionierter Spielplatz für reiche Kinder oder solche, die sich um ihren Lebensunterhalt nicht sorgen müssen, zumindest bis zur Französischen Revolution. Deren Eltern, sofern namentlich bekannt, haben ein luxuriöses Leben im benachbarten Barockschloss geführt, jedenfalls solange ihnen die bürgerlichen Gesellen der Revolution noch die Gelegenheit zum ausschweifenden Lebenswandel boten. Auf dem Weg durch die Tuilerien muss ich an die „Bilder einer Ausstellung“ denken, mit denen der russische Komponist Modest Mussorgsky der Nachwelt eine bleibende Erinnerung an die Tiefe der russischen Seele geliefert hat. Die „Bilder einer Ausstellung“ beschreiben mit den Stilmitteln des wiedererstarkten russischen Nationalbewusstseins anhand von zehn Bildern des Malers Viktor Hartmann mehrere Szenen, die der Komponist eindrucksvoll vertont hat. Somit wurde die Programmmusik erfunden, deren Name daher rührt, dass der Musik ein bestimmtes Programm zugrunde liegt. Dies kann einerseits ein literarisches Werk sein wie eine Vorlage von Goethe oder wie hier eine Reihe von Bildern, die in eine Suite münden. Der Vorstellung entsprechend, dass in einer Ausstellung mehrere Bilder betrachtet werden, hat Mussorgsky als bindendes Element eine „Promenade“ zwischen die einzelnen Stücke eingeführt. Ein mystisches Bild beschreibt die Pariser Katakomben, also die unterirdische Stelle, wo in früheren Zeiten gern menschliche Gebeine und Schädel aufbewahrt wurden. Mussorgsky hat seine Vertonung mit dem lateinischen Spruch „Cum mortuis in lingua mortua“ untermalt, was so viel bedeutet wie „Mit den Toten in der Sprache der Toten“. Eine leise und ruhige Tonfolge begleitet die düsteren Gestalten am Eingang des Beinhauses. Den Höhepunkt meiner Pianistenlaufbahn habe ich mit dieser Suite oder – genauer gesagt – mit einigen Teilen derselben geliefert. „Gnomus“, „Die Hütte der Baba Yaga“ und „Der Marktplatz von Limoges“ war dann doch zu schwer für mich, leichtere Stücke wie „Das alte Schloss“, „Bydlo, der Ochsenkarren“ oder die „Katakomben“ habe ich mit Freude zu Gehör gebracht, wenngleich auch nur vor einem ausgesuchten Publikum.

Meine Kreuzfahrt durch die Straßen von Paris führte mich zurück an den Ausgang der Tuilerien, nämlich an den Place de la Concorde, der Platz der Eintracht, der locker dem Vorplatz des Berliner Olympiastadions entspricht. Auf diesem Platz rollten während der Französischen Revolution zahlreiche Köpfe von der hektisch errichteten Guillotine, der mechanische Enthauptungsmaschine. Historische Spuren wie Blut oder ähnliche Rückstände menschlichen Handelns sind allerdings auch bei sorgfältiger Suche dieser Tage nicht mehr zu finden. Eine Ausnahme bilden die schon erwähnten Katakomben mit ihren Tausenden von Schädeln. Dafür findet sich auf dem großzügig angelegten Areal ein pittoresker Brunnen, der an heißen Sommertagen dazu einlädt, mit den Füßen im Wasser zu stehen und sich abzukühlen. Ja, sogar Napoleon hat sich von seinem Ägyptenfeldzug 1799 ein ansehnliches Souvenir mitgebracht, den Obelisken von Luxor, eine in der Platzmitte gelegene, über zwanzig Meter hohe Granitsäule, gewissermaßen die Stricknadel der Pharaonen. Einige Kilometer vom „Eintracht-Platz" ausgehend, verläuft eine bekannte, wenn nicht die bekannteste Prachtstraße von Paris, der Champs-Elysée. Wer etwas auf sich hält, der muss hier vertreten sein. Das gilt natürlich auch für Repräsentanten des Staats.

Dieser Boulevard, der die Größe der Nation widerspiegeln soll, mündet natürlich in den angemessen würdigen Platz, den Arc de Triomphe de l'Etoile, auch bekannt als Triumphbogen, ein häufig anzutreffendes Motiv unter den Pariser Sehenswürdigkeiten, vergleichbar mit dem Berliner „Großen Stern", der allerdings weit im Grünen, nämlich im Tiergarten liegt, während der Arc de Triomphe also mitten in der Stadt zu finden ist, umgeben von hochherrschaftlichen Patrizierhäusern verblichener Adelsgeschlechter. Im Nobel-Kaufhaus La Fayette habe ich dann noch ein Geburtstagsgeschenk für meine Mutter erworben, nämlich ein Paar rote Stoffschuhe, der Inbegriff eines französischen Modeartikels, wovon ein früherer deutscher Tourist in Paris, ein gewisser Feldmarschall Rommel, ebenfalls für den Geburtstag seiner Frau Gebrauch gemacht hat. Für mich wurde im Hotel eine warme Mahlzeit in Form eines Couscous ausgegeben, einem aus Hirseteig bestehenden Gerichtes, das mit Fleischsoße abgeschmeckt wurde, alles in allem nicht so ganz nach meinem Geschmack, aber auch nicht ungenießbar.

Einen Abstecher hat zweifellos das traditionsreiche Künstlerviertel vom Montmartre verdient. Mittendrin das berühmte Varieté Moulin Rouge, die Rote Mühle, in der der Maler Toulouse-Lautrec einen Großteil seines kurzen Lebens verbrachte, dabei aber immerhin einige bemerkenswerte Plakate schuf wie die sinnliche Darstellung der Tänzerin La Goulue. Ich erinnere mich an einen Hollywood-Film über diesen Maler, den ich als Kind gesehen habe und der mich stark beeindruckt hat und das nicht nur wegen seiner Kleinwüchsigkeit von gerade mal anderthalb Metern. Der Nachwelt hat er weit mehr hinterlassen als auf dem Kunstmarkt des Montmartre. Hier findet das Schaulaufen der Heerscharen von namenlosen Künstlern statt, die quadratmeterweise Leinwände bepinseln mit Motiven, die bei Touristen beliebt sind und daher kritiklos gekauft werden. Ganz in der Nähe finde ich dann auch noch eine malerische Treppe, die im frühen Hollywood-Film „Ein Amerikaner in Paris" eine besondere Bedeutung spielt. Auf dieser Treppe begegnen sich die Protagonisten nach dramatischen Verwicklungen zu guter Letzt und verleihen dem Film das, wonach das Publikum sehnsuchtsvoll dürstet, das „Happy End". Das war meine erste Begegnung mit George Gershwin, dem amerikanischen Komponisten, der die Geschichte eines amerikanischen Ex-Soldaten erzählt, der sich in Paris der Malerei widmet, Käufer für seine Bilder sucht und die Liebe seines Lebens findet.

Auf dem Gipfel des Montmartre steht unbeirrt – und das schon über hundert Jahren – die Basilika Sacre Coeur, und widerspricht allein durch ihre Existenz dem Glauben an die Ästhetik von Gotteshäusern. Der Zuckerbäckerstil des klerikalen Bauwerks hat allerdings keinen Einfluss auf seine Beliebtheit in Ansichtskarten und Glaskugeln und gilt als eines der meistfotografierten Motive der französischen Tourismusbranche. Oft fehlen die Worte für einen stimmungsvollen Abschied, der der Stadt und meinem kurzen Besuch angemessen scheint, aber eine Reise ist Paris allemal wert.

Im nächsten Jahr hatte mein Vater für mich eine außergewöhnliche Reise vorgesehen. Ich sollte für drei Wochen nach London fahren, mit einer englischen Familie Kost und Logie teilen, keine Dummheiten anstellen und gesund und munter wiederkommen. Im weitesten Sinne entsprach das auch den Vorgaben, die ich mir selbst gestellt hatte.

Zuvor hatte ich mir eine andere Aufgabe zugedacht. Immerhin war ich schon fortgeschritten und stand mit beiden Beinen an der Schwelle zum Erwachsensein. Mit meinem guten Kumpel und Klassenkameraden Thomas Hirschberg, mit dem mich ehrlicherweise auch ein bisschen Rivalität verband, haben wir beschlossen, für zwei Wochen mit dem Fahrrad an den Bodensee zu fahren. Zielort war Lindau, eine kleine Stadt, die die Berliner Jungs aufnehmen und beherbergen sollte. Die Gesamtstrecke von Berlin nach Lindau war mit dem Fahrrad nicht zu bewältigen, die Hälfte allein lag in der DDR, also im praktizierten Ausland. Wir entschieden uns für eine Nachtfahrt per Zug und glaubten, ausgeruht und putzmunter das Ziel zu erreichen, die Räder hatten wir sinnvollerweise im Gepäckwagen aufgegeben; nicht aufgegeben haben wir allerdings unsere Hoffnung, mitsamt unseren Rädern das Ziel am Bodensee zu erreichen. Weder die Staatsorgane der DDR, noch die Reichsbahn hatte ein bevorzugtes Interesse an Fahrrädern aus dem kapitalistischen Ausland, wenngleich auch deren Optik etwas anderes verrieten.

An einem Sommermorgen des Jahres 1965 sind wir in der idyllischen Altstadt dem von pittoresker Insellage geprägten Lindau eingetroffen, mittendrin der Hauptbahnhof. Quartier wurde in der Jugendherberge bezogen, Frühstück inklusive. Der Badestrand ganz in der Nähe sorgte für gesellschaftliche Abwechselung, zumindest wenn Damen anwesend waren. Falls diese aus irgendeinem nicht ersichtlichen Grund dort nicht anzutreffen waren, ließ sich das in einem Tanzschuppen in der Altstadt nachholen. Dort verkehrten neben der eingeborenen Dorfjugend auch vornehmlich jüngere Touristen aus dem In- und Ausland, zum Beispiel zwei Mädchen aus Schweden. Die kamen mir wie die Vorläufer von ABBA vor. Weniger Spaß kannte hingegen die örtliche Polizei, die in der Diskothek ihre Sperrstunde durchsetzen wollte, dazu kurz nach 22 Uhr nach Minderjährigen fahndete und dabei keine Rücksicht auf den Sommerhit des Jahres

„Wooly Bully" von der US-amerikanischen Band mit dem vielsagenden Namen „Sam the Sham & The Pharaos" nahm. Der Titel wurde vielfach als „Volle Pulle" fehlgedeutet, wie auch die Musiker zwar als Pharaonen verkleidet waren, das war aber auch das Einzige, was auf eine islamische Herkunft hinwies. Die englische Band „The Royal Guardsmen" waren ebenfalls sehr populär und verdankten ihren Namen dem deutschen Flieger-As Manfred von Richthofen, dem der Ruf nacheilte, im Ersten Weltkrieg zahlreiche Gegner vom Himmel geholt zu haben, bevor er von dem Peanuts-Hund Snoopy unterstützt wurde, der dann schließlich für den bekannten Ausgang der Heldengeschichte sorgte. Zurückkommend auf die gesuchten Jugendlichen, unter denen sich auch wir befanden, diese wurden dann auch von der Ortspolizei leicht gefunden, insbesondere weil wir uns mit unseren fünfzehn Lenzen nicht um Verschleierung bemühten, ja aus dem großstädtischen Berlin kommend, Polizisten mehr zum Regeln des Straßenverkehrs verorteten als zum Hüten von Verwaltungsvorschriften für Jugendliche. Diese Dorfpolizisten haben aber ihren Auftrag sehr ernst genommen und prompt meinen Vater in Berlin per Telefon unterrichtet, welchem Lebenswandel ich mich hingäbe, kaum den Klauen der Eltern entkommen. Na ja!

Der Plan, den Bodensee zu umfahren, wie es dem jugendlichen Übermut und der altersbedingten Selbstüberschätzung entsprach, wurde dann kurzerhand wieder fallengelassen. Stattdessen verkürzten wir das Vorhaben eines Rundkurses von 273 km auf sportliche fünfzig Kilometer und sind dann kurzentschlossen von Romanshorn quer über den Bodensee zurück nach Lindau mit der Fähre gefahren, den Schweizer und den deutschen Zoll freundlich gegrüßt, auf der anderen Seite strahlte standesgemäß das Antlitz des auf einer Säule ruhenden, mit kupfernem Überzug bekleideten bayerischen Löwen.

Ein kurzes Intermezzo in Sachen Billard haben wir uns dann in Bregenz gegönnt. Es war dies die Zeit der Erwachsenen-Spiele, denen wir uns schon verpflichtet, zumindest aber hingezogen fühlten. Bei Kartenspielen wie Skat wird kein großes Equipment verlangt außer einem willigen dritten Mann, womit nicht der Filmklassiker mit

Orson Welles gemeint ist. Billard hingegen ist ein Spiel mit Kugeln, die mittels eines stockähnlichen Holzes, dem sogenannten Queue, auf einer tuchbespannten Platte eine bestimmte Richtung befördert werden. Bislang wurde dieses Spiel nur auf einem kleinen Tisch in Hirschbergs ohnehin kleiner Wohnung geübt und hatte den Reiz eines „Bonsai-Billards". Umso größer war dann die Überraschung, in Bregenz auf einen Richtigen, also großen Billardtisch zu treffen. Diese Gelegenheit haben wir uns nicht entgehen lassen, gleichwohl wurde damit - wie schon erwähnt - eine Verkürzung des Rundkurses um den Bodensee ausgelöst.

Als das Ende der Urlaubszeit näherkam, waren Gedanken um die Gestaltung der Heimfahrt unerlässlich. Normalerweise beendet man eine Reise auf die gleiche Weise, wie man sie beginnt, also per Bahn. Ich hatte aber ein anderes Ziel, nämlich Marburg an der Lahn, dem Wohnort meines Vaters, von dem aus ich meinen Ferienaufenthalt in London anzutreten hatte. Dazu musste ich aber erst einmal nach Marburg kommen und zwar ohne Rad. Also habe ich mich dazu entschlossen, mein Fahrrad mit der Bahn wieder nach Berlin zu schicken und mich selbst der Ungewissheit des Trampens auszusetzen. Aber, was tut man nicht alles, wenn es die absolute Geldknappheit gnadenlos wie John Wayne in seinen zahlreichen Western gebietet. Und so habe ich mich an einem peripheren Lindauer Kreisverkehr in Richtung Allgäu eingefunden, so glaubte ich, wenigstens im Prinzip nicht verkehrt zu sein. Mein grauer Anzug sollte eine gewisse Seriosität zum Ausdruck bringen, mehr als fraglich, ob das was genutzt hat. Ganz sicherlich nicht eingeplant, war der Regen, der fast vollständig den gesamten Vormittag anhielt und den letzten Rest von guter Laune vertrieb.

Gegen Mittag hatte ich endlich Leutkirch erreicht, was weniger war, als ich erwartet hatte. Im weiteren Verlauf des Nachmittags hatte sich der Regen verzogen, die Strecke nach Marburg war aber noch beträchtlich, eigentlich zu weit für einen Tag. Das Eingeständnis musste ich dann wohl oder übel selbst machen und wollte nur noch bis Stuttgart kommen, immer in Begleitung meines Konfirmationskoffers, in dem ich meine Klamotten verstaut hatte, den ich aber nicht abgelegt hatte wie ein Päckchen bei der Post. Als ich auf der Autobahn hinter Ulm mit einiger Mühe ein Fahrzeug gefunden hatte, das mich in die richtige Richtung befördern wollte, kam unaufhaltsam die Dämmerung immer näher. Ich erinnerte mich an eine Schulfreundin meiner Mutter namens Inge Höhne, die als Chefsekretärin auf ein veritables Einkommen und ein kleines Appartement in einem Stuttgarter Nobelvorort blicken konnte. Da Inge der einzige, mir bekannte Mensch unter geschätzt einer halben Million Schwaben war, habe ich mich am Bahnhof nach kurzem Zögern entschlossen, sie anzurufen und um ein Nachtquartier nachzufragen.

Nachdem mich Inge am Hauptbahnhof abgeholt hatte, sind wir flugs in ihre Wohnung gefahren und haben einen kleinen Imbiss eingenommen. Anschließend nach einem Tag voller Regen und über zweihundert Kilometer Autostopp machte ich gern von Inges Angebot einer warmen Dusche Gebrauch.

Am nächsten Tag nahm mich dann wieder der Alltag in Empfang, ich verabschiedete mich artig von Inge in der wenig einladenden Umgebung des Stuttgarter Hauptbahnhofs. Die Bundesbahn entließ mich auch erst wieder aus ihrer Zuständigkeit, als ich meinen Zielort Marburg erreicht hatte.

Überrascherweise machte mein Vater wegen der Lindauer Polizei keine große Revolte, ja er hat die ganze Angelegenheit – wie es häufig seine Art war – ignoriert, ist also kommentarlos zur Tagesordnung übergegangen. Der Grad seiner Zustimmung oder Ablehnung ließ sich bestenfalls nur ahnen, war aber andererseits durchaus verzichtbar, mir stand nämlich das nächste Großereignis bevor: Die Bundesbahn beförderte mich zum belgischen Ostende, wo die Fähre nach Dover auf mich wartete. In beschaulichem Tempo machte sich die Besatzung daran, die notwendigen Vorkehrungen für die Überfahrt zu ergreifen. Mich überkam inzwischen ein heftiges Hungergefühl, dem ich nur mangels Nahrungsaufnahme im bordeigenen Restaurant abhelfen konnte. Mit der mir eigenen Weitsicht bestellte ich pünktlich nach dem Ablegen eine Seezunge mit Pellkartoffeln in holländischer

Sauce, wobei es eigentlich belgische Sauce hätte sein müssen. Egal! Der Fisch machte sich – kaum hatte er den Magen erreicht – schleunigst auf den Rückweg, als ob er etwas Wichtiges vergessen hätte. Ich hatte bisher noch keinen Umgang mit der Seekrankheit oder Erfahrung mit einem Zustand, der diesem vergleichbar ist, muss aber sagen, dass dies kein berauschendes Erlebnis ist, was auf Wiederholung drängt. Solange sich noch verwertbare Essensreste im Magen befinden, unterliegt man der Illusion, die Übelkeit würde sich legen, sobald der Magen leer ist. Weit gefehlt! Dann kotzt es sich weit erbärmlicher, so dass man – wie mein Vater einst bekannte – sterben möchte. Dem Wunsch wurde nicht entsprochen. Wider Erwarten endete die Überfahrt wenig spektakulär wie auch die maritime Übelkeit beim Anblick der Kreidefelsen von Dover, war aber wohl eher dem physikalischen Fixpunkt geschuldet als der geologischen Formation des Jura.

Zwei Wochen London in einer privaten Unterkunft bei Emma Mitchinson. Diese bewohnte samt ihrer vier, zumeist erwachsenen Kinder ein Haus gehöriger Größe im Vorort Grove Park und glaubte wohl, einen weiteren Jugendlichen aus dem fernen Berlin verkraften zu können. Die Witwe Emma machte auf mich einen ganz passablen Eindruck, allerdings rauchte sie fast schon ununterbrochen, beispielweise während des Kochens, hielt dabei ihre Kippe im Mund, so dass man von Zeit zu Zeit befürchten musste, die lange Zigarettenasche wäre in den Kochtopf gefallen. Ich selbst hatte seit einiger Zeit zwar auch mit dem Rauchen angefangen, solche akrobatischen Nummern wie Emma habe ich mir dann doch verkniffen. Ihre Kinder nahmen von mir recht wenig Notiz, die jüngste Tochter, die dreizehnjährige JoJo war gerade mitten in der Pubertät, die sie - wie vieles andere - mit ihrer Freundin teilte. Insoweit kam ich über die Rolle des Störenfrieds nicht hinaus, den man für eine begrenzte Zeit auszuhalten hat, mit dem man sich aber auch nicht mehr als nötig beschäftigen muss. Also habe ich das Heil in der Flucht gesucht. Die Innenstadt von London, so glaubte ich, würde schon die eine oder andere Sehenswürdigkeit bereithalten. Mit der S-Bahn brauchte ich gut eine halbe Stunde, um bis nach Charing Cross, einem zentralen Haltepunkt in der City vorzudringen. Den Rest konnte ich dann zu Fuß bewältigen. Zur „Wiege der Demokratie“ wird gern der Sitz des englischen Parlaments erklärt, was mit seinem geschichtsträchtigen Glockenturm, dem „Big Ben“ auf dem westlichen Themse-Ufer direkt alle Besucher mit dem bekannten Glockenschlag grüßt. An einem Tag habe ich ausgedehnte Erkundungstouren an der Themse entlang dem Tower unternommen samt seinen Wachleuten, den Beefeatern, tags darauf den Buckingham Palace mit der berittenen Garde, also schön der Reihe nach alle wichtigen Orte abgeklappert, die bei keiner Stadtrundfahrt fehlen durften. Treuer Wegbegleiter durch das Zentrum von London war mein Fotoapparat, mit dem festzuhalten meine wertvolle Verpflichtung war. Nicht etwa, dass ich meinen Angehörigen oder meinem Vater Beweismittel liefern musste für meine Anwesenheit hier und da. Es hätte sich allenthalben nicht als das günstigste Verfahren erwiesen. Im Grunde war ich keinerlei Einschränkungen ausgesetzt und hatte auch nicht das Gefühl, unter Beobachtung zu stehen.

Ein Wahrzeichen der besonderen Art habe ich aus dem Film „Lawrence von Arabien“ in Erinnerung gebracht, nämlich die Kathedrale Saint Pauls, die die Umgebung der Trauerfeier für den verunfallten T.E. Lawrence abgab. Natürlich habe ich dieser Kirche einen Besuch abgestattet und ehrfurchtsvoll einen Augenblick verharrt, bevor mich der Sog der Geschichte zurück zum Trafalgar Square trug. Überhaupt sonderbar, mit welch ungebremster Sorgfalt der Helden aus vergangenen Kriegen gedacht wird. Man kann sich keinen Meter weit bewegen, ohne über einen direkten Nachfahren von Nelson oder Wellington zu stolpern oder über sie selbst. Aber wahrscheinlich ist das der Eigenart einer jeden Nation zuzuschreiben, die irgendwann einmal aus einem längeren Konflikt siegreich hervorgegangen ist und mit Stolz auf die eigene Geschichte verweist.

An einem der nächsten Samstage hatte ich dann das spezielle Vergnügen oder die Ehre, mit Ian, dem ältesten Sohn aus dem Mitchinson-Clan, einen Ausflug in das nahegelegene Greenwich, genauer gesagt in das Royal Observatory zu unternehmen. Dort verläuft nicht nur der östliche Themsebogen, sondern bekanntlich auch der nullte

Längengrad, also eine geographische Orientierung, die für die gesamte Erde gilt und dort seinen Ausgang nimmt. Man mag trefflich darüber streiten, warum ausgerechnet in London diese Markierung definiert wurde und nicht in Madrid, Rom oder Moskau. Vermutlich ist das am ehesten mit dem britischen Hegemonialbestreben im Viktorianischen Zeitalter zu erklären, das im zwanzigsten Jahrhundert nahtlos von den USA übernommen und ausgebaut wurde. Ian hatte seine Militärzeit bei der Armee gerade beendet und mich mit seinem Sportwagen der Marke Triumph spaßeshalber durch die Gegend kutschiert. Dabei musste auch der nullte Breitengrad mehrmals überquert werden, ein Manöver, das keinen bleibenden Schaden hinterlassen hat, weder bei Mensch, noch bei Maschine. So ging der Ausflug nach Greenwich unspektakulär, wie er begonnen hatte, zu Ende.

Zwischen den beiden innerstädtischen Palästen, dem Kensington und dem Buckingham Palace erstreckt sich auf einem größeren Gelände, aber immer noch zur Krone zugehörig, der Hyde Park. Diesem stattlichen Park eilt der Ruf voraus, dass hier jedermann öffentlich eine Rede halten kann, egal ob er dazu befähigt ist oder nicht. Das Zuhören ist natürlich auch für jedermann erlaubt. Weitreichende Konsequenzen für den politischen Alltag sind allerdings nicht überliefert. Vielleicht wäre eine solche Maßnahme auch geeignet, das angestaubte Demokratieverständnis hierzulande aufzufrischen und insofern etwas für Verhältnis im deutschen Parlamentarismus zu tun. Jedenfalls glaubte ich, mir ein solches Ereignis gestatten zu dürfen, war aber einigermaßen überrascht, als ich feststellen musste, dass es einen Ort gibt, der zu Recht so heißt, nämlich Speakers Corner. Da stehen dann etliche Personen in lockerer Anordnung herum und machen keinerlei Anstalten, bis dann irgendjemand unaufgefordert zu reden anfängt. So ist das mit Speakers Corner im Hyde Park.

So ganz allmählich neigte sich der Londoner Urlaubsaufenthalt bei Emma Mitchinson dem unausweichlichen Ende. Ein Ort vollgestopft mit historischen Denkmälern und Erinnerungen, die von Britannien einstiger Größe zeugen und heute nur noch das Commonwealth als dürftige Hülle einer vergangenen Weltmacht abbilden. Das war für einen Jungspund wie für mich ein abenteuerliches Erlebnis, musste nur noch mit der angemessenen Rückfahrt gekrönt werden. Insbesondere galt es, die zweifelhaften gastrointestinalen Erfahrungen der Hinfahrt zu vermeiden, was auch gelang; denn der Wettergott war auf meiner Seite und lieferte über dem Kanal schönsten Sonnenschein bis nach Hoek van Holland, den nördlichen Teil des ehemaligen Westwalls, der aber gottlob nicht mehr in Betrieb war.

Das nächste Jahr verlief völlig anders, obwohl eine Wiederholung des Reiseziels angestrebt war. Wieder war es London, nur nicht Emma Mitchinson, sondern – soweit ich mich noch erinnern kann - ein entfernter Verwandter, den ich der Einfachheit halber mal Herbert nennen will. Herbert hatte das Pech, sich kurz zuvor einen Knöchelbruch zugezogen zu haben und stolzierte nun den ganzen Tag im Wohnzimmer herum, in dem sich nämlich neben ihm auch das Fernsehgerät befand. Um eine reguläre Heilung zu ermöglichen, hat man damals – wie auch heute – das Fußgelenk mit einem Gipsverband ruhiggestellt. Dieses hinderte ihn zwar nicht, kleinere Korrekturen am Fernsehbild selbst vorzunehmen, dies lief jedoch verletzungsbedingt in Zeitlupe ab, und er wäre vermutlich noch von einer griechischen Landschildkröte überholt worden. Anfänglich habe ich noch geglaubt, mit einer Eigenleistung behilflich sein zu können. Der knöchelverletzte Herbert hat aber keinen Zweifel gelassen und diese Kernaufgabe britischer Hoheitsausübung auf keinen Fall delegiert. Lieber hat er minutenlanges Humpeln in Kauf genommen. Ja, selbst sein Sohn, ein mittzwanziger Sportstudent, hatte klare Anweisungen, das TV-Gerät nicht anzurühren.

Im Grunde hätte diese Marotte auch keine Bedeutung gehabt, wäre es nicht dieser Tage im verregneten London zu einem Fußballereignis von historischem Ausmaß gekommen. Letztendlich sind in diesem Turnier zwei Mannschaften übriggeblieben, was übrigens die Regel ist, die den Weltmeister unter sich ausgemacht haben. Und das waren Deutschland und England. Der Höhepunkt schien erreicht, als der Heimmannschaft das legendäre, aber umstrittene Tor glückte, von dem auch Jahrzehnte später nicht zu klären ist: War der Ball nun drin oder nicht? Es liegt in der Natur der Sache, dass die Engländer einen regulären Treffer gesehen haben, während die deutschen Zuschauer auch noch Jahre später das sogenannte Wembleytor als Phantasieprodukt diskreditiert haben. Auf beiden Seiten herrschten geradezu archaische Methoden, den Sachverhalt zu klären, was weder angemessen, noch sinnvoll war. Immerhin handelte es sich hier lediglich um ein Sportereignis, ein zwar wichtiges, aber letztlich dennoch um ein nebensächliches. Für manche Zeitgenossen kommt dem aber die gleiche Bedeutung zu wie ein Krieg, zumindest ein Glaubenskrieg. Spätestens dann muss man die von den Medien gestützte, kollektive Geisteshaltung anzweifeln.

Eines Tages bin ich mit einem der typischen roten Omnibusse auf dem Weg ins Stadtzentrum an einem Schallplattengeschäft vorbeigekommen und habe mich dann spontan wegen dem schlechten Wetter zum Einkehren entschlossen. Im Laden waren zwei Verkäuferinnen anwesend, eine jüngere, so Ende zwanzig, die andere ein bisschen älter, vermutlich für die reifere Kundschaft, beide waren extrem auffällig geschminkt, was vielleicht typisch für die Zeit und das damalige Swinging London war. Ich war der einzige Kunde, was mir meinen Auftritt erleichterte. Die Popszene hatte ihre Wirkung, die Beatles und Sonny & Cher ihre eigenen Spuren hinterlassen. Von meinem Vater hatte ich noch den Namen Gerard Hoffnung im Ohr, einem gebürtigen Berliner, der vor der dunklen Nazizeit nach England ausgewandert ist und dort seinem Talent folgend, diverse Verballhornungen klassischer Musikstücke vorgenommen hat. Daneben ein ganz hervorragender Cartoonist mit einem feinen Humor für die Musikszene. Diese entlud sich eindrucksvoll in dem gleichnamigen Festival Mitte der Fünfziger Jahre. Ein zweifellos gelungener Höhepunkt stellte die Grand, Grand Overture, ein Konzertstück für Staubsauger und Orchester dar, in deren Verlauf der Staubsauger vom Ersten Violinisten standrechtlich erschossen wird. Die Freunde der Klaviermusik kommen allerdings auch auf ihre Kosten: Im Concerto Popolare fasst Franz Reizenstein alle bekannten Klavierkonzerte zusammen und macht daraus ein singuläres Werk, beginnend mit Tschaikowsky und übergehend in Grieg bis hin zu Rachmaninoff. Ein wahrer Ohrenschmaus für Liebhaber der Klassik ist dann auch das Konzert für Horn von Leopold Mozart, arrangiert und vorgetragen für Orchester und Gartenschlauch. Die ganze Festival-LP wollte ich mir auch für meine Berliner Freunde und Bekannte sichern. Also habe ich mit meinem Schulenglisch mein Anliegen bei den beiden Verkäuferinnen vorgetragen. Irgendwie muss ich den Nerv und das Gehör getroffen haben; denn nach ein paar Tagen war tatsächlich die LP angekommen, sehr zu meiner Freude und Erbauung. Nach meinem Eindruck waren auch die beiden Verkäuferinnen beeindruckt von dem Berliner Jungspund, der ihnen ganz offensichtlich etwas Neues und Originelles aus der Welt der Musik präsentieren konnte. Mir hat das jedenfalls große Freude bereitet.

In jenem Sommer 1966 wurde nicht nur während meines Aufenthaltes in England das Team der BRD überraschend Fußballvizeweltmeister, also zweiter nach einer unglücklichen Schiedsrichterentscheidung, es trug sich auch zu, dass mit dem Besuch meiner Cousine Dagmar aus Heidelberg ein bisschen Abwechselung in das Leben kommen sollte. Immerhin war Dagmar in meinem Alter, recht gut gebaut und auch kein Kind von Traurigkeit, wie ich dann bald erleben durfte. Anlässlich eines Konzertes in der Berliner Philharmonie haben Dagmar und ich unserem jugendlichen Trieb freien Lauf gelassen, sehr zum Ärgernis des in der Nähe befindlichen Publikums, das wohl übereinstimmend der Ansicht war, dass ein Konzert nicht der richtige Ort für intensive Knutscherei war. In den nächsten zwei Wochen wurde jedenfalls die körperliche Nähe noch ausgebaut, was mangels geeigneter Örtlichkeit nicht ganz einfach, aber auch nicht unmöglich war. Jeder körperliche Kontakt wurde begleitet von „Summer in the City", dem Sommer-Hit der US-amerikanischen Band „Lovin' Spoonful" mit seinem Hauptakteur John Sebastian. Dennoch waren die musikalischen Helden dieser Zeit mit großem Vorsprung die Beatles. Sind diese schon mit dem Kinofilm „Help!" in höhere Sphären vorgedrungen, so wurde mit der LP „Rubber Soul" ein neuer Abschnitt bewältigt und mit „Revolver" der Aufstieg in den Olymp der Popmusik vollzogen.

Einen beachtlichen Beitrag zur allgemeinen Reifebildung haben einige Klassenfahrten geleistet. Diese haben sich ihrer Bedeutung nach mit dem Abstand zum Abitur allmählich gesteigert. Was in der neunten Klasse in St. Peter Ording noch sehr nach verlängertem Strandurlaub aussah und sich auch so anfühlte, wurde im Jahr darauf schon in Südtirol ein bisschen ernster, und das nicht nur, weil es ums Skifahren ging, sondern auch weil die Mädchen in zunehmendem Maße ihre Reize auspackten. Dass man in Colfolsco, einem kleinen Ort in den italienischen Dolomiten, nicht nur gut Skifahren, sondern sich auch eine geplatzte Blinddarmentzündung einfangen konnte, musste der Mitschüler Joachim Kinst erfahren, der mit einem Taxi rapido nach Brixen ins Krankenhaus gekachelt wurde, um sich einer Notfall-Appendektomie zu unterziehen. Das Skifahren hatte sich damit fürs erste erledigt. Ob mit der Entfernung des Wurmfortsatzes auch andere Fähigkeiten betroffen waren, die sich auf die Versetzung ausgewirkt haben, konnte ganz zweifelsfrei nie geklärt werden. Ich habe mich jedenfalls nicht nur mühsam in der Kunst geübt, auf Brettern das Gleichgewicht zu halten, sondern auch die Gunst der weiblichen Mitschüler zu erringen. Dazu war das Kaffeetrinken am Nachmittag eher geeignet als das Kartenspielen und Biertrinken mit Gleichgesinnten am Abend.

Je intensiver der Kontakt zum anderen Geschlecht ausfällt, umso sonderbarer erscheint der Umstand, dass es haufenweise Aspekte des täglichen Lebens gibt, von denen man noch nie etwas gehört hat, besonders wenn man ein Pennäler im Teenageralter ist. Merkwürdig, dass man gelegentlich glaubt, anderer Menschen Bedürfnisse zu kennen, bei der Bewertung der eigenen aber versagt.

Im Gymnasium geschieht die Zeitrechnung nach eigenen Gesetzen: Die Oberstufe beginnt in der elften Klasse und endet mit dem Schulabschluss nach dreizehn Jahren.

1965 hatte unser Klassenlehrer Ehrenfried Buchholz einen bemerkenswerten Coup gelandet: Er hatte die Teilnahme an einer Tagung im Harz erreicht, und das idyllische Sonnenberg war der Ort des Geschehens, an dem man die Füchse „Gute Nacht" sagen hörte, wo sich in endlosen Weiten rauschende Wälder begegneten. Mitten in dieser

Einöde der Natur tummelten sich in einem Gebäude, das an eine größere Jugendherberge erinnerte, Teilnehmern aus Frankreich und Afrika, nicht zu vergessen wir, die Berliner Schulklasse, also alles zusammengenommen etwas, das man getrost als „international" bezeichnen durfte. Verschiedene Themen vom afrikanischen Kontinent wurden berührt, insbesondere weil die dortigen Unabhängigkeitsbestrebungen erst ein paar Jahre alt waren und in vielen Ländern beileibe noch keine Stabilität eingetreten war. Nun, es stellte sich alsbald heraus, dass einige Jugendliche schon die Neigung verspürten, sich selbst und damit ihre Eigenschaften ins rechte Bild zu setzen. Andere wiederum haben dem Spieltrieb den Vorzug gegeben. Einige lieferten ein Beispiel ihrer Begabung ab und musizierten auf eigenen Instrumenten. So habe ich das Piano gequält und Chopins Regentropfen-Prélude zum Besten gegeben, war mir aber kurz nach dem Vortrag nicht mehr sicher, ob die Auswahl richtig war oder ob es nicht besser etwas von den „Stones" oder „Beatles" hätte sein sollen. Allerdings scheiterte dies an meinen Möglichkeiten, sprich an meinem Repertoire. Am Ende hatte dann jeder der Protagonisten eine sinnvolle Beschäftigung ausgeübt und war mit dem Ergebnis zufrieden, so wie wir auch mit dem Aufenthalt insgesamt zufrieden waren.

Im nächsten Jahr sollte der bisherige Höhepunkt gymnasialer Ereignisse stattfinden. Dem annähernd kugelrunden Lateinlehrer Eduard Kriesch eilte der Ruf voraus, trotz geringer Körpergröße eine regelrechte Sportskanone zumindest in jungen Jahren gewesen zu sein. Insbesondere auf dem Sektor der Leichtathletik soll er viele herausragende Ergebnisse erzielt haben. Davon war Jahre später nicht mehr viel übriggeblieben, die Größe war annähernd unverändert, die Leibesfülle hatte allerdings erheblich zugenommen, so dass sich der Altphilologe Kriesch vom drahtigen Freizeitsportler immer mehr zu einer Kugelform wandelte. Die brachte ihm mehr Spott als Anerkennung ein. Kein Wunder, dass er diese Schwäche mit ungebührlichen Anforderungen bei Horaz und Tacitus zu kompensieren versuchte. Ich verspürte wenig Neigung, auch wenig Talent, mich dieser Sprachübung zu unterziehen und hatte somit der regelmäßigen Fünf in Latein nichts Gleichwertiges entgegenzusetzen. Als dauerhaften Verdienst jenes Lehrers in der Mitte der sechziger Jahre muss dennoch eine Klassenfahrt in die Wiege der Antike angesehen werden, nämlich nach Rom und einem Abstecher nach Pompeji, das kurz nach der Zeitenwende anlässlich des letzten Vesuvausbruchs in einer meterdicken Schicht aus Lava und Asche verschwunden war. Und das sollte für lange Zeit auch verschwunden bleiben, bis zu Beginn des letzten Jahrhunderts die Archäologie immer mehr in Mode kam. Vermutlich ausgelöst durch den sensationellen Schliemannschen Fund des bis dahin sagenumwobenen Troja hat sich an allen bekannten und unbekannten Ecken der alten Welt ein wahrer Ausgrabungsboom entwickelt. So wurden auf geradezu inflationäre Art und Weise die Grabstätten der Pharaonen im alten Ägypten freigelegt. Besondere Fähigkeiten auf diesem Gebiet haben die Briten bewiesen, dicht gefolgt von den US-Amerikanern, die schon damals keine Kosten und Mühen einer intensiven Raubkultur zum eigenen ökonomischen Nutzen gescheut haben. So wurde dann auch die römische Kultur zwischen Pompeji und Herculaneum einer Wiederbelebungsmaßnahme unterzogen, durchgeführt von der Klasse zwölfesszwei des Rheingaugymnasiums, die äußerst professionell die antiken Straßen abnutzen, wie es deren Bestimmung entsprach und auch vor den typischen Patrizierhäusern nicht haltmachten. Als Höhepunkt der Tour wurde von vielen der Blick in den Vesuv betrachtet, der leise qualmend einen diskreten Eindruck seiner Vitalität hinterließ. Der Aufstieg gelang mittels einer extra für diese Fälle eingerichteten Seilbahn, die ihren Ausgangspunkt am Fuß des Vulkans hatte und bis an dessen obere Kante reichte. Dort wurde so manchen das Gefühl zuteil, einen Blick in das Erdinnere geworfen zu haben, gewissermaßen direkt in die Hölle, ohne jedoch auf Attribute wie Lava und Schwefel zu stoßen.

Der Aufenthalt in der italienischen Hauptstadt muss als äußerst abwechslungsreich betrachtet werden; den Vormittag nutzte der Lateinlehrer Kriesch mit ausgedehnten Wanderungen zwischen den antiken Baudenkmälern oder dem, was in den folgenden Jahrhunderten davon übriggeblieben ist. Herr Kriesch war in diesem Punkt unerbittlich. Bis an die Grenze der totalen Erschöpfung trieb er seine Schutzbefohlenen und ließ sich nur von natürlichen Pausen zur Nahrungsaufnahme unterbrechen. Diese äußerte sich alsbald in der Suche nach einer Pizzeria, die bereit und willens war, eine Horde von dreizehn Berliner Halbwüchsigen mit Spaghetti zu versorgen. Seiner selbst definierten Sprachbegabung und der Tendenz zum angeborenen Größenwahn war es zuzuschreiben, dass er die dreizehn Portionen Nudeln „ohne senza" bestellte. Gemeint war „ohne Käse". Offensichtlich hatte Ede Kriesch schlechte Erfahrungen im Umgang mit Parmesan gemacht, was uns Bengels zu der Vermutung veranlasste, hier läge eine sprachliche Verwechselung von Parmesan zu Partisanen vor. Wie dem auch sei, auf dem Forum Romanum, dem Marktplatz glaubt man, den wiederauferstandenen Cato mit seinen Reden gegen Hannibal zu hören: Ceterum censeo Carthaginem esse delendam, ein eigentlich beiläufig erwähnter und emotionslos vorgetragener Satz, der seine deftige Langzeitwirkung durch regelmäßige und eher nervende Wiederholung erzielte.

Weil ja mehrere Übernachtungen erforderlich waren, wurde natürlich für die Klasse ein Quartier benötigt. Das hatte Lateinlehrer Kriesch im Kloster Santa Cecilia im ehemalige Arbeiterbezirk Trastevere ganz ordentlich organisiert. Dieses Kloster liegt zentral im Tiberbogen in der Nähe von Vatikan und Colosseum, in dem vor dem Adel und dem gemeinen Volk regelmäßig das antike Unterhaltungsprogramm „Brot und Spiele" abgespult wurde. Dabei kamen auch nicht selten Menschen und Tiere zu Schaden, Hauptsache das Volk hat seine Belustigung, gewissermaßen das RTL des Altertums.

Die zentrale Lage des Klosters in der Via Garibaldi hat einen grandiosen Ausblick auf die ewige Stadt geliefert, wie Rom gern genannt wird. Insbesondere der geräumige, großzügig angelegte Dachgarten war dazu bestens geeignet und sorgte für ein bilderbuchartiges Panorama, wie man es ansonsten nur von Hollywood oder ähnlichen Lokalitäten kennt. Es war unmöglich, einen Ort in Rom aufzusuchen, von dem aus man nicht das zähnefletschende Monument des letzten italienischen Königs Victor Emanuele betrachten konnte, ein pompöses, weithin sichtbares Bauwerk aus den Glanzzeiten des Faschismus wie auch der König selbst nur mit seinen eineinhalb Metern Körpergröße eher einem Sitzriesen Konkurrenz gemacht hätte. So wird dem Mangel an inhaltlichem Wert mit einem Übermaß an Form begegnet, so dass am Ende der Satz seine traurige Bedeutung erlangt, ob hier nicht weniger mehr wäre.

Im September entfaltet Rom seinen besonderen Reiz: Eine angenehme Wärme erfüllt die Straßen und Plätze, die sommerliche Hitze hält sich in erträglichen Grenzen, die Abendstunden sind mild und launig und laden die Halb- und Viertelstarken zum Spaziergang in der Altstadt ein. So stecken wir uns einen Rundkurs von Trattoria zu Trattoria und wieder zurück und waren gern gesehene Gäste unter einer Vielzahl von jugendlichen Eingeborenen, den bella Raggazi. Mit einigen dieser Jugendlichen hatten wir dann Kontakt aufgenommen und sind in deren typischem Gefährt, einem Fiat 500, bis in die EUR vorgedrungen, einer architektonischen Neufassung der faschistoiden Bauweise. Unglaublich, dass in diesem Fiat 500 sechs Jugendliche Platz fanden und sich das Fahrzeug dennoch fortbewegte. Der neoklassische Stil, in dem das Stadtviertel gehalten war, verlieh dem Ganzen eine eigene Note. Das war auch dem Stolz anzumerken, mit dem die jungen Römer ihren Berliner Kollegen diesen Stadtteil näherbrachten. Die so genannte Esposizione Universale di Roma, also die Weltausstellung, sollte ein Beweis für die Überlegenheit des faschistischen Italiens sein. Ein geistiger Überflieger namens Mussolini hatte sich das ausgedacht, die Geschichte hat ihn dann aber doch eines Besseren belehrt.

Die Rückfahrt nach Berlin folgte dann eigenen Gesetzen, nämlich meinen. Meine Cousine Dagmar war zwischen London und Rom für einige Tage zu Besuch und hatte den bleibenden Eindruck einer vollbusigen Achtzehnjährigen auf mich hinterlassen. Mich zog also die „Macht der Liebe“ von Rom kommend, nicht nach Berlin, sondern nach Heidelberg, wo sich der vermeintliche Erfüllungsort meiner ach so unerfüllten Liebe befand. Die gefühlsmäßige Bauchlandung war dann allerdings auch perfekt: Cousine Dagmar hat mich nicht an ihr weiches üppiges Herz gedrückt, womit ich in typischer Selbstüberschätzung aber gerechnet hatte. Ihre personellen Studien waren in anderer Richtung verlaufen, jedenfalls abseits meiner Person. Jetzt war mir klar, weshalb sich in einschlägigen Texten häufig Herz auf Schmerz und Liebe auf Triebe reimt. Während sich also meine Klasse, die zwölfesszwei, Richtung Berlin wieder in Bewegung setzte, habe ich noch einen Abstecher nach Heidelberg unternommen, bin von dort aber nach ein paar Tagen wieder geflüchtet, nachdem sich meine Erwartungen an die Fortsetzung der Liaison mit Cousine Dagmar nicht erfüllt haben. Wieder in den heimischen Gefilden eingetroffen, hatte dann aber doch von mir die Aussicht Besitz ergriffen, zumindest gelegentlich die Freuden der Weiblichkeit zu teilen.

Die Zeit bis Weihnachten verging zwar nicht wie im Flug. Immerhin wurde der Herbst von einem Ereignis geprägt, das enorme Bedeutung – besonders künftig – bekommen sollte. Pünktlich ein paar Tage nach meinem achtzehnten Geburtstag habe ich mich entschlossen, meinen Führerschein zu machen, also nach gesamtdeutscher Sprachregelung meine Fahrerlaubnis zu beantragen. Man wollte doch dem Begriff des „Führers" nicht mehr Bedeutung zukommen lassen als notwendig. Einen Tag vor Weihnachten fand dann meine praktische Fahrprüfung statt, die ich trotz plötzlichem Wintereinbruch bravourös meisterte. Die zugeschneiten Straßenbahnschienen am Ernst-Reuter-Platz kündigten eine Jahreszeit an, die sich bisher noch nicht übermäßig bemerkbar gemacht hatte, was sich aber künftig ändern sollte. In den weihnachtlichen Feiertagen wurde verstärkt musiziert und nicht nur „O Tannenbaum" gesungen, auch die Beatles brachten per Radio mit „Michelle" einen beliebten Weihnachtshit in den Äther. Für andere hielten die Liverpooler Pilzköpfe den Song „Girl" bereit, der sich besonders gut zum Mitschluchzen eignete.

Nachdem alle diesbezüglichen Ambitionen verflogen waren – das wird so gegen Mitte Januar gewesen sein – machte sich mehr und mehr ein strategisches Missverhältnis bemerkbar, das darauf zurückzuführen war, dass mir zwar der Erwerb eines Führerscheins geglückt war, bedauerlicherweise war damit aber nicht automatisch ein Automobil oder dessen regelmäßige Nutzung verbunden. Den VW-Käfer meines Vaters konnte ich mir zwar stundenweise ausleihen, dies war aber stets mit einer epischen Prozedur von Plausibilitäten verbunden. Mein Vater bewohnte – zur Erinnerung - eine großzügige Vierzimmer-Wohnung in der Stubenraustr. 5 in Berlin-Friedenau. Ich selbst habe mich meine gesamte Schulzeit über samt Mutter und Oma in einer kleinen Zweizimmer-Parterrewohnung am Rand von Wilmersdorf wiedergefunden. Beide Wohnstätten lagen rund sechshundert Meter voneinander entfernt und erlaubten es meinen Vater, nach eigenem Ermessen eine Besuchsregelung bei mir und meiner Oma vorzunehmen. Der eigentliche Grund bestand allerdings in einer permanenten Unverbindlichkeit. Mein Vater fühlte sich zu keiner Regel verpflichtet, er kam und ging nach eigenem Gutdünken, sehr zum Leidwesen meiner Mutter, die stets mit einem Überraschungsbesuch rechnen musste. Mein Vater hat sich allerdings zeitlebens damit gebrüstet, er müsse „die Familie zusammenhalten", hat allerdings nicht verraten, wem er diese Eingebung zu verdanken hat. Im Augenblick, da die Nutzung des VW-Käfer zum Gegenstand wurde, konnte mein Vater „die Puppen tanzen lassen", also die eigene Präsenz hervorheben oder auch nicht. Jedenfalls haben sich mir eine Reihe von Möglichkeiten erschlossen, diverse nützliche Autofahrten zum Beispiel für meine Mutter zu vorzutäuschen. Obwohl diese meinem Vater gegenüber eher unfreundlich gesonnen war – neutral wäre die nach unten übertriebene Untertreibung – nach Überzeugung meiner Mutter hätte sich eine vollzogene Scheidung – und das war alles, was von der Ehe meiner Eltern übrigblieb - auch in äußeren Handlungen ausdrücken müssen. Jedenfalls nicht in einem monatlichen Kontrollbesuch zur Aushändigung der Unterhaltszahlungen in Form der Miete. Eins der zahllosen Lebensmottos meines Vaters lautete „Wer bezahlt, bestimmt!" und hat damit zweifelsfrei seine Abwesenheit von jedweder moralischen Verpflichtung zum Ausdruck gebracht.

Ebenso wenig geeignet waren gefühlt dutzende von Festivitäten, die sich gleichmäßig über das Jahr hin erstreckten und ihren absoluten Höhepunkt in der Wiederholung der Zeremonie um die Geburt des

Christkinds fanden, und das mit ätzender Regelmäßigkeit, so dass allein die Vorstellung solch bevorstehender Ereignisse schon Krämpfe und Übelkeit auszulösen vermochte. Insbesondere der identische Ablauf, welcher mein Vater in den Mittelpunkt des Geschehens setzte und somit auch das Endgültige seiner Doziertätigkeit, ließ keinen Zweifel aufkommen, wer die Spielregeln vorgibt. Seine Freunde und Bekannte lieferten das Gerüst und stets das gleiche Muster des Vortrags. Überraschungen waren also nicht zu befürchten und wurden auch nicht geduldet, wenn sie aus einem anderen Mund stammten. So waren die Gesprächsthemen von vornherein festgelegt und erschöpften sich mit dem Urheber. Verlauf und Ausgang einer jeden Unterhaltung waren insoweit wie eine katholische Messe vorherbestimmt. Genauso vorherbestimmt sollte ich das Auto meines Vaters übernehmen im Falle des bestehenden Abiturs, woran ich niemals einen Zweifel hegte. Das vieles auch anders kommen kann, als man sich vorstellt, ist keine seltene Erfahrung. Man muss sie allerdings auch machen und kann sie nicht im Internet bestellen.

In diesem Lebensabschnitt habe ich viel Zeit mit Hansi verbracht, der sich zu meinem besten Freund entwickelte. Superlativen sind eigentlich verpönt, denn Prognosen sind umso schwieriger, sofern sie die Zukunft betreffen. In jedem Fall war Hansi ein sehr guter Freund, wir haben vieles unternommen meist mit dem Rad oder zu Fuß, seltener mit Bus oder Bahn, was uns noch Jahre später geprägt hat. Die gerade erst ein paar Jahre existierende Popmusik haben wir zelebriert, egal ob die Schule dafür einen Zeitrahmen gestattet hat oder nicht. Ich muss gestehen, dass ich mit meiner Freizeit wesentlich großzügiger verfahren bin als Hansi, der viel eher dem mütterlichen Regime unterworfen war als ich. Obwohl im Hause Leutloff keine Neigung zu musizieren zu erkennen war, hat mich jedoch Hansis Mutter mit einem Instrument überrascht, das mir bis dato noch nicht untergekommen war, eine Strickmaschine, die mechanische Klappergeräusche von sich gab, sobald man sie in Gang setzte. Das Resultat war weniger ein ausgewogenes Musikstück, das man am Sonntagnachmittag Onkel und Tante bei Kaffee und Kuchen vortragen konnte, sondern vielmehr ein wohlgeformter Wollpullover mit der besonderen Eigenschaft des Unikats. Ein gelungenes Produkt mit sicherlich höherer Nachhaltigkeit als eine Chopin-Etüde.

Als sich der Frühling nicht mehr verbergen ließ und Knospen sprießten und Säfte stiegen, setzten erste Überlegungen ein, wie der bevorstehende Sommerurlaub zu gestalten wäre. Die billigste Lösung war zweifellos am heimatlichen Badesee zu finden mit Kost und Logis zu Hause, dafür aber sehr langweilig. Angemessener für Teens voller Tatendrang waren dann da schon Ferien fern ab von Muttern. Wie günstig, dass das Bezirksamt Wilmersdorf für bedürftige Jugendliche Aufenthalte in Südfrankreich anbot. Bedürftig war eigentlich jeder, der einen Bedarf reklamieren konnte, also ganz besonders Hansi und ich, die wir beide von Hause aus nicht mit üppigen familiären Reichtümern ausgestattet waren. Üblicherweise sind in Frankreich die Schulen während der Sommerzeit leer, also frei von Schülern, es sei denn, aus dem fernen Berlin hätte sich eine Jugendgruppe im freien Lyzeum einquartiert. Und so ist es geschehen, dass die „Wilmersdorfer Wespen" zu einem dreiwöchigen Urlaub nach Grasse, der französischen Parfumhauptstadt, gekommen sind. Hansis Mutter war höchst erleichtert, als sie erfuhr, dass den Berliner Jugendlichen mehrere Aufsichtspersonen zur Seite standen, die gewissermaßen für Ordnung und Disziplin zu sorgen hatten. Dass es mit der Disziplin nicht ganz so ernst gemeint war, ergab sich allein aus der altersmäßigen Zusammenstellung der Reisegruppe: Der mit Abstand ältester Teilnehmer mit Mitte Vierzig stand uns zwar formal vor, hatte aber deutliche Führungsdefizite. Zwei Mittzwanziger, Jürgen und Werner, hatten sich uns mit eigenem Auto der Marke NSU Prinz 1100 angeschlossen und bestimmten allein damit schon einen Großteil des Alltagsgeschehens.

Die anwesenden Mädchen waren schon vergeben, zumindest soweit es das Alter zuließ. Der Rest war ohne feste Bindung unterwegs, hatte aber dennoch Affären. Und so bin ich im Anschluss an ein Tanzvergnügen in der Altstadt von Grasse, der Fete du Jasmin, der kleinen Marion, genannt Emmchen, ein bisschen nähergekommen, zumindest habe ich ihr einige Geheimnisse in den Mund geflüstert. Eine gefühlte Ewigkeit später habe ich an der Stadtmauer gelehnt und meine Klammerung gegenüber Emmchen gelockert, um noch tiefer als bisher den leckeren Saft aus ihrer zarten Pflaume freizulegen. Obwohl die Sonne schon seit geraumer Zeit hinter dem Horizont abgetaucht war, verfügte ich noch über einigen Reserven, die vor der Rückkehr ins Quartier verbraucht werden wollten. Der großzügige Schulhof gestattete viele verschwiegene dunkle Stellen, an denen sich zarte Pflänzchen begegnen und berühren konnten.

Manchmal wurde dort auch an diesen Orten Tischtennis gespielt zu normalen Tageszeiten. Manchmal hat dieser gewonnen, manchmal jener. Manchmal war es auch umgekehrt. Meistens haben wir Einzel, seltener Doppel gespielt, bis jemand gewonnen hat. Dann haben wir aufgehört. Nicht nur mit Tischtennis. Auch mit Emmchen, trotz ihrer blonden Löckchen und ihrer strahlend blauen Augen, die wie Sterne in einer kalten Polarnacht funkelten.

Als touristischer Höhepunkt muss ein Ausflug in die Seealpen betrachtet werden, besonders die Schlucht des Verdon gilt als eine der eindrucksvollsten in ganz Europa, selbst wenn wir Jungens von unseren weiblichen Gruppenmitgliedern stets abgelenkt waren, was deren leichter Sommerbekleidung zu verdanken war. Ein besonderes Erlebnis für Augen und Nase lieferten kilometerweite Felder von Lavendelblau mit ihrem betörenden Geruch, der die Sinne in einen Rauschzustand zu versetzen vermochte, und sogar heute noch – viele Jahre später – seine osmotische Wirkung nicht verfehlt.

Im Übrigen kann man sich nicht an der Cote Azur aufhalten, ohne den Markt von Nizza, die Filmfestspiele von Cannes oder die Gestade des Mittelmeers aufzusuchen, wobei das Filmfestival schon gut zwei Monaten vor unserem Eintreffen stattgefunden hat. Einen Badeausflug konnten wir trotzdem wahrnehmen, denn das Wasser war ja noch da. Eine Dreiviertelstunde bergab benötigte der öffentliche Bus für die kurvenreichen zwanzig Kilometer von Grasse bis zum Strand in Cannes, dem Plage du Midi. Ein Hauch vom internationalen Flair wirkte auf uns Großstadtblasen, die glaubten, uns gehöre die Welt und nichts könne uns erschüttern, der Boulevard war eigentlich nur für uns angelegt. Zur reinen Abwechslung haben wir dann den sommerlichen Badespaß ins Freibad von Grasse verlegt, was den Vorteil einer kürzeren Anfahrt, jedoch den Nachteil von fehlendem Luxus der Riviera in sich trug. Eingebettet in einen landschaftlich aparten Pinienwald hatte sich die Fahrt in das illustre Freibad durchaus gelohnt, zumal es mit dem schon erwähnten NSU-Prinz, also Jürgens Gefährt, unternommen wurde. Ein paar Wiederholungsfahrten, und die ganze Meute hatte das Freibad erreicht.

Hansis Mutter war bekannt für ihre Vorsicht. Gelegentlich kam mir das wie eine maßlose Übertreibung vor. Natürlich kann man mal unter Kopfschmerzen leiden, und auch eine Erscheinung wie Durchfall kann mal vorkommen, besonders wenn dem ein feuchtfröhlicher Abend vorausgegangen war. Ein Großteil von Hansis Urlaubsausstattung bestand jedoch in Arzneimitteln für beziehungsweise gegen alle erdenklichen Unpässlichkeiten und für andere Unwägbarkeiten, ja selbst bei einem plötzlich einsetzenden Hungeranfalls war er mit einem Weihnachtsstollen in den Tiefen seines Koffers fürs erste gerüstet. Ich hatte allerdings nie den Eindruck, dass Hansis Hungertod unmittelbar bevorsteht. Er war auch nicht außer Form geraten wie manches Dickerchen aus verspäteten Wirtschaftswunderzeiten. Sein Ernährungszustand bewegte sich demzufolge in normalen Bahnen, die Sorge von Hansis Mutter, er mag einer chronischen Unterernährung zum Opfer fallen, war in meinen Augen hochgradig unberechtigt und hatte mehr kabarettistische Züge.

Für manche kam der Urlaub an der französischen Riviera eher einer Strafexpedition gleich. Michael Vercamer zum Beispiel machte sich über alles und jeden lustig, der sich in Reichweite befand, nur seine eigene Situation – die Freundin in Berlin zurückgelassen und somit eines adäquaten Spielgefährten beraubt – hat ihm nicht gefallen. So war er häufig schlecht gelaunt und unleidlich. Das sollte sich erst mit unserer Rückkehr nach Berlin ändern, aber da hatte jeder genug mit sich selbst zu tun. Immerhin warf das drohende Ende der Schulzeit seine unausweichlichen Schatten voraus. Außerdem musste der vor kurzem erworbene Führerschein beübt werden; denn bekanntlich macht ja erst die Übung den Meister.

Das Jahr 1968 war in vielerlei Hinsicht etwas Besonderes. Was Anfang des Jahres nur für Experten zu ahnen war, sollte gegen Ende des Jahres für viele Menschen zur traurigen Gewissheit geworden sein. Und während ich mich zusammen mit den Klassenkameraden der dreizehnesszwei auf das bevorstehende Abitur vorbereitete – also von Vorbereitung kann eigentlich nach des Wortes eigentlicher Bedeutung in Wahrheit nicht die Rede sein, da ich mich von der Überzeugung leiten ließ: Was man in dreizehn Schuljahren nicht gelernt hat, lässt sich in den verbleibenden drei Monaten nicht aufholen oder anders herum, was jetzt noch fehlt, mag nicht ganz so wichtig sein. Während also die Zeit zwischen Hoffen und Bangen verging und letztendlich in einem der knappsten Reifeprüfungen der Rheingauschule mündete, leitete im zehntausend Kilometer entfernten Vietnam ein freiheitsliebendes Volk seinen finalen Existenzkampf gegen die vom Glauben an die eigene Überlegenheit geprägten US-Amerikaner ein. Die nach dem vietnamesischen Neujahrsfest benannte Tet-Offensive sollte den Anfang vom Ende des amerikanischen Engagements in Südostasien bedeuten. Obwohl dieser Krieg schon seit Jahren tobte und ein Ende nicht zu erkennen war, hat sich doch die Ansicht der Weltöffentlichkeit gewandelt. Bislang war die amerikanische Weltanschauung das Maß aller Dinge und über jeden Zweifel erhaben. Das galt umso mehr, wenn die Sicht auf die Welt nur mit der amerikanischen Brille gestattet war und andere Betrachtungsweisen als bösartige Propaganda verunglimpft wurden. Der ehemalige Soldatensender AFN wie auch der Propagandasender RIAS waren dafür anschauliche Bespiele und haben ganze Generationen in einem ideologischen Irrglauben einzementiert. Und das umso mehr, als dass die USA für die weit überwiegende Mehrheit der Deutschen die unumstößliche Wahrhaftigkeit aller Dinge verkörperte und dies bis zu einem gewissen Grade verständlich nach Blockade und Kubakrise, welche die Existenz meiner

Heimat zumindest in Frage stellte. Das sollte sich erst mit dem weiteren Fortgang des Vietnamkrieges ändern, zumal die weltweite Berichterstattung dieses mörderischen Geschehens den bis dahin währenden positiven Amerikanismus relativierte. Ja, angesichts des Verlusts von achtundfünfzigtausend gefallenen US-Soldaten und einem elfjährigen Kriegsgeschehen, das zu keiner Zeit zu gewinnen war im Gegensatz zur offiziellen Spracheregelung seitens der Administration. My Lai und andere Begriffe legen davon Zeugnis ab. Wie so häufig nehmen die untauglichen Bemühungen in gleichem Maße zu wie sie eigentlich einzustellen wären, wenn, ja wenn der Krieg einer ähnlichen Logik folgen würde wie der Frieden und wie wir seit Clausewitz wissen. Aber genau das Gegenteil ist häufig, ja vermutlich immer zu beobachten. Das scheint die einzige Gesetzmäßigkeit des Krieges zu sein, egal ob heiß oder kalt. Je mehr man sich vom ursprünglichen Ziel entfernt, umso stärker werden die Bemühungen. Jeder Spieler kennt das: Wenn der erwartete Gewinn ausbleibt, muss der Einsatz verdoppelt werden.

Wesentlich näher am dramatischen Ort des Geschehens ließ sich ein Ereignis beschreiben, das als Prager Frühling Eingang in die Geschichtsbücher fand. Als sich nämlich das vergleichsweise kleine Böhmen und Mähren – international seit dem Ende des Ersten Weltkriegs auch bekannt als Tschechoslowakei – wagte, einen eigenen Weg des bürgerlichen Fortschrittsdenkens neben den sowjetrussischen Breschnew-Doktrin zu beschreiten, sollte dieser Versuch nach wenigen Monaten und mit massiver apparativer und personeller Unterstützung der Waffenbrüder des Warschauer Paktes niedergeschlagen werden. Schon einmal - und zwar dreihundertfünfzig Jahre zuvor - hatte sich in Prag ein spektakuläres Schauspiel ereignet und ist vor allem den älteren unserer Zeitgenossen als Fenstersturz von Prag in Erinnerung geblieben. Damit wurde bekanntlich ein heftiger Religionsstreit ausgelöst, der dreißigjährige Krieg, der selbst in unseren Tagen vielerorts noch in vollem Gange ist. Deutlich unblutiger hätten die Sowjets mit einer Wiederholung der Fenstersturzzeremonie reagieren können, diesmal gegenüber den Herren Dubcek und Svoboda von der

KPC. Ein Bild, das um die Welt ging, was damals schon aufgrund des technischen Fortschritts möglich wurde, zeigte einen jungen Tschechen mit entblößter Brust vis-à-vis einem russischen Panzer, was den Inbegriff von Wut und Ohnmacht ausdrückte und willig von der westlichen Presse aufgenommen und verbreitet wurde.

Das Ganze spielte sich vier Wochen vor dem mündlichen Abitur ab, das ich um Haaresbreite vermasselt hätte, wenn sich nicht unter dem Lehrkörper einen oder vielleicht auch mehrere Fürsprecher gefunden hätten, die mir eine akademische Laufbahn zugetraut hätten. Dazu bedurfte es einer Vier in Mathematik, ein Leistungsnachweis, der nur mit extremer Nachsicht und vielerlei zugedrückten Augen zustande kam.

In den Vereinigten Staaten, trotz vielbeschworener Verbundenheit nicht so nah, wie man es aus der gemeinsamen Geschichte vermuten mag, wurde Anfang April der Bürgerrechtler Martin Luther King in der Elvis-Presley-Metropole Memphis vom nicht enden wollenden Konflikt um die Rassendiskriminierung mit einem gezielten Schuss aus einer Vorderschaftrepetierbüchse erlöst. Wie andernorts ebenfalls geschehen, haben ihm seine weltweit errungenen Verdienste inklusive des Friedensnobelpreises nicht den Respekt eingebracht, den er verdient hätte. Aber nicht nur in Amerika glaubt man, Probleme mit dem Schießeisen lösen zu können. Es sollte der Monat noch nicht beendet sein, da glaubte der Hilfsarbeiter Bachmann, den Berliner Kurfürstendamm um eine weitere Attraktion bereichern zu können, und hat dem Studentenführer Dutschke kurzerhand in den Kopf geschossen, um ihn damit aus dem Verkehr zu ziehen und weitere vermeintliche Aktivitäten aus dem Portfolio der Kommunisten zu verhindern. Dutschke hat sich von diesem Anschlag nie erholt und ist an den Spätfolgen 1979 verstorben.

Alles in allem betrachtet, war das Jahr, in dem ich meine Reifeprüfung ablegte, auf der ganzen Welt ein recht blutiges. An der Berliner Mauer wurden immer wieder Menschen, die ein anderes Leben anstrebten als vom DDR-Regime vorgesehen, mit Gewalt an der Flucht gehindert, häufig mit dem Verlust des eigenen Lebens verbunden.

Zu guter Letzt kam dann noch zu Weihnachten ein Film in die Uraufführungstheater am Kurfürstendamm, der nicht besser zum Ausgang dieses blutigen Jahres gepasst hätte, Sergio Leones „Spiel mir das Lied vom Tod", quasi eine Gebrauchsanleitung in Wort und Bild für Kriminelle und solche, die es werden wollen. Wie man sich also Störenfrieden und Unliebsamen dauerhaft entledigen kann, wird seither auch von ganzen Staaten praktiziert ganz ohne Rechtsgrundlage.

KAPITEL 21

LETZTE NACHRICHT

Nachdem meine Oma im März 1979 im Hospiz des Johannisstifts in Berlin-Spandau verstorben war, vergingen nur wenige Monate, bis meine Mutter und der vierzehn Jahre ältere Jakob Wiener den - wie es so schön heißt - Bund fürs Leben eingingen. Dass dieser Bund bereits Ende des gleichen Jahres sein tragisches Ende erreicht haben würde, war zu diesem Zeitpunkt nicht vollumfänglich zu ahnen. Vorzeichen gab es aber schon. Das „Brautpaar" auf dem Bild wird übrigens eingerahmt von meiner zweiten Frau Gabriele und mir.

Der „Bräutigam" Jakob Wiener, Angehöriger der Jüdischen Gemeinde zu Berlin, hat – angeblich oder tatsächlich – seine gesamte Familie im Holocaust verloren. Genauer hätte es nur Jakob selbst darstellen können, hat er aber nicht. Wenn's hoch kommt, haben wir in den zwei, drei Jahren vielleicht fünf, sechs unverbindliche Sätze gewechselt. Zu wenig, um sich ein Bild zu machen. Indirekt hat aber meine Mutter die zwischenmenschliche Entwicklung der beiden erklärt und gleichzeitig Jakob dauerhaft entlastet: Alle Turbulenzen hatten ihre Wurzeln in seiner schlimmen jüdischen Vergangenheit, so meine Mutter. Dennoch ist sie mit diesem Erklärungsmuster an die Grenzen ihrer Duldungsfähigkeit gestoßen und hat der so empfundenen

Hoffnungslosigkeit ihrer irdischen Existenz im Winter 1976/77 ein medikamentöses Ende setzen wollen. Die dilettantische Vorgehensweise dieser suizidalen Handlung hat ihre nähere Umgebung zu der Interpretation eines „Hilferufes" veranlasst. Gleichwohl machte sich eine gewisse Ratlosigkeit breit. Daher waren alle direkt und indirekt Betroffenen sehr erleichtert, als meine Mutter diesen Suizidversuch zur „Kurzschlusshandlung" erklärte und eine Wiederholung kategorisch ausschloss.

Für Jakob lief das Leben so weiter, wie er es sich vor geraumer Zeit eingerichtet hatte. Eine weitere Person, dazu noch eine Frau mit eigenen Vorstellungen und Ambitionen war dabei weder vorgesehen, noch im eigentlichen Sinne erwünscht, bestenfalls geduldet. Unbeeindruckt von der aktuellen Personalkonstellation verbrachte Jakob einen Großteil seiner Zeit mit stundenlangen Besuchen in der Spielbank, seiner offensichtlichen Lieblingsbeschäftigung, während meine Mutter die mittlerweile gemeinsame Wohnung hütete.

Tatsächliche Gemeinsamkeiten waren in dieser Beziehung eher selten und wenn, dann einseitig ausgebildet. Umso überraschender dann die Ankündigung der Eheschließung. Vermutlich versprach sich meine Mutter von der formalen Legalisierung eine automatische Verbesserung der Inhalte. Als sich diese dann partout nicht einstellen wollte, setzte sie diesem auf illusionärer Verkennung und irrealer Erwartung beruhendem, von Wunschdenken durchsetzten Leben am 29. Dezember 1979 ein Ende. Ihre letzte schriftliche Botschaft - manche mögen es Abschiedsbrief nennen - trug den Wortlaut:

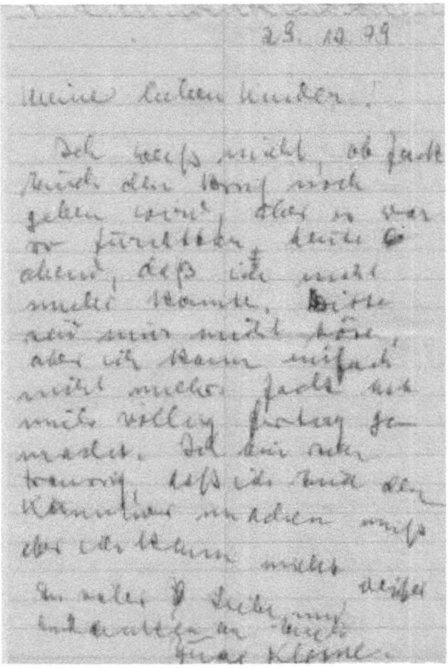

*„Meine lieben Kinder!
Ich weiß nicht, ob Jack Euch den Brief noch geben wird, aber es war so furchtbar heute Abend, dass ich nicht mehr konnte. Bitte seid mir nicht böse, aber ich kann einfach nicht mehr. Jack hat mich völlig fertig gemacht. Ich bin sehr traurig, dass ich Euch den Kummer machen muss, aber ich kann nicht weiter. In Liebe und Andenken an Euch Eure Kleine.“*

Als ich am Morgen des 30.12.1979 von Ordnungshütern in die Wohnung gerufen wurde, lag dieser Zettel auf dem Couchtisch, die sterblichen Überreste meiner Mutter daneben auf dem Sofa. Jakob hielt sich derweil im Nebenzimmer - seinem eigentlichen Schlafzimmer – auf und schien auf eine merkwürdige Art teilnahmslos. Man konnte den Eindruck gewinnen, dass sein Status quo wiederhergestellt war. Währenddessen durchwühlte meine eilig hinzugezogene Tante Elfi Schränke, Kommoden und Schubladen nach irgendwelchen vermeintlich wichtigen Papieren. Das war das letzte Mal, dass ich mich in Jakobs Nähe aufgehalten habe. Ich habe ihn nie wiedergesehen. Allerdings fehlte mir dazu auch jedweder Anlass.

VERZEICHNIS DER VERWENDETEN STRASSENNAMEN

Agricolastraße
Ahrweilerstraße
Assmannshauser Straße
Bergheimer Straße / Platz
Bornstraße
Breitenbachplatz
Bundesplatz
Flensburger Straße
Friedrich-Wilhelm-Platz
Genthiner Straße
Heerstraße
Holsteinische Straße
Insterburg Allee
Kufsteiner Straße
Kurfürstendamm
Laubacher Straße
Lübecker Straße
Lüderitzstraße
Lutherstraße
Martin-Luther-Straße
Martin-Opitz-Straße
Motzstraße
Nollendorfplatz
Rheinstraße
Rönnebergstraße
Rüdesheimer Platz
Sensburger Allee
Stubenrauchstraße
Südwestkorso
Tile-Wardenberg-Straße
Transvaalstraße

Wiesbadener Straße
Wikingerufer
Wilmersdorfer Straße
Wilzenweg

VERZEICHNIS DER VERWENDETEN EIGENNAMEN:

Stechlinseeschule:

Angelika Müller
Anneliese Seibt
Claudia Wiesner
Doris Kaulbach
Florian Elsner
Gabriele Thomas
Gudrun Schultz
Helga Rau
Hubert Dybowski
Michael Nietert
Michael Boeker
Petra Faulstich
Petra Degen
Rainer Kipke
Thomas Holland-Moritz
Wolfgang Wall

Sternbergschule:

Angela Brandt
Angelika Förster
Axel Morgenroth
Dorothee Sommer
Gerd Günther
Hans-Jürgen Brandtner
Hans-Jürgen Kleinschmidt
Hans-Ludwig Peters
Helga Schnelle

Herbert Weinmann
Jürgen Raasch
Matthias Knolle
Marion Friedrich
Michael Haag
Ortrud Wilde
Stefan Stelter
Werner Helbig
Wolfgang Behr
Wolfgang Wegner

Rheingau-Schule:

Almuth Griesbach
Angelika Gutge
Angelika Ratzing
Barbara Funke
Bernhard Hofferberth
Christine Schubert
Clemens Glöckler
Dorothea Schwenzer
Eva Pink
Frank Ortmann
Fritz Huth
Hans Schirmer
Hans-Georg Arndt
Joachim Haberl
John Brüning
Jutta Schulz
Matthias Merkert
Klaus-Peter Kühn
Marie-Luise Buttke
Michael Körner

Michael Opfer
Reinhard Osten
Susanne Wichmann
Thomas Hirschberg
Uwe Kinst
Werner Baumgart
Wolfgang Nießmann

Lehrer:

Eduard Kriesch
Ehrenfried Buchholz
Frau Hundertmark
Frau Jacob
Frau Reimann
Frau Still
Gisela Gundlach
Herr Albrecht
Herr Frase
Herr Klausner
Herr Lucke
Herr Reinke
Klaus Müller
Renate Dietzel
Wolfgang Frenzel

RIAS:

Adolf Wreege
Ake Persson
(Anneliese) Fernau
(Anneliese) Wiedenhaupt

Christel Bernau
Dave Hildinger
Eduard Pötter
Ernst Verch
Erwin Palm
Friedrich Luft
(Gisela) Hönig
Gunhild Solms
Hannelore Störmer
Hans Carste
Hans Rosenthal
Hans Spehr
Heinz Petruo
Heini Niemeyer
Horst Jankowski
Ingrid Peters
Rosemarie Rosencranz
John Hendrik
Jürgen Graf
Karin Jurow
Knut Kunze
Nero Brandenburg
Peter Manuel
Peter Thiele
Rainer Hoynck
Rüdiger Piesker
Sigurd Hilkenbach
Werner Müller
Werner Oelschläger
Wolfram Strecker

Bergheimer:

Frank Mohns
Frau Behr
Frau Hübner
Frau Pomplun
Frau Teske
Hans-Georg Lilge
Hans-Jürgen Leutloff
Herr Bettels
Manfred Lepiorz
Marianne Maiwald
Marina Baumgart
Michael Schmidt
Michael Zeidler
Peter Rohde
Thomas Zimmermann
Thorsten Viola
Wolfgang Mohns

Gerhard-Raddatz-Clan:

Alfred Jacobs
Boris Blacher
Cordelia Schröder
Dietrich Müller-Prasuhn
Elisabeth von Heiligenstedt
Elli Müller-Prasuhn
Emma Mitchinson
Erna Tulke
Gerhard Raddatz
Gisela Schröder
Hans-Horst Althaus

Hartmut Zielinski
Heinrich Althaus
Herbert Lingsch
Horst Lehmann
Ian Mitchinson
Irma Schlüter
Jutta Lehmann, geb. Raddatz
Karl Raddatz
Kurt Redmann
Kurt Tulke
Magdalena Raddatz, geb. Rückert
Rolf Zacher
Silvia Kindt
Valeska Burgstaller
Wolfgang Müller-Prasuhn

Wendlandt-Clan:

Albrecht Wendlandt
Bernhard Lück
Bettina Wendlandt
Bruno Wendlandt
Curt Grau
Elfriede Wendlandt, geb. Steier
Emma Günther
Eugen Grossmann
Hedwig Wendlandt, geb. Frenzel
Herbert Maiwald
Käthe Raddatz, geb. Wendlandt
Kurt Engel
Kurt Wendlandt
Martha Lück
Otto Freundorfer
Wolfgang Wendlandt

Auch erhältlich:

Erinnerungen eines Berliner Blockadekindes,
Band 2: Zeit des Wandels

ISBN: 978-3-96229-486-1, ROMEON Verlag